农产品及农资营销策划

◎闫　瑾　钟彩庭　主编

中国农业科学技术出版社

图书在版编目（CIP）数据

农产品及农资营销策划 / 闫瑾，钟彩庭主编．
北京：中国农业科学技术出版社，2024. 9. -- ISBN
978-7-5116-7067-0

Ⅰ. F762

中国国家版本馆 CIP 数据核字第 2024WR5657 号

责任编辑 周伟平
责任校对 李向荣
责任印制 姜义伟　王思文

出 版 者 中国农业科学技术出版社
北京市中关村南大街 12 号　　邮编：100081
电　　话（010）82106638（编辑室）　（010）82106624（发行部）
（010）82109709（读者服务部）
网　　址 https: // castp.caas.cn
经 销 者 各地新华书店
印 刷 者 中煤（北京）印务有限公司
开　　本 185 mm × 260 mm　1/16
印　　张 16.75
字　　数 373 千字
版　　次 2024 年 9 月第 1 版　　2024 年 9 月第 1 次印刷
定　　价 42.00 元

编委会

主　编：闫　瑾　钟彩庭

副主编：李燕飞　魏玲玲　施海清

参　编：任　治　王　宁　李建民　侯治邦
梁馨允

内容提要

《农产品及农资营销策划》是为了适应高等职业教育改革的需要，针对草业技术专业（群）及现代农业经济管理等相关职业院校编写的一本活页式教材。本教材依据最新行业标准，以立德树人为根本，秉承“理论够用”“技能突出”“技术实用”理念，以“项目导向、任务驱动”为主要形式，遵循农产品市场营销的基本理论，以农产品及农资产品为营销对象，根据市场营销岗位能力需求，将课程思政、项目学习、岗位任务和特色案例分析四个方面有机融合。本教材共分为 12 个项目，包括了解农产品及农资营销的相关概念、调研农产品及农资市场营销环境、分析农产品及农资市场消费者行为、制定农产品及农资市场营销策略、认识农产品及农资物流、实施青藏高原农产品营销策略、了解新媒体营销等内容。

本教材可作为现代农业经济管理类专业学生的基础教材，也可供草业技术专业（群）学生和农村经济管理工作者学习。

前　言

PREFACE

为大力推进我国高等职业教育教学改革，认真贯彻落实《国家职业教育改革实施方案》《职业教育提质培优行动计划（2020—2023 年）》《教育部办公厅关于印发“十四五”职业教育规划教材建设实施方案》《关于推动现代职业教育高质量发展的意见》等文件精神，以习近平新时代中国特色社会主义思想为指引，围绕党的二十大报告提出的“全面贯彻党的教育方针，落实立德树人根本任务，培养德智体美劳全面发展的社会主义建设者和接班人”，坚持农业农村优先发展，坚持城乡融合发展，畅通城乡要素流动，加快建设农业强国，扎实推动乡村产业、人才、文化、生态、组织振兴的根本任务，紧扣区域经济“生态立省”发展战略和林草产业发展需求，深入推进“双主体、四阶段、三层面”人才培养模式，编写了以职业标准为依据，以岗位需求为指导的新型立体化教材。

本教材编写中，在内容选择和组织上以项目任务为导向，遵循市场营销的基本理论，以农产品及农资产品为营销对象，根据岗位能力需求，将思政教育、课程学习和岗位工作三方面有机融合，期望能够为现代农业经济管理专业及草业技术专业（群）培养高素质技术技能型人才提供帮助。

本教材顺应高等职业教育教学的改革方向，紧扣习近平新时代中国特色社会主义思想和时代主题，基于高等职业教育的规律和特点，依据最新行业标准，秉承“理论够用”“技能突出”“技术实用”的高职教学理念，内容设计以农产品及农资营销岗位专业技能培养为主线，以“项目导向、任务驱动”为主要形式，每个项目以任务目标引领展开，每个任务都以“任务描述—案例导入—基本知识—案例分析—技能训练”的一体化思路进行展开，突出了市场营销岗位能力需求特征，也遵循了学习该门课程的基本脉络，并且以音频、视频等方式多元化呈现更多的营销知识内容，让学生置身于岗位工作的仿真场景中，提升了学习兴趣和实操能力，进一步培养了学生分析和解决问题的能力。本教材还紧贴时代特色和本土化特点，融入了新媒体营销和青藏高原农产品营销的知识内容，为服务地方乡村振兴战略，为人才培养提供了有力的技术支撑。

本教材由青海农牧科技职业学院闫瑾、钟彩庭担任主编，由青海农牧科技职业学院李燕飞、魏玲玲、施海清担任副主编。各项目编写分工如下：项目五、项目六、项目九、项目十一、项目十二由闫瑾编写；项目一由钟彩庭编写；项目三、项目七由李燕飞编写；项目八、项目十由魏玲玲编写；项目二、项目四由施海清编写。青海农牧科技职业学院任治、青海农业农村厅种业管理处王宁、青海三夫农牧科技有限公司李建民、青海省三江集团湖东种羊场有限责任公司侯治邦一同参与了本书的编写工作。

由于编者水平有限，书中难免有疏漏和不妥之处，恳请广大读者给予指正，以备再版时修改。本书配备教学资源，请拨打电话 010-82967726 免费获取。

编　者

2024 年 2 月

目 录
CONTENTS

项目一 农产品及农资营销的相关概念

项目导读

很多从事农业生产经营者都害怕农产品市场滞销的问题，抱怨做农业项目太难，但也有农业企业依托农产品＋直播、农产品＋社区等新模式、新商业、新营销把农产品卖出去了，而且还取得了一定的社会效益和经济效益。于是有了“没有卖不出去的产品，只有不会卖产品的人”的说法。在从事农产品及农资等生产、经营、销售之前，必须先了解农产品及农资营销的相关概念，才能准确预判和制订农产品及农资市场营销策略，赢得更多消费市场，让优质农产品跨过省、走出国，让从事农业生产的农户、种植养殖大户、合作社等经营主体得到实实在在的收益。本项目内容主要包括认识农产品及农资的定义、识别农产品及农资市场营销主体、理解农产品及农资营销的概念三个任务。

知识目标

（1）农产品及农资、市场营销、农产品及农资市场营销概念。

（2）现代农产品及农资市场营销观念。

（3）农产品及农资类型和农产品及农资市场营销的特点。

技能目标

（1）具有运用市场及市场营销的理论分析实际问题的能力。

（2）具有判断传统营销观念与现代营销观念区别的能力。

（3）具有运用市场营销观念指导农产品经营企业进行市场营销活动的能力。

（4）具有运用市场营销理论对农产品经营企业进行市场分析的能力。

素质目标

（1）热爱祖国，遵纪守法，遵守社会公德。

（2）热爱集体，团结同学，同学之间互相帮助。

思政目标

（1）习近平新时代中国特色社会主义思想。

（2）习近平总书记有关“三农”重要论述。

（3）社会主义核心价值观。

思维导图

- 农产品及农资营销的相关概念
  - 认识农产品及农资的定义
    - 农产品的定义和类别
    - 农资的定义、类别
    - 农资产品的特征
  - 识别农产品及农资市场营销主体
    - 传统农产品及农资营销主体
    - 新型农产品及农资营销主体
  - 理解农产品及农资营销的概念
    - 市场与农产品、农资市场营销
    - 农产品市场的类型及特点
    - 农资市场的类型及特点
    - 影响农资市场需求变化的因素

任务一 认识农产品及农资的定义

任务导入

人们习惯性地把生活中熟悉的粮食、蔬果都称为农产品，超市中的蔬果、大米、地膜、化肥是农产品还是农资呢？外婆家菜园中的蔬果是不是农产品？外婆自己采集的菜籽是不是农资？

任务：通过结合生活中能接触到的农产品及农资，收集和整理并能正确分类农产品及农资，撰写一份调研报告，巩固所学知识。

任务工单

班级：______________　　姓名：________________　　学号：_____________

任务名称	认识农产品及农资的定义
任务描述	任务内容：1. 正确定义农产品及其类别；2. 正确定义农资及其特征。 任务目的：准确认识农产品及农资的定义、类别及特征，为农业企业市场营销打好知识基础。 任务流程：1. 收集和整理资料；2. 学习农产品和农资的定义、类别；3. 分析农资产品的特征；4. 列举日常生活中的农产品及农资产品；5. 小组讨论；6. 制订调研计划；7. 实施调研；8. 整理与分析调研数据；9. 撰写调研报告；10. 完成任务总结。 任务方法：1. 分组讨论；2. 整理归纳。
获取信息	要完成任务，需要掌握相关的知识。请收集资料，回答以下问题： 1. 何为农产品？ 2. 农产品有哪些类别？ 3. 何为农资？ 4. 农资有哪些类别？ 5. 农资有何特征？
制订计划	
任务实施	按照预先制订的工作计划，完成本任务，并记录任务实施过程。

序号	完成的任务	遇到的问题	解决的办法

任务准备

知识准备

一、农产品的定义和类别

（一）农产品的定义

农产品是来源于农业的初级产品，即在农业生产活动中获得的植物、动物、微生物及其产品。

农产品是指涉及各农业生产单位生产的所有动植物产品，包括茶叶、食用菌、瓜、果、蔬菜、花卉、苗木、药材、粮油作物、牲畜、禽、水产品、林业产品及其他动植物等。

（二）农产品的类别

1. 鲜活农产品

新鲜蔬菜、时令瓜果、鲜活水产品、活的禽畜、生鲜蛋和鲜奶。

2. 非鲜活农产品

畜禽、水产品、瓜果、蔬菜、肉、蛋、奶等的深加工产品，以及花、草、苗木、粮食等。

3. 转基因农产品

转基因农产品是指通过转基因技术进行栽培、育种或改良的农作物产品、农产品加工的动植物、微生物及其产品。

二、农资的定义、类别

（一）农资的定义

农资是指农业生产资料的总称，是指农户或农业生产企业从事农业生产所必需的物质资料的总称，是农业生产的重要物质基础，其质量优劣直接关系着农业生产和农产品的质量安全。如常见的农药、种子、化肥、农膜、饲料等。

（二）农资产品的类别

农资产品包括的范围很广，种植业的农资产品主要有种子、肥料和农药，还有农机具、农膜等；养殖业的农资产品主要有饲料、兽药等各种农业生产资料。

1. 种子

农业生产实践中，种子泛指一切用来繁殖后代的播种材料。种子是指农作物和林木的种植材料或者繁殖材料，包括籽粒、果实和根、茎、苗、芽、叶等。

2. 肥料

肥料是指用于提供、保持或改善植物营养和土壤物理、化学性能以及生物活性，能提高农产品产量，或改善农产品品质，或增强植物抗逆性的有机、无机、微生物及其混合物料。

3. 农药

农药是指用于预防、消灭或者控制危害农业、林业的病、虫、草和其他有害生物，以及有目的地调节植物、昆虫生长的化学合成物，或者是来源于生物、其他天然物质的一种物质或者几种物质的混合物及其制剂。

三、农资产品的特征

（一）品种繁杂

种植业类的三大农资品种很多。农作物的类型多、品种多，其相应的种子品种也多。目前，仅国家审定的主要农作物品种就有上千个，国家登记批准的农药品种有上万个，肥料品种有上千个，农资商品的规格多种多样。

（二）运输储藏要求高，占地大，不易陈列和码放

种子商品是有生命的产品，对运输储藏过程的温度、湿度等都有特殊的要求。

肥料产品的占地较大，陈列和码放相对困难。

农药产品多为有毒物品，瓶装等易出现渗漏，粉剂袋装也容易出现裂口渗出，运输和储存都比较困难。

（三）季节性强、地域性强

农业生产受自然条件、季节气候等因素的影响，农产品具有季节性。我国地域辽阔，南北跨度大，气温差异大，各地区的土壤土质不相同，所以种植的农作物各具地方特色。农资也表现出季节性强、地域性强的特征。

（四）售后服务困难

农资的消费者（使用者）主要是农场、专业合作社以及农民。我国农村经营、农业生产等分布范围广，且发展不平衡，部分农民科技文化素质水平不高，作为农业生产经济基本单位对农资的使用量小，正确使用方法差异较大，且从事农业生产的农民平均年龄较大，农资售后服务困难。

（五）技术性强

农业生产资料在研制和生产过程中承载了较高的科技含量，作为农业生产的基础生产资料，在使用过程中要求相应的技术推广方法，否则难以达到农资产品本身应有的效果。这就需要农业技术推广部门进行技术指导和大力宣传使用技术或操作规程，同时开展农牧民相应的培训。

（六）产地不一

二维码 1-1

课程视频

目前，我国农业市场化程度越来越高，农产品的规模化生产、商业化生产越来越多，农资企业发展很快，生产的同类或相近功能的农资品种，经过市场流通之后，在同一地区销售、使用的农资产品较多地出现产地不一的情况。

人员准备

人员分组，每组 4 人。职责分工，见表 1-1。

表 1-1 任务角色分配

任务角色	任务内容
组长:	对小组三位同学的资料进行整理归纳，并在组间进行评议
组员 1:	列举日常生活中的农产品，列出其特点、取得的渠道
组员 2:	列举农牧业生产中农产品及农资产品，列出其特点、取得的渠道
组员 3:	列举农产品及农资产品市场营销方式（可查阅网络）

任务筹划

任务筹划流程如图 1-1 所示。

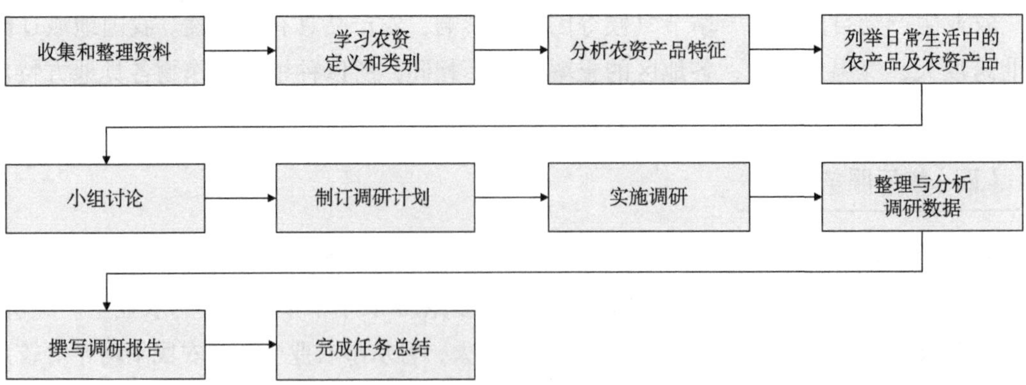

图 1-1 任务筹划流程

任务实施

步骤一：

步骤二：

任务总结：

任务检测

一、扫码做题

使用微信扫码进入在线测试，可多次答题，直到获得满意的结果。

二维码 1-2

任务检测

二、讨论题

请同学们根据以下资料讨论各自家乡有哪些绿色有机农畜产品是“青字号”的，“青字号”品牌效应怎么样？

《青海日报》2021 年 7 月 25 日报道：完成 300 万亩①化肥农药减量增效行动；全省 42 415 个养殖户、合作社和牧场的 300 余万头（只）牦牛/藏羊实现可追溯；获批绿色食品、有机农产品和地理标志农产品共 805 个；认证有机牦牛/藏羊共 445 万头（只），全省有机监测认证草原面积进一步扩大，“青字号”品牌效应持续放大……青海省正朝着打造绿色有机农畜产品输出地的目标扬帆起航，坚定前行。

任务评价

完成学习任务后，预期能够达到的学习效果，由学生、小组和教师三方共同完成任务评价，见表 1-2。

① 亩为非法定计量单位，1 亩 ≈667 m^2。下同。

表 1-2 工作任务完成过程评价

班级：________ 姓名：________ 学号：________

项目	评分标准	自我评价	小组评价	教师评价
知识技能	农产品的概念（10）			
	农资的概念（10）			
	农产品的类别（15）			
	农资的类别和特征（15）			
任务进度	能否熟记所学概念和特征（10）			
任务质量	能够准确对农产品进行分类，并指出其特征（20）			
素养表现	学生之间的团队协作意识强（10）			
思政表现	认真踏实、团结友爱（10）			
合计				
自我评价与总结				
教师点评				

任务二 识别农产品及农资市场营销主体

任务导入

新媒体时代的到来，使传统意义上的市场营销主体呈现多样化，识别农产品及农资市场营销主体，不同的营销主体采取正确的营销策略。市场营销主体是指市场营销活动中权利、义务所归属的主体。传统农资营销主体的主要形式有农资生产商、农资批发商、农资零售商。新型农资营销主体有农户、专业大户、家庭农场、农民专业合作社等。

任务：做一个思维导图梳理本任务中的知识点。

任务工单

班级：____________　　姓名：____________　　学号：____________

<table>
<tr><th>任务名称</th><th colspan="4">识别农产品及农资市场营销主体</th></tr>
<tr><td>任务描述</td><td colspan="4">任务内容：1. 识别传统农资营销主体的主要形式；2. 识别新型农资营销主体的主要形式。
任务目的：准确认识农产品及农资营销主体，为采取不同营销策略打好知识基础。
任务流程：1. 上网查何为思维导图，确定一个思维导图；2. 明确农产品及农资市场营销主体概念；3. 确认传统和新型农产品及农资市场营销主体；4. 学习利用 WPS 办公软件制作完善的思维导图。
任务方法：1. 分组讨论；2. 归纳分析。</td></tr>
<tr><td>获取信息</td><td colspan="4">要完成任务，需要掌握相关的知识。请收集资料，回答以下问题：
1. 传统农产品及农资市场营销主体有哪些？

2. 新型农产品及农资市场营销主体有哪些？</td></tr>
<tr><td>制订计划</td><td colspan="4"></td></tr>
<tr><td rowspan="6">任务实施</td><td colspan="4">按照预先制订的工作计划，完成本任务，并记录任务实施过程。</td></tr>
<tr><td>序号</td><td>完成的任务</td><td>遇到的问题</td><td>解决的办法</td></tr>
<tr><td></td><td></td><td></td><td></td></tr>
<tr><td></td><td></td><td></td><td></td></tr>
<tr><td></td><td></td><td></td><td></td></tr>
<tr><td></td><td></td><td></td><td></td></tr>
</table>

任务准备

知|识|准|备

一、传统农产品及农资市场营销主体

（一）生产商的概念

生产商是指从事生产和制造活动的个体或机构。他们通过将生产要素组织起来，以生产和制造商品或提供服务，满足人们的需求和欲望。生产商在市场经济中扮演着至关重要的角色，对经济的发展和社会的进步起着重要的推动和支撑作用。

农资生产商主要有种子生产商、肥料生产商、农药生产商、农机具生产商等具有规模或品牌信誉的生产商，除制造产品的功能外，通常还从事营销及商品流通或进出口业务。

（二）批发商的概念

批发商是指向生产企业购进产品，然后转售给零售商、产业用户或各种非营利组织，不直接服务于个人消费者的商业机构，位于商品流通的中间环节。批发商的显著特点是一端连接生产商，另一端连接零售商。

（三）零售商的概念

零售商是指将商品直接销售给最终消费者的中间商，是相对于生产者和批发商而言的，处于商品流通的最终阶段。零售商的基本任务是直接为最终消费者服务，它又是联系生产企业、批发商与消费者的桥梁，在分销途径中具有重要作用。零售商是分销渠道系统的终端，直接连接消费者，完成产品最终实现价值的任务，对整个国民经济发展起着重大的作用。

零售商种类繁多、经营方式变化快，构成了多样的、动态的零售分销系统。

二、新型农产品及农资市场营销主体

随着新型工业化、信息化、城镇化进程加快，农村人口流动加速，大量劳动力进入城镇就业，农业劳动力结构性矛盾突出，“未来谁来种地、怎样种好地”问题日益凸显。家庭农场、农民合作社、农业社会化服务组织等各类新型农业经营主体和服务主体根植于农村，服务于农户和农业，在破解由谁来种地难题、提升农业生产经营效率等方面发挥着越来越重要的作用。近年来，新型农业经营主体和服务主体得到培育和发展，今后应加快构建以农户家庭经营为基础、合作与联合为纽带、社会化服务为支撑的立体式复合型现代农业经营体系。

目前，我国农业经营主体主要有以下一些形式，其中，农户、专业大户、家庭农场既是农产品的生产者，又是农资的消费（购买）者。

（一）农户

农户是指户口在农村的常住户，依靠家庭成员的劳动或雇用劳动力进行农业生产与经营活动的单位。

（二）专业大户

专业大户是指种植或养殖生产规模明显大于当地传统农户的专业化农户。很大一部分专业大户仅仅是经营规模扩大，集约化经营水平并不高。

（三）家庭农场

家庭农场是指以家庭成员为主要劳动力，从事农业规模化、集约化、商品化生产经营，并以农业收入为家庭主要收入来源的新型农业经营主体。和一般种养专业大户相比，家庭农场在集约化水平、经营管理水平、生产经营稳定性等方面都有更高的要求。

（四）农民专业合作社

农民专业合作社是指在农村家庭承包经营基础上，农产品的生产经营者或者农业生产经营服务的提供者、利用者，自愿联合、民主管理的互助性经济组织。农民专业合作社以其成员为主要服务对象，开展以下一种或者多种业务。

（1）农业生产资料的购买、使用。

（2）农产品的生产、销售、加工、运输、储藏及其他相关服务。

（3）农村民间工艺及制品、休闲农业和乡村旅游资源的开发经营等。

（4）与农业生产经营有关的技术、信息、设施建设运营等服务。

（五）经营性服务组织

二维码 1-3

课程视频

经营性服务组织是指在产前、产中和产后各环节为农业生产提供专业化、市场化服务的经济组织，包括专业服务公司、专业服务队、农民经纪人等。主要为小规模农户提供农机作业、病虫害防治、技术指导、产品购销、储藏运输等服务。

人员准备

人员分组，每组 4 人。职责分工，见表 1-3。

表 1-3　任务角色分配

任务角色	任务内容
组长:	对小组三位同学的资料进行整理归纳，并在组间进行评议
组员 1:	列出熟悉的传统农产品及农资市场营销主体
组员 2:	列出熟悉的新型农产品及农资市场营销主体
组员 3:	列举新型农产品及农资市场营销主体的特点和形成的原因（可查阅网络）

任务筹划

任务筹划流程如图 1-2 所示。

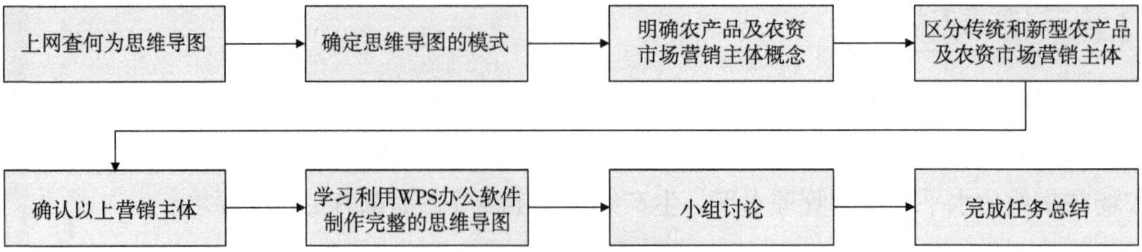

图 1-2　任务筹划流程

任务实施

步骤一：

步骤二：

步骤三：

任务总结：

任务检测

扫码做题

使用微信扫码进入在线测试，可多次答题，直到获得满意的结果。

二维码 1-4

任务检测

任务评价

完成学习任务后，预期能够达到的学习效果，由学生、小组和教师三方共同完成任务评价，见表 1-4。

表 1-4　工作任务完成过程评价

班级：______________　姓名：________________　学号：_____________

项目	评分标准	自我评价	小组评价	教师评价
知识技能	生产商的概念（10）			
	批发商的概念（10）			
	零售商的概念（10）			
	新型农产品及农资营销主体（20）			
任务进度	能否掌握所学概念（10）			
任务质量	能够理解新型农产品及农资营销主体出现的必然性(20)			
素养表现	学生之间的团队协作意识强（10）			
思政表现	认真踏实、团结友爱、文明上网（10）			
合计				
自我评价与总结				
教师点评				

任务三　理解农产品及农资营销的概念

任务导入

农产品及农资经营企业要把自己的产品转变为现实的收益，需要进行一系列的营销活动。为准确做好营销活动，要理解和掌握农产品及农资营销相关概念，以便更好地遵循市场规律，做好农产品及农资经营企业市场营销。

任务：做一个思维导图梳理本任务中的知识点。

任务工单

班级：______________ 姓名：________________ 学号：_____________

<table>
<tr><th>任务名称</th><th colspan="4">理解农产品及农资营销的概念</th></tr>
<tr><td>任务描述</td><td colspan="4">任务内容：1.理解市场概念；2.了解农产品市场的类型及特点；3.了解农资市场的类型、特点及影响因素。
任务目的：准确熟知市场、农产品及农资营销主体等概念，进一步了解不同市场类型的特点和影响因素。
任务流程：1.选择一种思维导图；2.梳理市场概念到农产品及农资市场营销概念；3.梳理不同市场的特点及影响因素；4.学习利用WPS办公软件制作完善的思维导图；5.小组讨论；6.任务总结。
任务方法：1.讲授法；2.分组讨论；3.练习巩固。</td></tr>
<tr><td>获取信息</td><td colspan="4">要完成任务，需要掌握相关的知识。请收集资料，回答以下问题：
1.市场的概念是什么？

2.农产品及农资市场营销包括哪些方面？

3.农产品市场的类型及特点有哪些？

4.农资市场的类型及特点有哪些？

5.影响农资市场需求变化的因素有哪些？</td></tr>
<tr><td>制订计划</td><td colspan="4"></td></tr>
<tr><td rowspan="6">任务实施</td><td colspan="4">按照预先制订的工作计划，完成本任务，并记录任务实施过程。</td></tr>
<tr><th>序号</th><th>完成的任务</th><th>遇到的问题</th><th>解决的办法</th></tr>
<tr><td></td><td></td><td></td><td></td></tr>
<tr><td></td><td></td><td></td><td></td></tr>
<tr><td></td><td></td><td></td><td></td></tr>
<tr><td></td><td></td><td></td><td></td></tr>
</table>

任务准备

知识准备

一、市场与农产品、农资市场营销

（一）市场的内涵

二维码 1-5

课程视频

市场是商品交换关系的总和，是经济运行的载体或现实表现。通常，经济越发达，市场的范围和容量就越大。市场是一个动态的、组合的概念，但应突出消费者的需求。因此，市场构成的三个要素是人口、购买动机及购买力。这三个要素是相互制约、缺一不可的，只有将三者结合起来才能构成现实的市场，才能决定市场的规模和容量。

（二）农产品及农资市场营销的概念

二维码 1-6

拓展学习

农产品及农资市场营销是指在以顾客需求为中心的思想指导下，企业所进行的农产品、农资产品生产、流通和售后服务等与市场有关的一系列经营活动。农产品营销包括从生产者转移到消费者过程中的农产品生产、采集、加工、运输、批发、零售和服务等。大力发展农产品营销，可以加快农产品流通，降低流通成本，提高农产品的市场竞争力，促进农民增收。

二、农产品市场的类型及特点

（一）农产品市场类型

农产品市场根据交易场所的性质划分为产地市场、消费市场、集散市场、转载市场。根据商品的性质划分为粮食市场、蔬菜市场、肉禽蛋市场、果品市场等。

（二）农产品市场的特点

（1）农产品市场需求具有时效性、地域性。

（2）农产品市场供给具有季节性、周期性。

（3）农产品市场风险较大。

三、农资市场的类型及特点

（一）农资市场的类型

农资市场是指按照农业生产资料产品性质划分的专业市场，是商品市场的重要组成部分。农资市场是商品交换的场所。农资市场的职能是要使各种商品顺利地流通，最大限度地满足农业生产的需要和供给。农业生产资料种类繁多，按照产品的自然形态可划分为若干类市场，如化肥市场、种子市场、农药市场、农机市场、农膜市场、饲料市场、兽药市场等。

1.按购买者的购买目的和身份来划分

包括消费者市场、生产商市场、转卖者市场、中间商市场、政府市场、国际市场。

2.按照企业的角色来划分

购买市场企业在市场上是购买者，其购买生产要素；销售市场企业在市场上是销售者，出售自己的产品。

（二）农资市场的特点

1.农资市场的商品来源及结构复杂

既有国内商品来源，又有国外商品来源；既有全国范围的资源，又有地方范围的资源。

2.农资市场需求的地域性强、季节性强

由于农业生产的种植业是农作物再生产活动，农作物的生长发育有明显的季节性和地域性，相对应的农资产品的需求也表现出明显的季节性和地域性。因此，农资供应销售也应该结合农事季节、地方生产的需要进行安排。

3.农资市场的商品技术含量高

农资产品在生产制造的过程中，已经融入了较高的科技含量，并且农资的价值需要再生产才能体现，因此农资的使用方法、储藏运输等都需要技术及不同生产阶段的技术。

4.农资市场的经营活动具有明显的连续性和配套性

农资商品主要是为农业生产提供服务，农资市场则要根据农资商品和农资市场需求的特点，围绕某种农作物的种子、肥料、农药等提供连续的、配套的农资商品服务。

5.农资市场具有双重市场属性

从生产性质来看，农资产品中的种子生产具有农业属性，而肥料、农药的生产具有工业属性。从购买目的上看，农资市场具有工业品市场属性，因为农业劳动者购买农资的目的是再生产。从购买行为上看，农资市场具有消费品市场属性，因为农业劳动者多是非专业的，分散、重复购买农资。

6.农资市场受外界影响大

由于农资产品的特殊作用和地位，相比于其他商品，农资受国家政策的直接、间接影响都比较大。由于农业生产受自然气候因素影响比较大，而用于农业生产资料的需求变化是随着农业生产而变化的，因此农资市场受自然因素影响比较大。

7. 农资市场对商品的储运要求高

农资商品中，种子是有生命活力的特殊商品，肥料商品的体积比较大、占地多，农药有毒且易泄漏造成污染等，农资产品的这些特殊因素决定了其储存和运输的条件要求相对较高。

8. 农资市场的服务过程要求高

农资的价值是需要在农业生产中通过再生产才能体现出来的，农资作为农业技术的载体其使用方法和技术要求高，而目前我国农业生产劳动者的科技文化素质参差不齐，平均技术水平较低。这两方面的矛盾，要求农资销售一定要做好售前服务和售后服务。

四、影响农资市场需求变化的因素

（一）农业生产发展速度

农业发展的速度以及积累水平是影响农资需求总量变化的主要因素，一般来说，在丰收年份对农业生产资料的需求要比平常年份或歉收年份大幅度增加。农业生产发展越快，对农资的需求总量越多。

（二）农业结构

农业是指大农业的概念，包括农、林、牧、副、渔各业；农业结构是指农、林、牧、副、渔各业的构成和种植业中的农作物种植结构。因为农业生产结构不同，使用的生产资料结构也会有很大差异。农资产品的种类、品种的市场需求随着农业结构的调整而发生变化。

（三）农业生产组织的规模

目前，我国农业生产组织仍以家庭为主，部分为农场型或企业型。农业生产组织规模的大小，直接影响农资需求的种类和数量。

（四）自然条件

各地区的自然条件不同，使得需要的生产资料也不同。不同地区的农业生产是与自然条件变化相适应的，自然条件特别是气候条件变化直接影响农业生产的类型。

（五）农业科学技术普及程度及国家政策

农业劳动者的科学技术水平对农业生产技术水平、生产方式都将产生直接的影响，间接影响耕作制度的改变和农业生产资料的选择和使用。目前，我国农业科技创新步伐加快，一些重大技术和关键领域的研究取得重要进展，成果转化应用水平不断提高，科技进步对农业增长的贡献率稳步提高。如随着良种推广补贴、农业科技入户、测土配方施肥等政策措施和重大项目的实施，一大批农业实用技术广泛运用到生产实践中，有力地促进了粮食生产和农民收入持续稳定增长，推动了农业农村经济持续健康发展。

（六）农资的消耗量

不同的农业生产资料在农业生产过程中使用周转速度是不一样的，其消耗量会影响农资市场供求变化。

（七）消费者的购买力

消费者的市场购买力与农资投入生产的数量、质量等形成正比，与农资市场需求的产品种类关系密切，购买力强，则增加科技含量高、价格相对高的农资的市场需求；购买力弱，则相反。

（八）农产品价格

农产品价格波动不仅对国民经济和社会发展产生重要影响，而且还直接影响农业生产者和消费者利益，农产品市场价格波动直接影响农业生产资料投入，进而影响农资市场需求。

二维码 1-7
拓展学习

二维码 1-8
课程视频

人员准备

人员分组，每组 4 人。职责分工，见表 1-5。

表 1-5　任务角色分配

任务角色	任务内容
组长:	重点讨论所学市场、农产品及农资市场营销概念
组员 1:	重点讨论农产品市场的类型及特点
组员 2:	重点讨论农资市场的类型及特点
组员 3:	重点讨论影响农资市场需求变化的因素

任务筹划

任务筹划流程如图 1-3 所示。

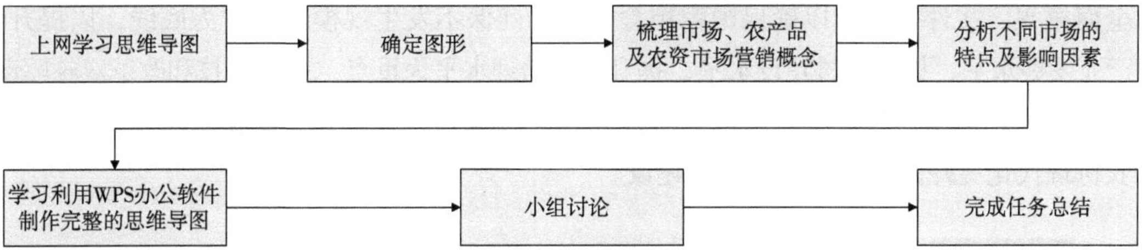

图 1-3　任务筹划流程

任务实施

步骤一：

步骤二：

步骤三：

任务总结：

任务检测

一、扫码做题

使用微信扫码进入在线测试，可多次答题，直到获得满意的结果。

二维码 1-9

任务检测

二、讨论题

请同学们根据以下资料，讨论各自家乡近几年在推进乡村全面振兴过程中发生的可喜变化。

2024 年中央一号文件指出，推进中国式现代化，必须坚持不懈夯实农业基础，推进乡村全面振兴。文件提出，以确保国家粮食安全、确保不发生规模性返贫为底线，以提升乡村产业发展水平、提升乡村建设水平、提升乡村治理水平为重点，强化科技和改革双轮驱动，强化农民增收举措，打好乡村全面振兴漂亮仗，绘就宜居宜业和美乡村新画卷，以加快农业农村现代化更好推进中国式现代化建设。

任务评价

完成学习任务后，预期能够达到的学习效果，由学生、小组和教师三方共同完成任务评价，见表 1-6。

表 1-6　工作任务完成过程评价

班级：______________　姓名：________________　学号：_____________

项目	评分标准	自我评价	小组评价	教师评价
知识技能	市场的概念（10）			
	农产品市场的类型及特点（10）			
	（10）农资市场的类型及特点			
	影响农资市场需求变化的因素（20）			
任务进度	能否 100% 准确地完成任务检测（10）			
任务质量	能够理解农产品及农资市场的类型和特点及影响农资市场需求变化的因素（20）			
素养表现	学生之间的团队协作意识强（10）			
思政表现	学习踏实、团结友爱、文明上网（10）			
合计				
自我评价与总结				
教师点评				

课程思政专栏

哈尔滨市爆火靠的是什么

【课程思政关键词】网红城市　新媒体　真诚　爱国

【融入方式】从“淄淄有味”到“滨至如归”，2024 年初，黑龙江省哈尔滨市成为继山东省淄博市后的新晋网红城市。哈尔滨文旅局公布的数据显示，仅元旦假期，哈尔滨市旅游订单量同比增长158%，其中异地客群占比75%。元旦假日3天，哈尔滨市累计接待游客304.79万人次，实现旅游总收入59.14亿元，游客接待量与旅游总收入达到历史峰值。眼下，哈尔滨市的旅游热度仍在持续。同程旅行数据显示，作为2024年冰雪游的“当红炸子鸡”，哈尔滨市成为龙年春节假期最热门的旅游目的地。

哈尔滨市是如何爆火的？究竟还能“红”多久？其模式是否值得其他城市借鉴？

（资料来源：新浪财经_新浪网，sina.com.cn）

【启示】“后疫情时代”，随着消费需求的持续释放，“去哪儿玩、玩什么”成了许多人休闲娱乐考虑的问题，而打造城市IP，恰好为此提供了一个生动的“标识点”和“切入口”。风口之上，大量城市竞相入局，加入网红城市的竞争队列中，从去年夏天“淄淄”有味的淄博，到这个冬天“滨滨”有礼的哈尔滨，越来越多的城市凭借“天赋异禀”或“独门秘籍”，将城市文化符号化、形象化，纷纷打造出“能为自己代言”的城市IP，提升城市知名度和美誉度。短期而言，打造城市IP为城市带来巨大的话题度、关注度；长期来看，也有利于带动本地经济社会发展，提升居民自豪感。

这次哈尔市滨爆火的背后，哈尔滨市市民用最真诚、最淳朴的方式表达着“哈尔滨市欢迎你”，从性格粗犷的的哥温柔说起夹子音“公主请下车”，到被切成一块块的冻梨摆盘；从中央大街地下通道连夜铺就的防滑地毯，再到对11个“小砂糖橘”的全程贴心服务，南北农产品互赠等，引起全国网友各省农产品摸底；人工月亮、冻梨摆盘、飞马踏冰、凤凰飞天、公主旅拍、蹦迪巴士……游客想要的哈尔滨市都努力做到，甚至游客想不到的哈尔滨市也能“掏家底”满足，不断推动冰雪旅游创意出新。充分借助短视频传播和“种草”平台等新媒体的推广力。短视频创作者们，用镜头记录下哈尔滨市冰雪独有的视觉冲击力，“种草”达人们则通过感性的文字，把冰雪赋予了更多深刻的意义。有人把冰雪形容为爱情，广东省游客说“自己来到哈尔滨市就像度了一次蜜月，回去之后又失恋了”。当冰雪不再单纯是冰雪，当旅游不再单纯是旅游，情绪会带动更多人去关注哈尔滨市，让哈尔滨市从冰天雪地的老工业城市，一跃成为这个冬天“炙手可热”的“网红”旅游目的地。

黑龙江省文化和旅游厅党组书记、厅长何晶在接受媒体采访时坦言：“哈尔滨市爆火不是偶然。当地已经做了一年的准备了，游客在评论区提到需要什么，我们就上什么。”“哈尔滨市的爆火离不开优质产品、优质服务和热情市民的线下保障，也得益于被欢乐氛围感染的各地文旅互动，以及全国游客和网友进行的南北差异趣味话题互动。”南开大学旅游与服务学院副教授于海波在接受中国城市报记者采访时表示，除了常见的网络流量场景和行动者，政府、文旅人、商家乃至市民的密集投入、迭代服务、精巧策划，以及基建、交通、产业和科研等城市底色，都在源源不断地助推哈尔滨市相关话题升温。

项目二 农产品及农资市场营销环境

项目导读

随着我国农村经济的发展和人们生活水平的提高，农产品和农资市场的竞争越来越激烈。然而由于传统的小农经济思想的束缚和营销观念的落后，很多农产品的销售受到限制。本项目旨在提升农产品和农资市场的营销成果，帮助农户和农业企业解决营销问题，提升营销效果，优化营销环境，通过对农产品及农资市场营销环境进行分析，提出相应的营销策略和解决方案，增加农民收入，以帮助相关企业和农户更好地开展营销活动，提高市场的竞争力。

知识目标

（1）了解农产品及农资市场营销环境的基本知识和特点。

（2）熟悉农产品及农资市场营销环境的概念和分类。

（3）了解农产品及农资市场营销环境中宏观环境和微观环境的内容。

（4）掌握农产品及农资市场分析的方法和工具，包括市场调研竞争分析和消费行为分析等。

技能目标

（1）能够根据农产品及农资市场营销的特点和市场状况，制订有效的营销计划和策略。

（2）能够运用市场分析方法和预测工具为营销决策提供支持。

（3）能够根据营销计划和策略，组织实施农产品及农资的推广和销售活动。

（4）能够与客户进行有效的沟通和谈判，达成合作协议。

素质目标

（1）具备良好的职业操守和商业道德，遵守法律法规，诚信经营。

（2）具备较强的沟通和协调能力，能够与团队成员和其他利益相关者有效合作。

（3）具备较强的自我学习和创新能力，能够不断地更新知识和技能，并适应市场的变化。

（4）具备强烈的市场意识和竞争意识，能够敏锐地捕捉市场机会和应对挑战。

思政目标

(1)树立正确的世界观、人生观和价值观，践行社会主义核心价值观。

(2)培养国家意识和社会责任感及参与国家和地方的经济建设。

(3)弘扬中华优秀传统文化，传承农业文明，推动农业现代化进程。

(4)保护生态环境，实现经济社会和环境的可持续发展。

思维导图

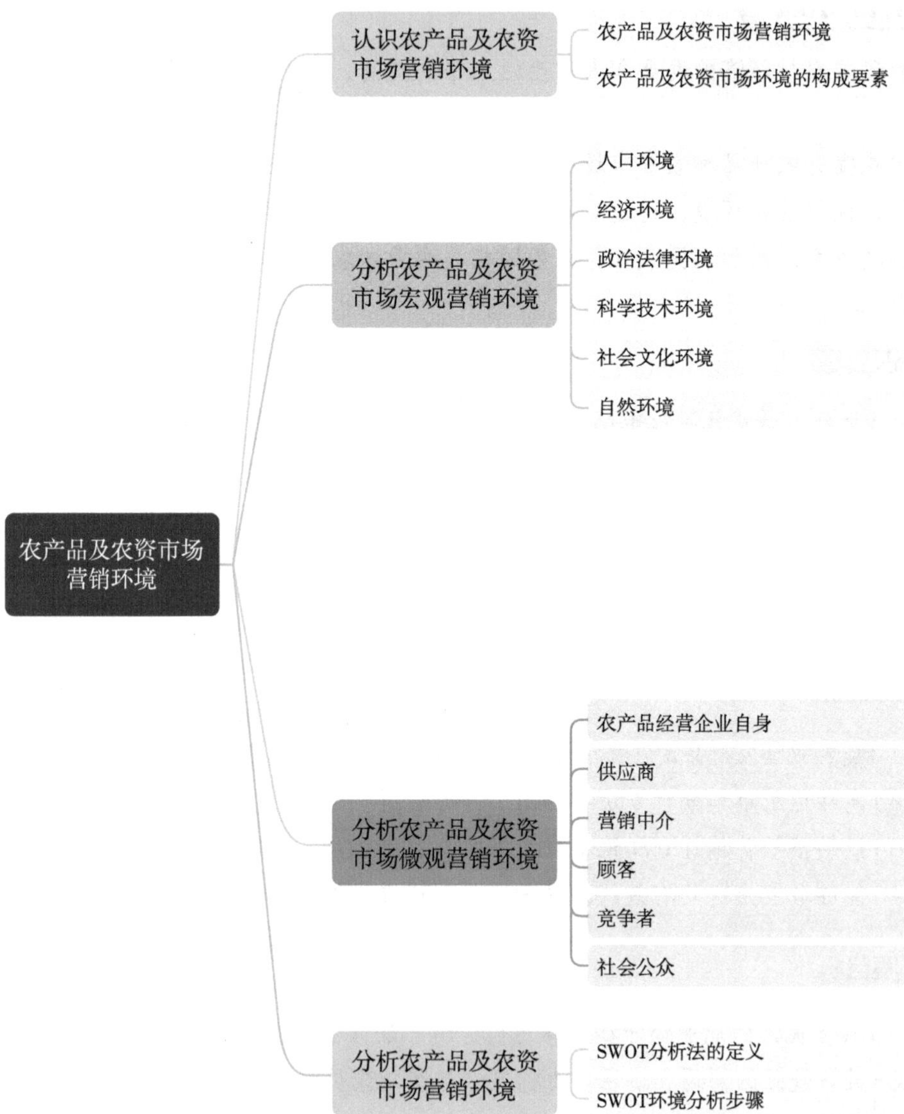

任务一 认识农产品及农资市场营销环境

任务导入

农产品及农资市场营销环境是农业领域的重要研究课题，随着我国农业产业的快速发展和市场化进程的加速，农产品及农资市场营销环境日益复杂，对企业和农户的营销策略提出了更高的要求。为了更好地理解和应对这一环境，我们需要对农产品及农资市场营销环境进行深入的探讨和分析。

任务：根据所学知识，让学生结合生活中能接触到的农产品及农资市场，撰写一份市场营销环境调查报告，巩固所学知识。

任务工单

班级：______________　姓名：________________　学号：_____________

任务名称	认识农产品及农资市场营销环境
任务描述	任务内容：1. 农产品及农资市场营销环境的定义和构成要素；2. 农产品及农资市场营销环境的现状分析。 任务目的：理解农产品及农资市场营销环境的构成要素；分析当前农产品及农资市场营销环境的特点和趋势。 任务流程：1. 了解农产品及农资市场营销环境的含义；2. 掌握农产品及农资市场营销环境的分类；3. 分析农产品宏观环境和微观环境；4. 撰写市场营销环境调查报告。 任务方法：1. 分组讨论；2. 整理归纳。
获取信息	要完成任务，需要掌握相关的知识。请收集资料，回答以下问题： 1. 农产品及农资市场营销环境的含义是什么？ 2. 农产品及农资市场营销环境的分类有哪些？ 3. 什么是农产品及农资市场营销环境的宏观环境？ 4. 什么是农产品及农资市场营销环境的微观环境？

续表

<table>
<tr><th>任务名称</th><th colspan="4">认识农产品及农资市场营销环境</th></tr>
<tr><td>制订计划</td><td colspan="4"></td></tr>
<tr><td rowspan="6">任务实施</td><td colspan="4">按照预先制订的工作计划，完成本任务，并记录任务实施过程。</td></tr>
<tr><td>序号</td><td>完成的任务</td><td>遇到的问题</td><td>解决的办法</td></tr>
<tr><td></td><td></td><td></td><td></td></tr>
<tr><td></td><td></td><td></td><td></td></tr>
<tr><td></td><td></td><td></td><td></td></tr>
<tr><td></td><td></td><td></td><td></td></tr>
</table>

任务准备

知识准备

一、农产品及农资市场营销环境

农产品及农资市场营销环境是指影响农产品经营企业在生产经营过程中的各种内外因素的总和，它主要包括农业企业的内部环境和外部环境。内部环境也被称为直接环境或微观环境，外部环境也被称为间接环境或宏观环境。

农产品经营企业外部环境对于农产品经营企业来说是客观存在的，它是不以人的意志为转移的，对农产品经营的企业来说，属于不可控制的因素。农产品经营企业无力改变，也根本不能改变，但是农产品经营企业可以通过内部因素的优化组合，去适应一切外部环境的变化及农产品市场供需的变化，保持农产品经营企业内部因素和外部因素的动态平衡，使农产品经营企业不断充满生机和活力。

二、农产品及农资市场营销环境的构成要素

（一）宏观市场营销环境

宏观市场营销环境又称间接营销环境，是指所有与农产品经营企业的农资市场营销活动有联系的环境因素，包括人口、经济、科技、社会文化、自然、政治和法律环境等方面的因素。这些因素涉及领域广泛，主要从宏观方面分析对农资产品经营企业的市场营销活动产生的影响。

（二）微观市场营销环境

微观市场营销环境又称直接营销环境，是指与本农资产品经营、企业市场营销活动有密切关系的环境因素，如农资供应商、农产品各类营销中介、竞争者、顾客等。微观市场营销环境体现了宏观市场因素在某一领域里的综合作用，对于农资产品经营企业当前和今后的经营活动产生了直接的影响。

人员准备

人员分组，每组 4 人。职责分工，见表 2-1。

表 2-1　任务角色分工

任务角色	任务内容
组长:	统筹分析，撰写报告
组员 1:	列举影响消费者购买的心理因素和消费者购买的心理倾向类型
组员 2:	观察不同性别、不同年龄消费者购买行为，并做好记录
组员 3:	向不同的农产品消费者询问需求意向

任务筹划

任务筹划流程如图 2-1 所示。

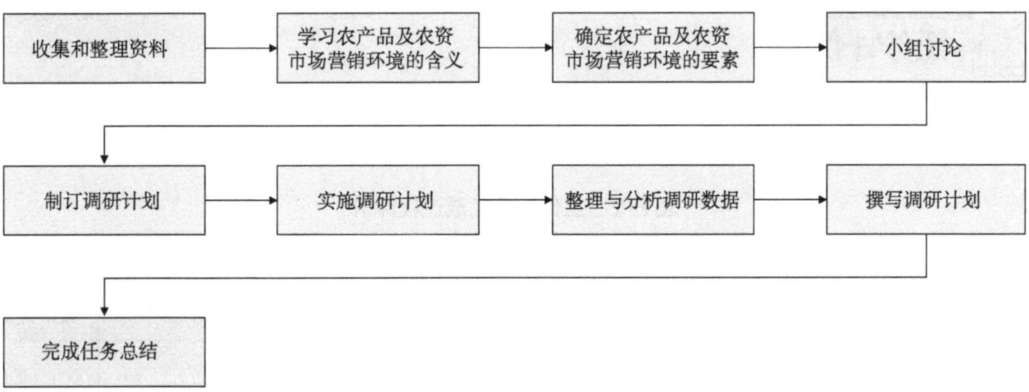

图 2-1　任务筹划流程

任务实施

步骤一：

步骤二：

任务总结：

任务检测

扫码做题

使用微信扫码进入在线测试，可多次答题，直到获得满意的结果。

二维码 2-1

任务检测

任务评价

完成学习任务后，预期能够达到的学习效果，由学生、小组和教师三方共同完成任务评价，见表 2-2。

表 2-2　工作任务完成过程评价

班级：______　　姓名：______　　学号：______

项目	评分标准	自我评价	小组评价	教师评价
知识技能	农资市场营销环境的概念（15 分）			
	农资市场营销环境的类别（15 分）			
	农资市场宏观环境的概念（10 分）			
	农资市场微观环境的概念（10 分）			
任务进度	能否熟记所学概念和特征（10 分）			
任务质量	能够准确对农资市场营销环境的分类，并指出其特征（20 分）			

续表

项目	评分标准	自我评价	小组评价	教师评价
素养表现	树立较强的市场竞争意识（10分）			
思政表现	认真踏实、团结协作（10分）			
合计				
自我评价与总结				
教师点评				

任务二 分析农产品及农资市场宏观营销环境

任务导入

某农业科技公司主要生产和销售化肥、农药等农资产品。近年来该公司面临着一系列的宏观营销环境挑战。首先，国外政策环境的变化对公司产生了重大影响。政府推出了新的环保政策，要求农资企业降低污染排放，这就增加了公司的环保成本。其次，经济环境也对公司产生了影响。随着经济的发展，农民的收入水平不断提高，他们对农资产品的品质和效果提出了更高的要求。此外，社会环境和文化环境的变化对公司产生了影响。随着消费者对健康和环保的关注不断提高，他们对农资产品的选择也更加注重品质和环保标准，这促使公司更加注重产品品质和环保健康属性。

任务：根据上述材料，请为该企业撰写一份市场宏观环境分析调研报告。

任务工单

班级：________　姓名：________　学号：________

<table>
<tr><th>任务名称</th><th colspan="4">分析农产品及农资市场宏观营销环境</th></tr>
<tr><td>任务描述</td><td colspan="4">任务内容：1. 了解农资市场宏观营销环境的含义；2. 熟悉农资市场宏观营销环境的主要内容。
任务目的：准确认识农资市场宏观营销环境的主要内容，通过分析为制订不同营销策略打好知识基础。
任务流程：1. 确定农产品及农资市场宏观营销环境主要内容；2 分析农产品及农资市场宏观营销环境影响因素；3. 完成农产品及农资市场环境分析调研报告。
任务方法：1. 分组讨论；2. 归纳分析。</td></tr>
<tr><td>获取信息</td><td colspan="4">要完成任务，需要掌握相关的知识。请收集资料，回答以下问题：
1. 农资市场宏观营销环境的含义是什么？

2. 农资市场宏观营销环境的主要内容有哪些？</td></tr>
<tr><td>制订计划</td><td colspan="4"></td></tr>
<tr><td rowspan="6">任务实施</td><td colspan="4">按照预先制订的工作计划，完成本任务，并记录任务实施过程。</td></tr>
<tr><td>序号</td><td>完成的任务</td><td>遇到的问题</td><td>解决的办法</td></tr>
<tr><td></td><td></td><td></td><td></td></tr>
<tr><td></td><td></td><td></td><td></td></tr>
<tr><td></td><td></td><td></td><td></td></tr>
<tr><td></td><td></td><td></td><td></td></tr>
</table>

任务准备

知识准备

一、人口环境

现代农资市场营销是以消费者为中心，人口是最基本的消费者，因此人口构成了农资市场营销的基本要素，人口的多少直接决定市场的潜在消费能力，人口越多市场消费规模就越大。分析人口因素除分析一个国家或地区的总人口数量以外，还要研究人口的地理分布、年龄结构、性别、受教育程度等因素，以便根据农业企业的行业优势，选择自己合适的目标市场。

（一）人口数量

有关资料显示：2022年，我国总人口将近14.1亿人，占世界总人口的22%。虽然人口的自然增长率每年在下降，但每年出生的人口仍高居1 700万人以上，2023年下降为902万人，人口基数大，我国正处于人口控制的关键时期。

在当今社会，随着经济社会的稳步发展，教育水平的普遍提升以及性别平等观念的深入人心，育龄妇女群体正经历着显著的增长与变化，这一趋势不仅反映了国家政策的积极成效，也彰显了女性地位与自主权的不断提升。一方面，随着生育政策的调整与优化，如全面二孩、三孩政策的实施，为育龄妇女提供了更加灵活多样的生育选择空间，同时也激发了更多家庭对于扩大成员规模的意愿。人口越多，意味着“人有一双手、也有一张口”，如果在收入水平不变的情况下，则对食物、衣着、日用品的需求量越多，那么市场就越大，因此按人口数量的多少可大略推算出市场潜在规模和现实规模，我国人口众多无疑是一个巨大的市场。但是，另一方面，人口的迅速增长也会给企业营销带来不利的影响，比如人口的增长高于经济的增长，人们的购买力不但没有增长反而会随着人口数量的增加而下降，这就意味着市场萎缩，生活贫困，现实购买力下降，从而使市场吸引力也会下降。

（二）人口结构

人口结构主要包括人口的年龄结构、性别结构、家庭结构、社会结构和民族结构等。

1. 年龄结构

由于消费者年龄的差别，对于商品和服务也就产生不同的需求，例如青少年对书籍、流行音乐、游戏机、多媒体感兴趣，儿童对玩具及糖果感兴趣，成年人对质量较好的生活用品及耐用品感兴趣，老年人则对保健品、医药品感兴趣，这样也就形成了具有年龄特色的市场，如婴幼儿市场、儿童市场、青年市场、成人市场、老年人市场等。

2. 性别结构

人口性别不同，其市场需求也会存在明显的差异，而且购买习惯与购买行为方式也有所不同，例如由于女性多操持家务，所以女性多喜欢逛家庭日用品市场、超市等，女性的爱美之心一般来说大于男性，女性出于本能非常喜欢打扮，所以女性服装、化妆品、减肥、塑形等成了女性市场的重要商品，女性担负哺乳小孩的重任，儿童市场也就纳入了女性市场。大多数女性出于美容的需求会更多地购买一些具有美容功能的水果、蔬菜，农产品经营者应当注意该类产品的种植、生产开发。

3. 家庭结构

现代家庭仍然是社会的细胞，也是商品采购的基本单位，一个国家或地区家庭单位的多少以及家庭平均人员的多少，可以直接影响对某些消费品的需求。目前世界上普遍呈现家庭总数增加而规模缩小，且家庭规模呈多元化趋势。在我国“四世同堂”现象已不多见，“三位一体”的小家庭则普遍存在，并逐步由城市向乡镇发展。小规模家庭对高档的、精细加工的和包装精美的农产品需求呈增加趋势。

4. 社会结构

我国农村资源辽阔，人口众多，9 亿农村人口是一个难以估量的大市场，有着较大的发展潜力，同时目前城市市场竞争激烈，农村市场相对薄弱，这一社会结构的客观因素决定了企业在国内市场中应当注意以农民为主要的营销对象，市场开拓的重点也应该放在农村，尤其是一些中小企业更应注意开发价廉物美的商品，以满足农民的需要。开拓农村市场是目前我国的一大热点。

5. 民族结构

我国是一个拥有 56 个民族的多民族国家，民族不同，其生活习性、文化传统、风俗习惯等各具特点，反映到市场的信息上，就是各民族的农资市场需求存在很大的差异，因此农业企业营销者要注意民族市场的营销，重视开发适合各民族的特性、受其欢迎的商品。

（三）人口地理分布

人口地理分布是指人口在不同地区的密集程度，由于自然地理条件及经济发展等多方面因素的影响，人口的分布绝不会是均匀的。例如，我国人口最密集的地区是东南沿海一带，而西北地区人口相对较少，且人口密集度由东南向西北递减。另外城市的人口比较集中，尤其是大城市人口密度较大。例如，上海、北京、重庆等城市的人口超过 1 000 万人，而农村人口则相对分散。人口的这种地理上的分布不同表现在市场上，就是人口的集中程度不同，则市场大小不同，消费习惯不同，市场需求特性也不同。例如，南方人以大米为主食，北方人以面粉为主，江浙沿海一带的人喜甜食，而川湘鄂一带的人喜辣，故我国有“南甜北咸，东辣西酸”之说。

二维码 2-2

课程视频

二、经济环境

经济环境是指企业市场营销活动所面临的外部社会经济条件，其运行状况和发展趋势会直接或间接地影响到农产品经营企业的经济效益。农产品经营企业营销总是在一定的经济环境下展开的，因此在进行营销活动前，必须全面了解分析经济环境。

（一）国家的经济发展战略

国家的经济发展战略是对国家在一定时期内经济发展的目标、方向、道路等从总体上做出的最基本的概括和描述，作为农产品经营企业，在关心国家经济发展战略同时，特别要关注农业方面的方针政策，了解未来若干年国家的农业经济运行状态，进而为农产品经营企业的发展提供参考依据。

（二）消费支出模式

随着消费者收入的变化，消费者支出模式会发生相应变化，继而使一个国家或地区的消费结构也发生变化，西方一些经济学家常以恩格尔系数来反映这种变化。恩格尔系数表明，在一定的条件下，当家庭或个人收入越少，用于食物开支部分的比重越大，要小于用于教育医疗享受等方面的开支比重，食物开支占总消费量的比重越大，恩格尔系数越高，生活水平越低。

（三）消费结构、特点和趋势

二维码 2-3

课程视频

每个国家在某一个时期都有自己独有的消费结构和消费特点，消费结构决定了某类商品的销售总量，而消费特点决定了在消费总量下的消费分布，消费趋势则决定未来消费的方向。如果农产品经营企业能够掌握经济发展中的这些消费趋势，并制订出与之相适应的营销方案，就可以促使农产品经营企业运作成功。

三、政治与法律环境

政治与法律环境是影响企业营销的重要的宏观环境因素，政治因素，像一只有形之手，调节着企业一切营销活动的方向，法律则为农产品经营企业规定商贸活动的行为准则，政治与法律相互联系，相互影响，共同对农产品经营企业的营销活动发挥影响和作用。法律是人们必须共同遵守的行为准则，农产品经营企业的营销活动都必须遵守国家的法律法规，特别是经济法规，其对营销本身具有更为直接的制约作用。例如，2005 年 8 月开始，大陆放开了对台湾 18 种水果的进口限制，从而影响到沿海地区热带水果的生产和销售活动。随着我国经济体制、政治体制改革的逐步深入，我国农产品经营者会在一个更为开放，民主法治化的经济管理体制和政治环境中运行。

四、科学技术环境

现代社会生产力水平的提高，主要依靠设备的技术开发，创造新的生产工艺、新的生产流程。同时技术开发也扩大和提高了劳动对象的利用广度和深度，不断创造新的原材料和能源。例如，农业技术的不断改进，对农产品的成活率、质量、产量、口味等都有着重要的影响，科学技术的发展使产品更新换代的速度加快，产品的市场生命周期缩短。农业科学技术的发展，也使名优特新的蔬菜、水果、花卉等品种不断在市场上推出，炙手可热的技术和新产品转瞬成为“明日黄花”，这要求农产品经营者不断地进行技术革新，更新品种，赶上技术进步的浪潮。市场营销人员也应顺应产品发展的形势，采取相应的营销对策。

五、社会文化环境

人们总是在特定的社会中生活，久而久之必然形成特定的文化。这种文化被称为社会亚文化。社会文化是指一个社会的民族特征、价值观念、生活方式、风俗习惯、宗教信仰、教育水平、语言文字、社会结构等的总和。它主要包括两部分：一是全体社会成员所共同遵循的基本核心——文化；二是随时间变化和外界因素影响，容易改变的社会次文化或亚文化。不同国家、不同地区的人民，有着不同的社会与文化，代表着不同的生活模式，对同一产品可能持有不同的态度，直接或间接地影响产品的设计、包装、信息、颜色的传递方法，产品被接受的程度、分销和推广措施等。社会文化因素通过影响消费者的思想和行为，来影响农产品企业的市场营销活动，因此企业在从事农产品营销活动时，就要重视对社会文化的调查研究并做出相匹配的营销决策。

（一）价值观念

价值观念是人们对社会生活中各种事物的态度和看法，在不同的社会文化背景下，人们的价值观念相差很大，价值观念的形成与消费者所处的社会地位、家庭、民族、时间观念、心理状态以及对生活的态度等有关，消费者对农产品的需求和购买行为，深受其价值观念的影响，一种新产品的消费会引起社会观念的变革。不同的文化背景下人们价值观念的差别是很大的，而消费者对商品的需求和购买行为则深受其价值观念的影响。例如，我国人民普遍有节俭的美德，所以反映在产品寿命周期上，成熟期特别长，也喜欢把钱或珍贵的东西存起来；而西方国家的人比较注重现实生活的舒适，及时行乐的思想占主导地位。农产品经营企业在制订促销策略时，最好把产品和目标市场的文化联系起来。

（二）风俗习惯

风俗习惯是人们生活在特定的社会物质生产条件下，长期形成的礼节习惯、风俗惯例和行为规范的总和，它主要体现在饮食、服饰、居住、婚丧、信仰、节日、行为方式和生活习惯等。不同的国家、不同的民族，有不同的风俗习惯，它对消费者的消费偏好、消费行为、消费模式等具有重要的影响，例如，我国各地有不同的饮食习惯，不同的国家民族对图案、颜色、数字、动植物等都有不同的喜好和不同的使用习惯。因此，农产品经营者在从事此类产品营销时，一定要了解当地的风俗习惯。

（三）宗教信仰

不同的宗教信仰，有不同的文化倾向和戒律，从而影响人们对事物认识的方式、生活态度、购买行为、消费倾向、价值观念等。这些因素将形成特有的市场需求，与市场营销活动有密切的关系。特别是在一些信奉宗教的国家和地区，宗教信仰对农资市场营销活动的影响力更大。

（四）教育水平

二维码 2-4

课程视频

受教育程度的差异会导致农资的消费观念和消费结构有明显的不同。如绿色有机蔬菜、高档水果、花卉，在受教育水平高的群体当中，消费量远远大于受教育水平低的群体，在受教育程度高的城市和地区开发农产品市场，制订营销方案、进行广告宣传等方面，文化品位、知识含量要符合目标消费群体的文化欣赏习惯和审美要求。

六、自然环境

自然环境因素是指影响农产品企业生产和经营的物质因素。自然环境因素，如气候、生物资源、地形等，都会对农产品的生产营销产生直接或间接的影响，有时这些影响因素对农产品的生产经营起到决定性的作用。环境因素的发展变化，会给农产品企业造成一些环境威胁和市场营销机会，所以农业企业营销不可忽视自然环境方面的变化，应适时调整营销策略。

（一）自然资源状况

随着我国国民经济发展和人民生活水平的提高，自然资源尤其是土地资源日渐短缺，城镇建设用地的增加，使得城郊生产农产品的土地日益减少，农产品的供应也随之降低。由于城市发展快，工业用地和生活用地增长迅速，使农田急剧减少，由于耕地资源有限，如果长期发展下去，国家的粮食和其他食品势必成为严重问题。

（二）自然环境状况

我国地域辽阔，各种自然资源及组合状况不同，导致生产农产品的种类因地而异，形成了各地不同的产业结构、生产结构和产品结构。农产品的生产经营者要最大限度地利用当地的自然环境优势，生产独具特色的产品来赢得市场，还要不断地分析和认识自然环境的变化，根据不同的环境情况来规划生产和销售产品。

（三）环境保护意识

污染已成为举世瞩目的问题，在许多工业化进程较快的国家，环境污染日趋严重，引起了各国政府的重视，人民群众、新闻舆论也纷纷指责污染的危害性。目前我国的污染主要是工业三废、农业污染、生活污染、放射性污染等，这些污染已对农产品生产环境造成了严重影响，对此我国政府采取了一系列措施，对环境污染问题进行控制，同时对农产品质量标准也提出了严格的要求。这种动向一是给那些制造污染的企业和行业（如制造业、化工业等）造成了一种环境威胁，他们在社会舆论的压力和政府的干预下，不得不采取控制措施来消除污染。二是也给某些企业和行业（如无公害或绿色农产品销售等）创造了新的市场营销环境。三是给为了不破坏生态环境的新生产技术和包装方法，创造了营销机会。因此农产品生产经营者要了解政府对资源使用的限制，对污染治理的措施和无公害农产品的质量标准，力争做到既能减少资源浪费，减少环境污染，又能生产出无公害的绿色产品，以此来保证农产品经营企业的发展，提高生产效益。

二维码 2-5

拓展学习

人员准备

人员分组，每组 4 人。职责分工，见表 2-3。

表 2-3　任务角色分工

任务角色	任务内容
组长：	对小组三位同学的资料进行整理归纳，并在组间进行评议
组员 1：	列举传统农产品市场环境影响因素
组员 2：	列出熟悉的新型农产品市场面临的环境变化有哪些
组员 3：	列举新型农产品及农资营销宏观环境因素特点和形成的原因（可查阅网络）

任务筹划

任务筹划流程如图 2-2 所示。

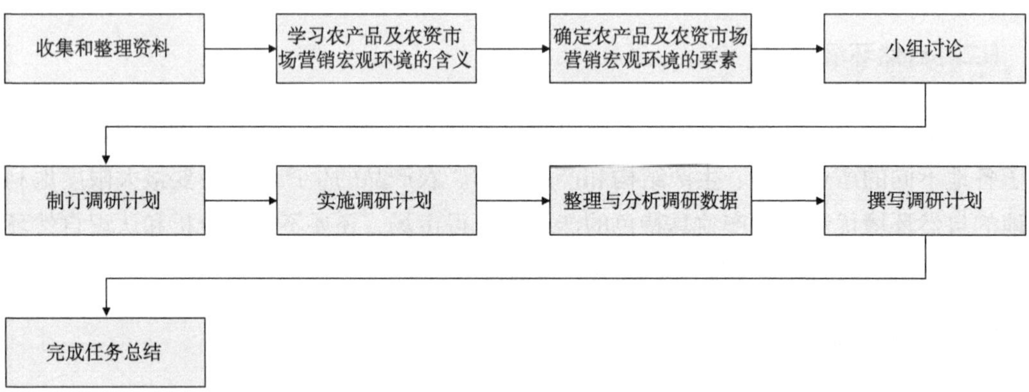

图 2-2　任务筹划流程

任务实施

步骤一：

步骤二：

步骤三：

任务总结：

任务检测

一、扫码做题

二维码 2-6

使用微信扫码进入在线测试，可多次答题，直到获得满意的结果。

任务检测

二、讨论题

农资市场是农业发展的重要支撑，其宏观环境对农资市场的运行具有重要的影响，通过以下材料讨论农资市场面临的宏观环境问题，以及从政策环境、经济环境、社会环境、技术环境等方面制订相应的营销策略，并提出相应的建议。

某地区近年来加强了对环保的监管力度，对农资生产企业提出了更高的环保要求，这导致该地区部分农资生产企业面临生产成本上升、排污达标困难等问题。同时该地区农业结构调整导致部分农资需求下降，面对这些挑战，该地区农资生产企业应加强技术研发，提高生产效率，降低生产成本，同时应该注重政策变化和市场动态，适时调整产品结构和营销策略。

任务评价

完成学习任务后，预期能够达到的学习效果，由学生、小组和教师三方共同完成任务评价，见表 2-4。

表 2-4　工作任务完成过程评价

班级：＿＿＿＿＿＿　　姓名：＿＿＿＿＿＿＿＿　　学号：＿＿＿＿＿＿

项目	评分标准	自我评价	小组评价	教师评价
知识技能	农资市场宏观营销环境的概念（10 分）			
	社会文化的概念（10 分）			
	人口结构的概念（10 分）			
	农资市场宏观营销环境的主要内容（20 分）			
任务进度	能否掌握所学概念（10 分）			
任务质量	能够理解新型农资市场宏观营销环境影响的必然性（20 分）			
素养表现	学生之间的团队协作意识强（10 分）			
思政表现	认真踏实、团结友爱（10 分）			
合计				
自我评价与总结				
教师点评				

任务三　分析农产品及农资市场微观营销环境

任务导入

某公司是一家专门从事农业肥料生产的企业。多年来一直在农资市场上占有一定的市场份额，然而随着市场的变化和竞争对手的崛起，该公司的销售额开始下滑，为了扭转这一局面，该公司决定采取一系列的措施，首先，该公司对目标客户的需求进行了深入分析，其次，加强了与经销商的合作，最后，该公司与农户的沟通和互动也有了进一步的提升。他们通过举办培训班、现场演示和农户交流会等形式，让农户更加了解该公司产品的优势和使用方法。同时，该公司还鼓励农户提出意见和建议，以便更好地满足他们的需求。

任务：根据上述材料，请大家为该企业撰写一份市场微观环境分析调研报告。

任务工单

班级：____________　　姓名：______________　　学号：___________

<table>
<tr><th>任务名称</th><th colspan="4">分析农产品与农资市场微观营销环境</th></tr>
<tr><td>任务描述</td><td colspan="4">任务内容：1. 理解农资市场微观环境的含义；2. 熟悉农资市场微观环境的主要内容。
任务目的：准确熟知农资市场微观环境等概念，进一步了解微观环境的主要内容和影响因素。
任务流程：1. 了解农资市场微观环境的含义；2. 熟悉农资市场微观环境的主要内容；3. 掌握营销中介和社会公众的类型。
任务方法：1. 讲授法；2. 分组讨论；3. 练习巩固。</td></tr>
<tr><td>获取信息</td><td colspan="4">要完成任务，需要掌握相关的知识。请收集资料，回答以下问题：
1. 农资市场微观环境的含义是什么？

2. 农资市场微观环境的主要内容有哪些？

3. 营销中介的含义和分类有哪些？

4. 社会公众有哪些？</td></tr>
<tr><td>制订计划</td><td colspan="4"></td></tr>
<tr><td rowspan="6">任务实施</td><td colspan="4">按照预先制订的工作计划，完成本任务，并记录任务实施过程。</td></tr>
<tr><td>序号</td><td>完成的任务</td><td>遇到的问题</td><td>解决的办法</td></tr>
<tr><td></td><td></td><td></td><td></td></tr>
<tr><td></td><td></td><td></td><td></td></tr>
<tr><td></td><td></td><td></td><td></td></tr>
<tr><td></td><td></td><td></td><td></td></tr>
</table>

任务准备

知识准备

农产品微观市场营销环境是指农产品企业服务其顾客能力构成直接影响的各种力量。

其主要体现在农产品经营企业的具体对外业务往来过程中的影响因素，一般包括农产品经营企业自身、供应商、营销中介、顾客、竞争者、社会公众六大因素。

一、农产品经营企业自身

农产品经营企业是组织生产和经营的组织，是一个复杂又统一的整体，内部由各个职能机构组成，一般包括计划部门、市场部门、财务部门、销售部门、人力资源部门、后勤部门等。各职能部门独立完成自己的工作，但又与其他部门相互联系，形成农资企业的整体性、相关性。农产品经营企业中影响营销的主要因素有投资者和管理层。

二、供应商

供应商是指农产品经营企业及竞争者提供生产与资源所需的企业或个人。这些资源一般由农产品供应商提供，包括原材料、种子、农药、化肥、劳务、资金、生产工具等。在现代市场营销的条件下，任何农产品经营企业的活动都离不开一定的生产资料供应和保障。

一方面，需要考察农产品供应商所提供原材料价格的高低、产品质量的优劣、交货是否及时到位、供货是否稳定等，这些都会影响农产品经营企业的信誉和销售。

另一方面，农产品经营企业使自己的供应者多样化，在现代市场营销的条件下，每个企业都必须高度注意市场的风险性，如果农业企业过分依赖一家或少数几家供货商，那么受到供应变化的影响和风险的可能性就大，因此为减少对农产品经营企业的影响和制约，农业企业就应尽可能地联系多个供货商，向多个供货商采购，注意避免过于依赖单一的供应商，以免当与供应商发生矛盾时，使企业陷入困境。

三、营销中介

营销中介是指在农产品企业营销活动过程中，提供各种营销服务的企业或个人的总称，主要任务是将农产品销售、促销、分销给最终消费者，包括营销中间商、实体分配机构、营销服务机构和金融机构等。

（一）营销中间商

营销中间商是指农产品从生产者流向消费者的中间渠道，一般分为两种，代理中间商和买卖中间商。代理中间商有代理商、经纪人和生产商代表，他们专门介绍客户或与客户磋商交易合同，但并不拥有商品的所有权。买卖中间商主要有批发商和零售商等。买卖中间商在销售产品的过程当中，拥有商品的所有权，然后再次出售商品。中间商的主要任务是帮助农产品企业寻找顾客，为农产品企业打开销路，通过中间商把自己的农产品介绍给消费者。中间商连接生产者和消费者，所以中间商的服务质量、服务态度会直接影响农产品销售速度、销售效率。

二维码 2-7

拓展学习

（二）实体分配机构

实体分配机构是指帮助农产品企业进行产品的保存、运输、储存的各类营销机构，它主要包括仓储、物流公司等机构。仓储公司主要储存和保存商品，它从两个方面为农产品经营企业提供服务：一是为农产品经营企业储存生产的产品；二是对农产品经营企业生产所需的原材料及零配件进行保管和储存。物流公司是以各种运输工具和运输方式为农产品经营企业运输农产品，既把农产品送达到目标市场，又把生产所需的原材料运送到农产品经营企业。农产品经营企业或生产专业户，需要选择储运公司时，主要考虑储存产生的成本、运输安全、运输速度等方面。

（三）营销服务机构

在现代市场经济条件下，营销服务机构所涉及的面比较广泛，包括市场调研公司、广告公司、银行融资公司、咨询公司等。营销服务机构是农产品企业营销活动不可缺少的，重要的问题是，农产品企业面对众多的服务机构，要从中进行选择，看谁具有创造性，服务态度、服务质量最好，服务价格合适，从而选择适合本企业发展的营销服务机构。

（四）金融机构

二维码 2-8

课程视频

金融机构是农产品企业在营销活动过程中进行融资的机构，包括银行、信贷机构、保险公司等。金融机构的主要功能是能够为农产品经营企业在营销活动过程中提供资金保障、保险服务。

四、顾客

农资企业的一切营销活动都是以满足顾客的消费需求为中心，一切从消费者的需求出发，因此顾客是农资企业最重要的环境因素，也是农产品生产者服务的对象和目标市场。农产品经营企业需要仔细地了解顾客市场，根据不同市场的特点，更好地树立以顾客需求为中心的经营思想。农产品顾客可以从不同角度以不同的标准进行划分，可以划分为消费者市场、农产品生产者市场和中间商市场。消费者市场是为满足个人或家庭需要而购买商品和服务的市场；农产品生产市场是为获取利润或达到其他目的而购买商品和服务来生产农产品和服务的市场；中间商市场是指为了获得利润而购买产品和服务并将其转售的市场。

五、竞争者

在市场经济条件下，任何农产品企业在目标市场中进行营销活动时，都会不可避免地遇到竞争对手的挑战和威胁。竞争对手的营销战略及营销活动的变化，都会直接影响到农产品经营企业的营销。农业经营企业必须密切注视竞争者的一切变化，并采取相应的营销对策和营销措施。

六、社会公众

农资企业在开展营销活动时，不仅要考虑到竞争对手与之争夺目标市场，而且要考虑到对农业企业生存和发展具有实际和潜在的利害关系，或影响力的一切组织与个人。所谓公众就是对一个组织完成其目标的能力有着实际或潜在兴趣影响的群体。公众可能有助于增强一个企业实现自己目标的能力，也可能妨碍这种能力。一般来说农产品经营企业所要面临的公众，包括金融部门、媒介公众、政府公众、社团公众、社区公众、内部公众等。

（一）金融部门

金融部门指关心并可能会影响农资企业获得资金能力的团体，例如，银行、保险公司、投资公司、信贷机构等。在现代社会，资金对农资企业的作用尤为重要。

（二）媒介公众

在传统的营销活动当中，企业常借助于传统的四大媒体，分别是报纸、杂志、广播、电视，这些组织对农资企业具有举足轻重的作用。随着经济和农业的快速发展，农资等相关产业也在快速发展，农资媒介营销渠道也在不断地发展，在新媒体快速发展的今天，不少农资企业正不断探索新媒体的营销模式。在现代营销中，除了应用传统的四大媒体，还出现了新型的媒介公众，农资企业面对微信、抖音、快手等新媒体营销工具应该积极去探索、使用，探索出适合本企业的新媒体营销模式，以确保农资企业长远稳定地发展。

（三）政府公众

政府公众指政府各行政机构及其工作人员即组织与政府沟通的具体对象，任何组织都必须接受政府的管理和制约。农业企业的营销管理者在制订营销计划时，必须充分考虑政府的发展政策，企业还必须向律师咨询有关产品安全卫生、广告真实性、商人权利等方面可能出现的问题，以便与有关的政府部门搞好关系。

（四）社团公众

社团公众主要指与农业企业营销活动有关的非政府机构，如消费者组织、环境保护组织以及其他群众团体。农业企业营销活动涉及社会各方面的利益，来自这些社团公众的建议，往往对农资企业营销决策有着十分重要的影响作用。

（五）社区公众

社区公众主要指农业企业所在地附近的居民和社区团体。社区是农业企业的邻里，企业保持与社区的良好关系，为社区的发展做一定的贡献，会受到社区居民的好评，企业的口碑能帮助农业企业在社会上树立良好的形象。

（六）内部公众

内部公众是指农业企业内部的管理人员及一般员工，包括企业的股东、董事会的董事经理、技术工人、普通工人等。企业的营销活动离不开内部公众的支持，企业应该处理好与广大员工的关系。如何调动他们开展市场营销活动的积极性、主动性和创造性，是企业领导人应首先关注的一个重要问题。

以上六个方面的公众都与农业企业的营销活动有着直接或间接的关系。随着商品经济的高速发展，农产品交易日益复杂，商品流通频率加快，人与人之间的相互交往及社会联系更为频繁和多样化，这就出现一种作为社会现象的工作关系，而处理好公众关系就成为农产品经营企业营销活动顺利进行所不可缺少的重要一环。

人员准备

人员分组，每组 4 人。职责分工，见表 2-5。

表 2-5　任务角色分工

任务角色	任务内容
组长：	重点讨论农资市场微观环境的概念
组员 1：	重点讨论农资市场微观环境的内容及特点
组员 2：	重点讨论农资市场微观环境中营销中介的含义及特点
组员 3：	重点讨论影响农资市场需求变化的因素

任务筹划

任务筹划流程如图 2-3 所示。

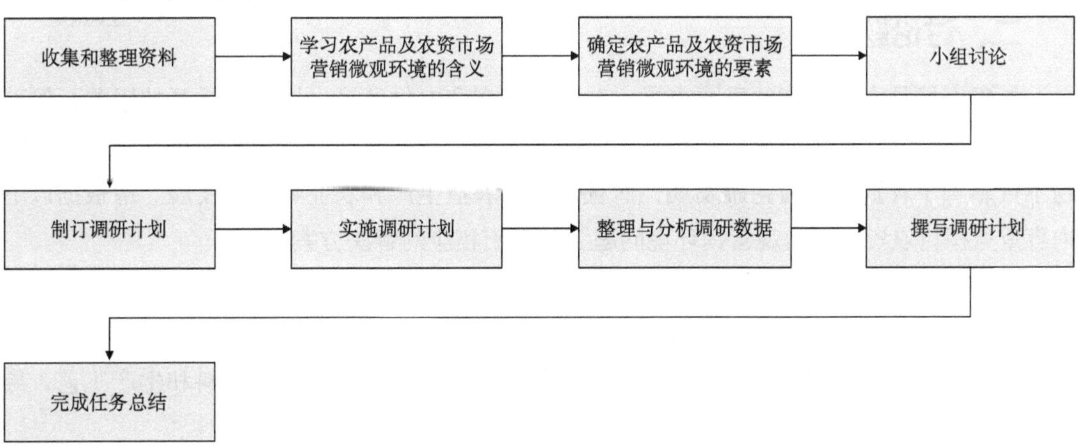

图 2-3　任务筹划流程

任务实施

步骤一：

步骤二：

步骤三：

任务总结：

任务检测

一、扫码做题

使用微信扫码进入在线测试，可多次答题，直到获得满意的结果。

二维码 2-9

任务检测

二、讨论题

农资市场是农业生产的重要支撑，对农业生产和农村经济发展具有重要的影响，然而当前农资市场存在许多问题，如产品质量参差不齐、价格波动、营销策略单一等。这些问题不仅影响了农资市场的健康发展，而且制约了农业生产和农业经济的发展。请根据以下内容重点探讨农资市场微观营销环境问题，并提出相应的解决方案。

1. 产品质量问题

当前农资市场上存在着大量劣质产品，这些产品的质量不符合国家标准，甚至会对农业生产造成危害，这主要是因为一些企业为了追求利润，采用劣质原材料和生产工艺，导致产品质量下降。

2. 价格波动问题

农资市场的价格波动问题也是一个突出问题，由于市场供求关系的变化，原材料价格波动、季节变化等因素的影响，农资市场的价格经常出现大幅度的波动，这不仅给农业生产带来很大的不确定性，也给农民的生产生活带来了很大的困扰。

3. 营销策略单一问题

目前许多农资市场的营销策略过于单一，主要依靠低价策略来争夺市场份额，这种低价策略不仅影响农业企业的盈利能力，而且会导致产品质量的下降，进一步影响消费者利益。

任务评价

完成学习任务后，预期能够达到的学习效果，由学生、小组和教师三方共同完成任务评价，见表 2-6。

表 2-6　工作任务完成过程评价

班级：__________　姓名：__________　学号：__________

项目	评分标准	自我评价	小组评价	教师评价
知识技能	1. 农资市场微观环境的含义（10 分）			
	2. 社会公众有哪些（10 分）			
	3. 农资市场微观环境的主要内容有哪些（10 分）			
	4. 营销中介的含义和分类有哪些（20 分）			
任务进度	能否 100% 准确地完成任务检测（10 分）			
任务质量	能够理解农资市场微观环境类型和特点及影响农资市场环境变化的因素（20 分）			
素养表现	学生之间的团队协作意识强（10 分）			
思政表现	学习踏实、团结友爱、文明上网（10 分）			
合计				
自我评价与总结				
教师点评				

任务四 分析农产品及农资市场营销环境

任务导入

随着我国农业现代化的不断推进，农资营销面临着前所未有的机遇与挑战，为了能更好地理解市场环境，制订有效的营销策略，本任务将对农产品及农资营销环境进行SWOT分析。通过分析我们将明确自身的优势、劣势、机会和威胁，从而为农产品及农资产品的推广和销售提供有力的支持。

任务：根据所学知识，让学生结合生活中能接触到的农产品及农资市场进行环境调查，并应用SWOT分析法撰写一份市场营销环境分析报告，巩固所学知识。

任务工单

班级：__________ 姓名：__________ 学号：__________

任务名称	分析农产品及农资市场营销环境
任务描述	任务内容：1. 理解 SWOT 分析法的含义；2. 熟悉 SWOT 分析法的内容。 任务目的：准确熟知 SWOT 分析法，进一步掌握 SWOT 分析法在营销环境分析中的应用。 任务流程：1. 了解 SWOT 分析法的含义；2. 掌握 SWOT 分析法的主要内容；3. 了解 SWOT 环境分析步骤。 任务方法：1. 讲授法；2. 案例分析；3. 分组讨论；4. 练习巩固。
获取信息	要完成任务，需要掌握相关的知识。请收集资料，回答以下问题： 1.SWOT 分析法的含义是什么？ 2.SWOT 分析法的主要内容有哪些？ 3.SWOT 环境分析步骤有哪些？
制订计划	

续表

<table>
<tr><th>任务名称</th><th colspan="4">分析农产品及农资市场营销环境</th></tr>
<tr><td rowspan="6">任务实施</td><td colspan="4">按照预先制订的工作计划，完成本任务，并记录任务实施过程。</td></tr>
<tr><td>序号</td><td>完成的任务</td><td>遇到的问题</td><td>解决的办法</td></tr>
<tr><td></td><td></td><td></td><td></td></tr>
<tr><td></td><td></td><td></td><td></td></tr>
<tr><td></td><td></td><td></td><td></td></tr>
<tr><td></td><td></td><td></td><td></td></tr>
</table>

任务准备

知识准备

一、SWOT分析法的含义

SWOT分析法又称为态势分析法，它是由旧金山大学管理学教授于20世纪80年代初提出的，SWOT的四个英文字母分别代表优势（strength）、劣势（weakness）、机会（opportunity）、威胁（threat），优势和劣势是内在要素，机会和威胁是外在要素。

SWOT分析就是将与研究对象密切相关的各种主要内部优势、劣势和外部的机会、威胁等通过调查列举出来，把各种因素相互匹配起来加以分析，从中得出的一系列相应的结论，而结论通常带有一定的决策性。

（一）优势与劣势分析（SW）——分析内部条件

由于企业是一个整体，并且竞争优势来源广泛，所以在做优势、劣势分析时，必须从整个价值链的每一个环节上将企业与竞争对手做详细的对比，例如，产品是否新颖、制造工艺是否复杂、销售渠道是否畅通，以及产品价值是否具有竞争力等。如果一个企业在某一方面或几方面的优势正是该行业企业应具备的关键成功要素，那么该企业的综合竞争优势就强。需要指出的是衡量一个企业及其他产品是否具有竞争优势，只能站在现有潜在用户角度上，而不是站在企业的角度上。

（二）机会与威胁分析（OT）——分析外部条件

例如，当前社会上流行的盗版威胁，盗版替代品限定了公司产品的最高价，替代品对公司不仅有威胁，可能也会带来机会，企业必须分析替代品给公司的产品或服务带来的是灭顶之灾，还是提供了更高的利润和价值。购买者转而购买替代品的转移成本，公司可以采取什么措施来降低成本或增加附加值来降低消费者购买盗版替代品的风险。

二、SWOT环境分析步骤

（一）分析环境因素

运用各种调查方法，分析公司所处的各种环境因素，即企业的外部环境因素和企业的内部环境因素。外部环境因素包括机会和威胁因素，它们是外部环境对企业的发展有影响的不利和有利因素，属于客观因素。内部环境因素包括优势因素和劣势因素，它们是企业在其发展中自身存在的积极或消极的因素，属于主动因素。在调查分析这些因素时，不仅要考虑历史与现状，而且还要考虑未来发展的问题。

（1）优势是组织机构的内部因素。具体包括有利的竞争态势，充足的财政来源、良好的企业形象、技术力量、规模经济、产品质量，市场份额成本优势和广告优势等。

（2）劣势也是组织机构的内部因素。具体包括设备的老化、管理混乱、缺少关键技术研究、开发落后、资金短缺、经营不善、产品积压和竞争力差等。

（3）威胁是组织机构的外部因素。具体包括新的竞争对手、替代产品的增多、市场的紧缩、行业政策变化、经济衰退、消费者偏好发生变化等。

（4）机会也是组织机构的外部因素。具体包括行业发展趋势、市场的潜力、国家政策的支持等。机会既可来源于宏观环境，又可来源于微观环境，由于农业企业自身的业务能力不同，机会对不同企业的有效性也不同。同样的环境设定对于一些农业企业来说是机会，但对于另外一些农业企业来说可能是威胁。消费者对绿色天然食品的需求高涨，这对于深耕绿色农业的种植企业来说是环境机会，但对另一些坚持使用化肥、农药进行耕种，追求产量的企业来说可能是威胁。

（二）构造SWOT矩阵

将调查得出的各种因素，根据轻重缓急或影响程度等进行的排序方式构成SWOT矩阵。在此过程中，将那些对公司发展有直接的、重大的、大量的、迫切的影响因素优先排列出来，而将那些间接的、次要的、短暂的因素排列在后面。

（三）制订行动计划

在完成环境因素分析和SWOT矩阵的构造后，便可以制订出相应的行动计划，制订行动计划的基本思路是发挥优势因素，克服劣势因素，利用机会因素化解威胁因素，考虑过去，立足当前，着眼未来。

二维码 2-10

课程视频

二维码 2-11

拓展学习

人员准备

人员分组，每组 4 人。职责分工，见表 2-7。

表 2-7　任务角色分工

任务角色	任务内容
组长：	重点讨论 SWOT 分析法的概念
组员 1：	重点讨论 SWOT 分析法的内容及特点
组员 2：	重点讨论分析农资市场环境中外部条件和内部条件的内容
组员 3：	重点讨论影响农资市场营销环境变化的因素

任务筹划

任务筹划流程如图 2-4 所示。

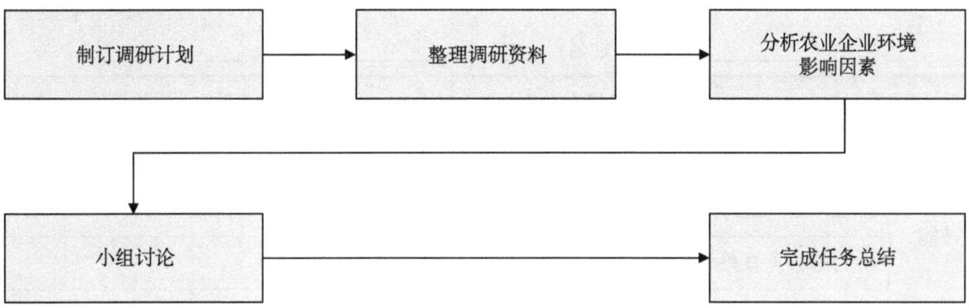

图 2-4　任务筹划流程

任务实施

步骤一：

步骤二：

步骤三：

任务总结：

任务检测

扫码做题

使用微信扫码进入在线测试，可多次答题，直到获得满意的结果。

二维码 2-12

任务检测

任务评价

完成学习任务后，预期能够达到的学习效果，由学生、小组和教师三方共同完成任务评价，见表 2-8。

表 2-8 工作任务完成过程评价

班级：________ 姓名：________ 学号：________

项目	评分标准	自我评价	小组评价	教师评价
知识技能	1.SWOT 分析法的含义（10 分）			
	2.SWOT 分析法的内容（10 分）			
	3. 内部条件与外部条件的主要内容有哪些（10 分）			
	4.SWOT 环境分析步骤有哪些（20 分）			
任务进度	能否 100% 准确地完成任务检测（10 分）			
任务质量	能够理解 SWOT 分析法的内容及准确应用此方法（20 分）			
素养表现	学生之间的团队协作意识强（10 分）			
思政表现	学习踏实、团结友爱、文明上网（10 分）			
合计				
自我评价与总结				
教师点评				

课程思政专栏

发展绿色农业　保护生态环境

【课程思政关键词】家国情怀　社会责任　绿色农业

【融入方式】在当前全球经济一体化的背景下，农产品及农资市场的竞争日趋激烈。

为了更好地适应市场需求，培养具备高素质的农业营销人才变得尤为重要。通过以下材料的学习，培养学生具有家国情怀、社会责任感，并推动绿色农业发展的营销人才策略。

随着全球生态环境的恶化和经济的迅猛发展，可持续发展成为各个领域关注的重点，在农业领域发展绿色农业。农业被认为是实现可持续发展的重要手段之一。

绿色农业是指在保持生态平衡的前提下，通过合理利用自然资源、优化生产结构和提高农产品品质安全性等方面的措施，在达到增加农业生产效益目的的同时，尽量减少对环境的不良影响。

绿色农业的意义不仅在于保护环境，更在于人类健康和食品安全。传统的农业生产方式往往过度依赖化肥、农药等化学物质，不仅导致了土壤的污染和水源的破坏，而且给人们的健康带来了严重的危害，而绿色农业通过促进自然循环、增强土壤肥力、减少农药和化肥使用等方式，可以生产出更加安全健康的农产品，提高人们的生活质量。

近年来，绿色农业在全球范围内得到了广泛推广。在中国，政府也积极引导农业生产向绿色农业转型，例如，推行农田面源污染防治技术、倡导绿色有机种植、加强农业废弃物资源化利用等。

然而，绿色农业在实践中仍面临一些挑战，一方面，由于传统农业生产方式的根深蒂固，农民的意识和技术水平有待提高；另一方面，市场需求和供应链的不平衡也制约了绿色农业的发展，因此需要政府、农民和科研机构的共同努力，推动绿色农业的不断发展。

（资料来源：百度文库）

【启示】绿色农业作为可实现可持续发展的重要手段，不仅可以保护生态环境，而且可以提高农产品的质量和安全性。通过循环利用、保护生物多样性、有机种植和推广绿色技术等措施，绿色农业在全球范围内得到了广泛的推广。然而，要实现绿色农业的全面发展，仍需要政府、农民和科研机构的共同努力。展望未来，绿色农业将成为农业发展的重要趋势，为我们创造出更加健康美好的环境。

项目三

农产品及农资产品营销心理与行为模式

项目导读

“顾客是上帝”一直被各个商家所推崇，各农产品销售者也都在千方百计满足消费者的各种需求，但是有时候也不尽如人意。能让消费者认可的品牌才具有影响力和市场活力。在众多的农产品中，有的农产品畅销，有的却无人问津。从消费者的角度来看，他们是怎么对一个农产品从不了解到了解，再到接受购买，最终对某一农产品产生了产品忠诚呢？本项目从消费者的角度，从消费者对农产品及农资产品需求心理分析、购买行为分析、购买决策分析三个方面的任务来深入了解消费者的购买过程。

知识目标

（1）了解需要和动机的内容、消费者购买决策的含义。

（2）理解消费市场需求的主要特征。

（3）熟悉影响消费者购买的心理因素、影响农产品及农资产品购买行为的主要因素及消费者购买决策的类型。

（4）掌握消费者购买农产品及农资产品的基本行为模式和消费者购买决策的过程。

技能目标

（1）学会运用心理的有关知识和技能提高农产品的营销效果。

（2）能针对某农产品，分析影响消费者购买该农产品的心理因素。

（3）能对消费者购买某一农产品或农资产品的行为进行分析，找出影响购买行为的主要因素。

（4）能根据某一消费者购买行为，确定该消费者属于哪一类决策类型。

素质目标

（1）培养学生敢于进入社会与人打交道的能力。

（2）锻炼学生研究经济现象、解决现实问题的能力。

思政目标

(1)关注人的心理变化，树立以人为本的理念。

(2)尊重文化差异，因地、因时、因人营销。

(3)一切从实际出发，具体问题具体分析。

思维导图

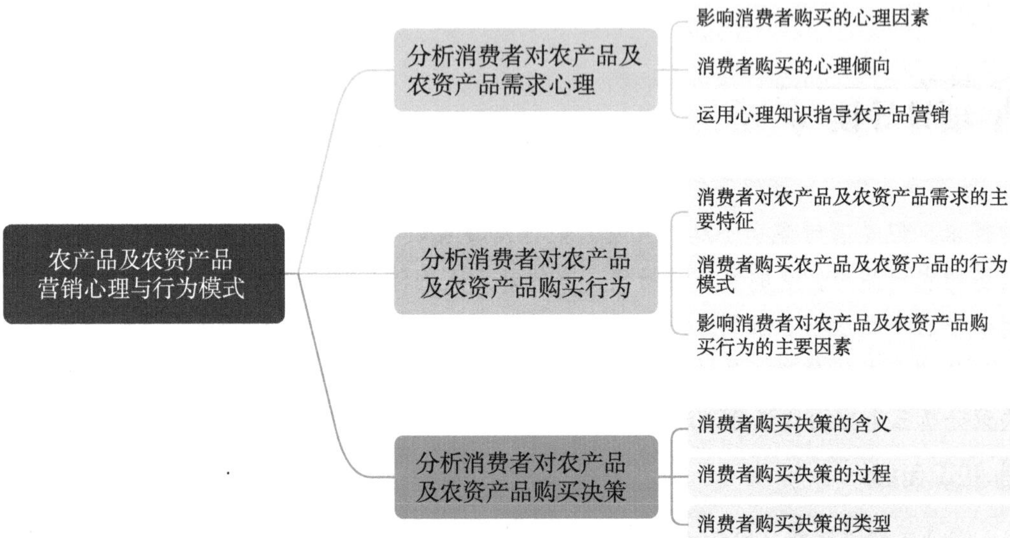

任务一 分析消费者对农产品及农资产品需求心理

任务导入

一家酒吧的主人在门口放了一个大酒桶，很长时间也没有引起人们的关注。后来有一天，酒桶的外面蒙上一块布，上面写了几个字：“不许偷看”。说来很奇怪，过往的行人见此纷纷驻足，非要打开布看个究竟。只见里面是香气扑鼻的陈酒，酒水下面还有一行字：“本店美酒与众不同，请享用”。顾客们先是会心一笑，然后就循着酒香走进酒吧。

任务：请对超市农产品消费者的消费心理与行为进行调查分析，并撰写报告。

任务工单

班级：______________　　姓名：________________　　学号：_____________

<table>
<tr><th>任务名称</th><th colspan="4">分析消费者对农产品及农资产品需求心理</th></tr>
<tr><td>任务描述</td><td colspan="4">任务内容：1. 消费者购买的心理因素；2. 农（资）产品需求心理分析。
任务目的：针对案例中出现的营销现象，分析营销者抓住了消费者什么样的消费心理。
任务流程：1. 了解需要和动机的内容；2. 熟悉影响消费者购买的心理因素；3. 学会运用心理的有关知识和技能提高农产品的营销效果。
任务方法：1. 案例分析；2. 信息整理；3. 归纳分析。</td></tr>
<tr><td>获取信息</td><td colspan="4">要完成任务，需要掌握相关的知识。请收集资料，回答以下问题：
1. 影响消费者购买的心理因素有哪些？

2. 消费者购买的心理倾向有哪些类型？

3. 运用消费者哪些心理知识指导农产品营销？</td></tr>
<tr><td>制订计划</td><td colspan="4"></td></tr>
<tr><td rowspan="6">任务实施</td><td colspan="4">按照预先制订的工作计划，完成本任务，并记录任务实施过程。</td></tr>
<tr><th>序号</th><th>完成的任务</th><th>遇到的问题</th><th>解决的办法</th></tr>
<tr><td></td><td></td><td></td><td></td></tr>
<tr><td></td><td></td><td></td><td></td></tr>
<tr><td></td><td></td><td></td><td></td></tr>
<tr><td></td><td></td><td></td><td></td></tr>
</table>

任务准备

知识准备

一、影响消费者购买的心理因素

（一）需求和动机

需求是消费者由于某种需要而产生的购买欲望。购买需求是购买行为的主要推动力，但购买需求不是简单地等同于购买行动。人为了求得个体在社会中的生存和发展，必须具备一定的需求，例如，食物、衣服、睡眠、劳动、交往等。这些需求反映在个体头脑中，就形成了他的需要。

购买动机是直接驱使消费者实行某种购买活动的一种内部动力，反映了消费者在心理、精神和感情上的需求，实质上是消费者为达到需求采取购买行为的推动者。

在实际生活中，需求或需要引起动机，动机支配着人们的行为。当人们产生某种需要时，心理上就会产生不安与紧张的情绪，成为一种内在的驱动力，即动机，它驱使人选择目标，并进行实现目标的活动，以满足需要。例如，肚子饿就产生了进食的需要。

（二）感觉和知觉

消费者有了购买动机后就要采取行动。感觉是人脑对直接作用于感觉器官的客观事物的个别属性的反应，是感受器接受刺激所产生的表示身体内外经验的神经冲动过程，包括视觉、听觉、嗅觉、味觉、触觉等。随着感觉的深入，各种感觉到的信息在大脑中被联系起来进行初步的分析综合，使人形成对刺激物或情境的整体反应，就是知觉。

由于每个人都以自己的方式注意、整理、解释感觉到的信息，因此不同消费者对同种刺激物或情境的知觉很可能是不同的。

（三）学习

学习是指由于经验和知识的积累而引起的行为持久性的改变。学习行为是在环境因素作用下，通过生活经验和学习获得的行为，是区别于先天性行为的一种行为模式。人的行为，除很少的一部分是属于先天的“本能”行为，其余的都是通过后天学习得到的。购买行为是后天的学习行为。

（四）信念和态度

消费者在购买和使用商品的过程中形成了信念和态度。这些信念和态度又反作用于购买行为。

信念是对事物的判断、观点或看法。不同消费者对同一事物可能拥有不同的信念，而这种信念又会影响消费者的态度。一些消费者可能认为名牌产品的质量比一般产品高出很多，能够提供很大的附加利益；另一些消费者则坚持认为，随着产品的成熟，不同企业生产的产品在品质上并不存在太大的差异，名牌产品提供的附加利益并不像人们想象的那么大。

二维码 3-1

课程视频

态度是消费者在长期的学习和社会交往中形成的观念，人们几乎对所有事物都持有一定的态度，这种态度不是与生俱来的，而是后天习得的。消费者一旦形成对某种产品或品牌的态度，以后就倾向于根据这种态度做出重复的购买决策，不愿再费心思去比较、分析和判断。因此，态度一旦形成，往往很难改变。

二、消费者购买的心理倾向

（一）求实心理倾向

求实心理倾向是以追求农产品的使用价值为主要倾向的购买动机，也是最常见的购买动机。这种动机的核心是讲究“实用”“实惠”。选购农产品时注重商品的效用、质量和使用方便，不过分强调外观的新颖、美观、象征意义等。例如，在购买南瓜时只关注南瓜有增强肠胃蠕动、减轻脑血管硬化的功效，在价格相近情况下，消费者宁愿选择价格低但质量还不错的那一种。具有求实心理的消费者，多与其经济收入和消费水平有关。销售人员应尊重和满足他们的这种需求心理倾向，接待过程中应对农产品的性能、特点多加介绍，帮忙挑选。

（二）求新心理倾向

求新心理倾向是以追求农产品新颖、奇特为主要倾向的购买动机。在经济条件较好的城市青年男女中较常见。在求新心理倾向中，很大程度上包含有新奇心理因素的作用，因此求新与好奇又往往结合在一起。这种购买动机的核心是讲究时尚、奇特，选购农产品时，注意农产品样式外观与众不同，不大注意农产品的实用与否和价格高低。如方形西瓜、长图案或字的苹果、黑色的番茄、绿皮鸡蛋、迷你黄瓜等。

（三）求美心理倾向

求美心理倾向是以追求商品欣赏价值、艺术价值为主要倾向的购买动机，以中青年妇女和文艺娱乐界人士为多见，此种动机的核心是讲求称心、悦目，选购商品时，特别重视商品的造型、色彩、包装等外观美，注意对人体的美化作用和环境的装饰作用，往往不是为了农产品的使用价值本身，而是为了农产品的艺术欣赏价值，从中获得美的精神享受。随着人们文化水平和消费水平的提高，有求美心理倾向的消费者越来越多，如消费者购买盆景就是为了追求美的享受。

（四）求廉心理倾向

求廉心理倾向是以追求廉价商品为主要倾向的购买动机。在经济收入不高或经济收入虽高但节约成习惯的消费者中较为多见，这类消费者对农产品价格变化反应敏感，选购农产品时，往往对同类农产品之间的价格进行仔细比较，而对产品质量、花色、款式等不太挑剔，喜欢选购折价、优惠价、处理价的农产品。

（五）求名心理倾向

求名心理倾向是以追求名牌为主要倾向的购买动机，其核心是崇拜、信任名牌，仰慕名牌产品。有人不信任普通产品的质量，对名牌产品孜孜以求，大有非名牌不买之势。其实有的一般品牌产品与名牌产品比起来质量相差无几，却被有求名心理倾向的消费者所冷落。例如，有人出差每到一地，总要想方设法买下当地的“名、特、优”农产品。

（六）求便利心理倾向

当下农村的农资消费者的生活节奏越来越快，这就要求购买农产品的便利程度越来越高。便利程度包括两个方面：一方面，农产品购买过程的便捷程度。在购买过程中消费者希望以最短的时间、最近的距离、最快的方式购买所需的农产品。同类农产品在品质、安全性、价格等基本相同的条件下，便于购买往往成为消费者又一基本需求，他们选择便于购买的消费方式，既能够节约时间和精力，又能够实现新鲜消费。如近年来一些地方推出的鲜活农产品进社区及蔬菜配送服务等销售方式，极大地方便了消费者，受到消费者的欢迎。另一方面，农产品使用过程中的方便程度。消费者开始注重农产品使用过程中的方便性，如近些年来推出的薄皮核桃，与传统核桃品种比较起来，用手轻轻一捏，核桃皮就很容易剥开，而以往的核桃品种皮厚，很难剥开，食用起来非常不方便。为此，薄皮核桃越来越受到消费者的欢迎。同样，以前消费者买鸡肉需要自己宰杀，自己分割，非常烦琐，而现代消费者追求便捷，为此，商家推出了即时屠宰、即时分割的业务，为消费者摆脱了许多麻烦，满足了消费者追求便捷的需求。

二维码 3-2

课程视频

三、运用心理知识指导农产品营销

（一）运用情感打造农产品营销品牌

如果营销管理是为了理解消费者，那么，了解消费者对产品的情感及树立对品牌的亲切感和喜好，并获得消费者的信任是十分重要的。因为消费者只有对一个品牌熟悉后，才会喜好，很高的熟悉和亲切感导致感情的增强。如果对一个品牌的第一次留下了好印象，接下来的多次接触又增加了喜好程度，直到这个品牌变成了在这个不确定的世界中一种生活方式的固定的标志性信号。

（二）运用消费规律指导农产品营销

二维码 3-3

拓展学习

（1）从消费者消费层次来看，要满足不同层次的消费人群，种植出适销对路的农产品。针对经济型的消费人群，应多开发实用性强的农产品。针对追求健康养生的消费人群，应在农产品的功能上下功夫，开发出保健型农产品。针对需要将农产品作为礼品的消费人群，应开发出一些“名、特、优”农产品，以满足他们的需要。

（2）从消费群体年龄来看，要满足不同年龄段对农产品的不同需求。抓住女性消费群，关注中等收入人群，盯住中高收入人群。

人员准备

人员分组，每组 4 人。职责分工，见表 3-1。

表 3-1　任务角色分工

任务角色	任务内容
组长:	统筹分析，撰写报告
组员 1:	列举影响消费者购买的心理因素和消费者购买的心理倾向类型
组员 2:	观察不同性别、不同年龄消费者购买行为并做好记录
组员 3:	向不同的农产品消费者询问需求意向

任务筹划

任务筹划流程如图 3-1 所示。

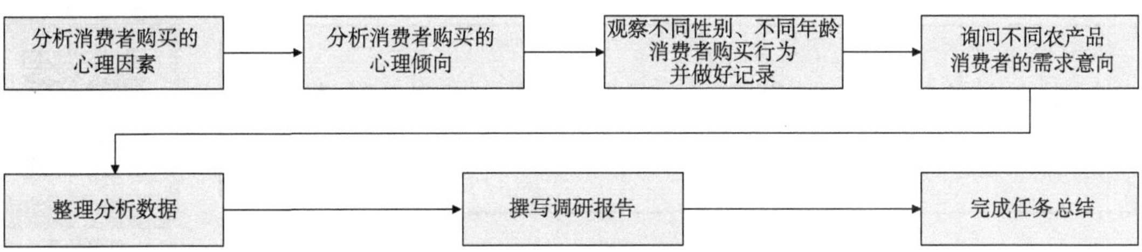

图 3-1　任务筹划流程

任务实施

步骤一：

步骤二：

步骤三：

步骤四：

步骤五：

步骤六：

任务总结：

任务检测

一、扫码做题

使用微信扫码进入在线测试，可多次答题，直到获得满意的结果。

二维码 3-4

任务检测

二、讨论题

结合实际谈谈如何运用消费者心理知识提高农产品销量。

任务评价

完成学习任务后，预期能够达到的学习效果，由学生、小组和教师三方共同完成任务评价，见表 3-2。

表 3-2　工作任务完成过程评价

班级：__________　姓名：__________　学号：__________

项目	评分标准	自我评价	小组评价	教师评价
知识技能	影响消费者购买的心理因素（15 分）			
	消费者购买的心理倾向类型（15 分）			
	运用心理知识指导农产品营销（15 分）			

续表

项目	评分标准	自我评价	小组评价	教师评价
任务进度	能否分析出案例中运用了消费者什么样的消费心理实现了营销（15分）			
任务质量	准确找到案例中消费者心理倾向（15分）			
素养表现	学生的综合分析能力（15分）			
思政表现	顾客至上，以人（顾客）为本（10分）			
合计				
自我评价与总结				
教师点评				

任务二　分析消费者对农产品及农资产品购买行为

任务导入

鲜切水果又称轻加工水果、最少加工水果、切割水果、调理水果，是对新鲜水果进行分级、清洗、整理、去皮（去核）切分、浸泡、包装等处理，是产品保持生鲜状态的制品。消费者购买这类产品后，不需做进一步的处理，可直接食用。鲜切水果以其新鲜、营养、方便、无公害等特点，受到欧美、日本等国消费者的喜爱。在我国也开始逐步受到关注。

广东省湛江市徐闻县是“中国菠萝之乡”，菠萝种植面积达到35万亩，年产量约为70万吨。徐闻菠萝香甜可口，果汁充盈，深受消费者喜爱。同时，徐闻县每年150～450克重的小菠萝不低于5万吨，但这些小菠萝的命运可不顺，长久以来一直属于没人看得上眼的次品，不但价格低，而且还鲜人问津，农户只能留在果园里烂掉，成为徐闻县17万余名菠萝果农的心头伤。

2022年2月，小菠萝变身鲜切小菠萝由此改变了命运。对小菠萝进行分级、清洗、整理、去皮(去核)切分、包装等处理后就直接推向市场，这样既保持了菠萝原有的香味，又方便了顾客。

小菠萝从此改变了无人问津的命运。

(资料来源：徐闻县政府网)

任务：挖掘鲜切水果消费动机，制订营销方案。

任务工单

班级：______ 姓名：______ 学号：______

<table>
<tr><th>任务名称</th><th colspan="4">分析消费者对农产品及农资产品购买行为</th></tr>
<tr><td>任务描述</td><td colspan="4">任务内容：1. 消费者需求的特点；2. 消费者购买行为模式；3. 影响购买行为的因素。
任务目的：针对案例中出现的鲜切水果市场，分析消费者的需求产生了什么变化，哪些因素让消费者对鲜切水果产生了购买行为。
任务流程：1. 了解消费者需求的特征；2. 熟悉消费者购买行为模式；3. 分析影响消费者产生购买行为的因素。
任务方法：1. 案例分析；2. 信息整理；3. 归纳分析。</td></tr>
<tr><td>获取信息</td><td colspan="4">要完成任务，需要掌握相关的知识。请收集资料，回答以下问题：
1. 消费者对农产品及农资产品需求的主要特征有哪些？
2. 什么是“5W1H”？消费者购买行为模式是怎样的？
3. 影响消费者对农产品及农资产品购买行为的主要因素有哪些？</td></tr>
<tr><td>制订计划</td><td colspan="4"></td></tr>
<tr><td rowspan="6">任务实施</td><td colspan="4">按照预先制订的工作计划，完成本任务，并记录任务实施过程。</td></tr>
<tr><th>序号</th><th>完成的任务</th><th>遇到的问题</th><th>解决的办法</th></tr>
<tr><td></td><td></td><td></td><td></td></tr>
<tr><td></td><td></td><td></td><td></td></tr>
<tr><td></td><td></td><td></td><td></td></tr>
<tr><td></td><td></td><td></td><td></td></tr>
</table>

任务准备

知识准备

一、消费者对农产品及农资产品需求的主要特征

（一）多样性和差异性

由于消费者所处的地域不同，生活习惯各异，收入水平和社会文化背景有一定的差异，对农产品需求呈现出多样性的特点，就产生了各式各样的需求、欲望、偏好和习惯。例如，对于同一农产品葱而言，南方人喜欢购买小香葱，而北方人则偏喜欢又粗又直的大葱。

总之，从总体上来看，消费者对农产品的消费需求是多样化的。由此，也需要农产品供给的多样化，以满足消费者的需求。

（二）发展性

随着人们生活水平的提高，消费者对农产品的需求不再满足于填饱肚子等基本功能，消费高品质的农产品正成为当下时尚的消费趋势。农产品的高品质体现在营养成分的含量、口感、健康等多个指标上。作为农产品的营销者，应随时关注消费者对农产品品质需求的变化趋势，从生产到销售各个环节，注重农产品品质，不断满足农产品消费者对高品质农产品的需求。

（三）层次性

根据马斯洛的需要层次理论，当经济发展到一定程度以后，随着收入的增加，消费者一般会购买含有较多蛋白质或较高营养素的食品，购买较多的半成品或成品，购买较多的偏好食品如“名、优、特”农产品等，降低一般农产品的需求。

（四）伸缩性

消费者需要的伸缩性又称需求弹性，是指消费者对某种商品的需要会因某些因素，如支付能力、价格、储蓄利率、营销等而发生一定程度的变化。如当消费者的支付能力降低时，消费者的需求也随之降低。

（五）可诱导性

消费者行为的产生来源于需要，但消费者有时对自己的需要及以何种方式来满足自己的需要并不十分清楚。消费者产生购买欲望容易受诸多外在因素的影响，如受商家促销、

广告、降价等影响而产生购买冲动。

（六）关联性和替代性

产品相关性是指产品间的相互关系，包括替代关系和互补关系。

二维码 3-5

课程视频

与某一产品具有相同功能，能满足同一需求的不同性质的其他产品属于替代产品。如牛肉和猪肉都能满足消费者对肉类的需求。一种农产品价格的上升，会导致它的替代品需求增加。

互补品是指两种商品之间存在着某种消费依存关系，即一种商品的消费必须与另一种商品的消费相配套。如茶叶和茶杯：泡茶时茶杯里需要放茶叶。一种农产品需求增加，连带着它的互补品的需求也会增加。

二、消费者购买农产品及农资产品的行为模式

（一）5W1H

农产品市场上要从事有效的营销活动，弄清楚“5W1H”是必要的。“5W1H”即“什么”（What）、“谁”（Who）、“哪里”（Where）、“什么时候”（When）、“如何”（How）、“为什么”（Why），这六个方面是研究消费者行为的基本内容。

（1）“什么”，即了解消费者想要购买什么。

（2）“谁”，即既要了解消费者是哪些人，又要弄清购买行为中的“购买角色”问题。消费者指的是企业经营者的目标顾客是谁；弄清购买角色，即研究不同购买者的地位和作用，严格地说，购买者有别于消费者，通常指的是实际完成购买行为的人，可能是产品的消费者，也可能不是。

（3）“哪里”，也就是了解消费者在哪里购买、在哪里使用，以及他们在购买农产品时的习惯。

（4）“什么时候”，即了解消费者在一年中的哪个季节、一个季节中的哪个月、一个月中的哪个星期、一个星期中的哪一天、一天中的什么时间实施购买行为和需要什么样的农产品。

（5）“如何”，即了解消费者怎样购买、喜欢什么样的促销方式，还有对所购农产品如何使用。

（6）“为什么”，即了解和探索消费者行为的动机或影响其行为的因素。

（二）消费者购买行为模式——“刺激→反应”模式

虽然消费者购买目的、方式及习惯千差万别，但仍存在着某种共性和规律性的东西，这种共性和规律性称为消费者购买行为模式。研究消费者购买行为的理论中最具有代表性的就是“刺激→反应”模式，即市场营销刺激和外部刺激进入购买的意识，购买者根据自身

的特性处理这些信息，经过一定的推测过程导致购买决定。

可将消费者的购买行为分为以下三个阶段。

第一阶段是由内外刺激引起需求，如饥饿的刺激产生饮食的需求，企业促销或他人消费引起购买需求等。显然，需求层次影响购买行为的具体内容，需求强度决定购买行为的实现程度。

第二阶段是消费者不同的需求产生不同的购买动机。消费者处于不同的社会阶层、家庭环境，有不同的收入水平、年龄、性别、个性等，不同特性的消费者购买心理不同，购买动机不同，因而有不同的购买决策，由于这一阶段消费者的内心活动起着关键作用，且内心活动不易为人了解，因此，购买决策过程被称为消费者的“黑箱”。外部及内部各种因素对购买行为的影响，正是在这个黑箱中综合反映出来的。

第三阶段是消费者最终的反应，包括是否购买、买什么、怎样买等。

从心理学、行为学的角度看，每一次购买行为都可分为以上三个阶段。根据以上分析，结合消费者购买行为中的刺激因素、动机因素和反应结果，可以建立起购买行为的基本模式。

消费者购买行为模式如图 3-2 所示。

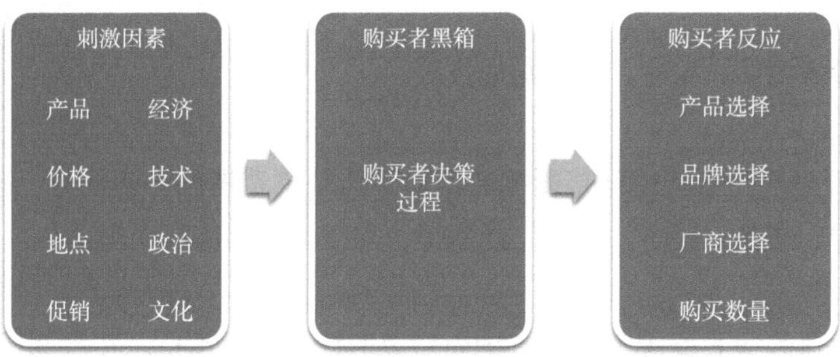

二维码 3-6

课程视频

图 3-2　消费者购买行为模式

三、影响消费者购买农产品及农资产品行为的主要因素

消费者购买行为受到很多因素的影响，主要包括文化因素、社会因素、个人因素和心理因素。

（一）文化因素

文化因素主要包括文化、亚文化和社会阶层。

1. 文化

文化是一种潜在的力量，是人类物质财富和精神财富的总和，是根植于一定的物质、社会历史传统基础上所形成的特定价值观念、信仰、思维方式、宗教和习俗等的综合体。

文化不仅影响人们对农产品的购买，还作用于消费者信息收集和价值判断，即文化以多种方式作用于个人购买决策。虽然商家可以通过广告、促销等策略来影响这一阶段，但这种文化的力量是难以改变的，至少在短期内如此。

2. 亚文化

每种文化都由更小的亚文化组成。亚文化又称小文化、集体文化或副文化，是指在主文化或综合文化的背景下，属于某一区域或某个集体所特有的观念和生活方式。

亚文化有各种分类方法，罗伯逊将亚文化分为人种的亚文化、年龄的亚文化、生态学的亚文化等。目前，国内外营销学者普遍接受的是按民族、宗教、种族、地理、性别、年龄等人口统计特点来划分亚文化的分类方法。以此分类方法划分出的亚文化群包括：民族亚文化群、宗教亚文化群、种族亚文化群、地理亚文化群、性别亚文化群、年龄亚文化群等。当一种亚文化大到有足够影响力时，营销者通常要设计特别的营销计划来为之服务。

3. 社会阶层

社会阶层是社会学家根据职业、收入、受教育程度、价值观和居住区域对人们进行的一种社会分类。按照这一分类，处于同一阶层的成员具有类似的价值观、兴趣和行为。例如，如果按经济收入来分，低收入阶层的群体倾向于购买廉价农产品，而高收入阶层的群体则看重品质好的农产品，对价格却不敏感。

（二）社会因素

社会因素主要包括参考团体、家庭、角色与地位等。

1. 参考团体

所有能对消费者的行为产生直接或间接影响的团体称为该消费者的参考团体。直接参考团体如家庭成员、邻居、老师、同学、朋友、同事等，间接参考团体如明星。

2. 家庭

家庭是一种以婚姻、血缘或收养等关系为基础而形成的社会生活单位。在家庭成员中，任何一个人的购买行为，都可能受到其他家庭成员的影响，而且，家庭成员的影响力是不一样的，通常情况下，日常用品的购买由女主人拿主意，而大宗商品如汽车、房子等通常由男主人拿主意。

3. 角色与地位

角色是周围人对一个人的要求，要求一个人在各种不同的场合中应起的作用。每一种角色都伴随着一种地位，地位着重反映了社会对一个角色作用的总评价，有高低之分。角色影响人的购买行为，产品和品牌可以成为地位的象征。

（三）个人因素

消费者的购买决定受其个人特征影响，尤其是受购买者的年龄及生命周期阶段、性别、职业及受教育程度、生活方式、个性和自我概念的影响。

1. 年龄与生命周期阶段

不同年龄消费者的需求、欲望和爱好不同。不同年龄层次的人，购买行为不一样；单身者和成家者，购买行为不一样；有孩子的夫妻和没有孩子的夫妻，购买行为不一样；孩子尚小的家庭与孩子长大自立的家庭，购买行为又不一样。

2. 生活方式

生活方式是指人们根据自己的价值观念、信仰，来表现他们的活动、兴趣和看法的生活模式。如把大量时间投入工作和学习中的“进取型”生活方式；重视家庭生活的“归属型”生活方式等。具有不同生活方式的消费者对农产品的需求有不同的偏好。

3. 个性和自我概念

个性是指一个人所特有的心理特征，它导致一个人对其所处的生活环境相对一致和持续不断的反应。在描述人们个性时，通常用到自信或自卑、冒险或谨慎、独立或依赖等，它们都是一种心理特征并表现出比较固定的行为倾向。在营销时，可根据消费者不同的个性特征，设计不同的广告或产品。如喜欢冒险的消费者容易受广告的影响，缺乏自信的人购买决策过长。

自我概念或称自我形象是与个性有关的一个概念，指一个人在内心对自己所形成复杂的图像。营销人员应尽量开发符合目标市场顾客自我形象的品牌形象或产品来。

（四）心理因素

心理因素是一个相当复杂的因素，它对消费者购买行为的支配也相当复杂。心理因素包括动机、需求层次、感觉、知觉、经验、信念、态度等。

二维码 3-7 课程视频

二维码 3-8 拓展学习

人员准备

人员分组，每组 4 人。职责分工，见表 3-3。

表 3-3 任务角色分工

任务角色	任务内容
组长：	统筹分析，撰写营销方案
组员 1：	列举消费者需求的主要特征、消费者购买行为模式和影响消费者产生购买行为的因素
组员 2：	列举鲜切水果市场的特点
组员 3：	针对鲜切菠萝市场，找出消费者对鲜切菠萝产生购买行为的因素，并挖掘鲜切水果消费动机

任务筹划

任务筹划流程如图 3-3 所示。

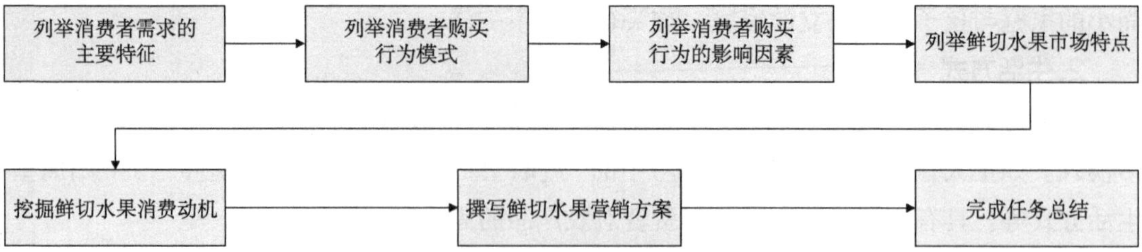

图 3-3　任务筹划流程

【任务实施】

步骤一：

步骤二：

步骤三：

步骤四：

步骤五：

步骤六：

任务总结：

任务检测

扫码做题

二维码 3-9

使用微信扫码进入在线测试，可多次答题，直到获得满意的结果。

任务检测

任务评价

完成学习任务后，预期能够达到的学习效果，由学生、小组和教师三方共同完成任务评价，见表 3-4。

表 3-4　工作任务完成过程评价

班级：______________　姓名：________________　学号：_____________

项目	评分标准	自我评价	小组评价	教师评价
知识技能	消费者需求的特征（15 分）			
	5W1H（15 分）			
	消费者购买行为模式（15 分）			
	影响消费者购买行为的因素（15 分）			
任务进度	能否分析鲜切水果市场上消费者的特征；针对鲜切菠萝市场，找出消费者对鲜切菠萝产生购买行为的因素（10 分）			
任务质量	准确找到消费者对鲜切菠萝产生购买行为的因素（10 分）			
素养表现	学生的综合分析能力（10 分）			
思政表现	辩证思维能力，具体问题具体分析（10 分）			
合计				
自我评价与总结				
教师点评				

任务三　分析消费者对农产品及农资产品购买决策

任务导入

消费者购买决策过程是指消费者对某产品产生了需求后做出决定购买的过程，主要有五个阶段：引起需要、信息收集、方案评价、购买决策、购后行为。

任务：制定本项目知识点思维导图。

任务工单

班级：____________ 姓名：______________ 学号：____________

<table>
<tr><th>任务名称</th><th colspan="4">分析消费者对农产品及农资产品购买决策</th></tr>
<tr><td>任务描述</td><td colspan="4">任务内容：1.消费者购买决策的含义；2.消费者购买决策过程；3.消费者购买决策的类型。
任务目的：通过分析描述自己做出购买决策的过程，让学生深刻领悟购买决策过程的不同阶段，并熟悉购买决策不同的类型，从而在实际营销过程中利用有利因素引导消费者产生购买行为。
任务流程：1.了解消费者购买决策的含义；2.熟悉消费者购买决策过程；3.了解消费者购买决策的类型。
任务方法：1.案例分析；2.信息整理；3.归纳分析。</td></tr>
<tr><td>获取信息</td><td colspan="4">要完成任务，需要掌握相关的知识。请收集资料，回答以下问题：
1.什么是消费者购买决策？

2.消费者购买决策过程分为几个阶段？分别是什么？

3.消费者购买决策的类型有哪几种？</td></tr>
<tr><td>制订计划</td><td colspan="4"></td></tr>
<tr><td rowspan="6">任务实施</td><td colspan="4">按照预先制订的工作计划，完成本任务，并记录任务实施过程。</td></tr>
<tr><td>序号</td><td>完成的任务</td><td>遇到的问题</td><td>解决的办法</td></tr>
<tr><td></td><td></td><td></td><td></td></tr>
<tr><td></td><td></td><td></td><td></td></tr>
<tr><td></td><td></td><td></td><td></td></tr>
<tr><td></td><td></td><td></td><td></td></tr>
</table>

任务准备

知识准备

一、消费者购买决策的含义

消费者购买决策是指消费者谨慎地评价农产品及农资产品的属性，并进行选择、购买能满足某一特定需要的产品的过程。

二、消费者购买决策的过程

消费者购买决策的过程是消费者做出购买决策的过程。它是由一系列相关联的活动构成的，始于购买行为之前，一直延续到购买行为之后。该过程由引起需要、信息收集、方案评价、购买决策和购后行为五个阶段构成。

（一）引起需要

消费者对农产品及农资产品的需要可能由内在的生理活动引起，如吃饭需求，也可能由外部因素刺激，如广告、促销活动或商品本身临时激发起来的。消费者产生了需要并将其与特定产品联系起来，这便是决策过程的开始。

（二）信息收集

信息收集阶段将从多种来源获得关于产品或服务的信息，以提高决策的合理性。消费者信息来源主要有个人来源（如家庭、朋友、邻居、熟人）、商业来源（如广告、推销员、经销商、包装、展览）、公共来源（如大众传播媒体、消费者评审组织等）、经验来源（如处理、检查和使用产品）等。

（三）方案评价

在掌握了较全面的信息后，消费者就会根据这些信息，从产品属性、属性权重、品牌信念等方面来对比不同的农产品及农资产品，对农产品及农资产品本身做出一个好与不好、有用与无用的评价。如果做出了肯定的回答，这种农产品及农资产品就可能进入消费者下一个决策阶段，如果是否定的回答，那么这种农产品及农资产品就被淘汰。

（四）购买决策

是否决定购买通常是在方案评价的基础上顺理成章，但有时候，在购买意图和决定购买之间，有两种因素会起作用：一是别人的态度；二是意外情况。消费者虽然认为某商品好，并且是有用的，但可能因为他人的态度、收入问题、未来风险的不确定性等影响，而犹豫不决。这个时候，就需要促销人员采取适当的方法，激起消费者的购买冲动。

（五）购后行为

购后行为包括对自己的购买行为做出评价，对商品的再次评价，以及对出现的问题做出抱怨、投诉等行为。消费者购买后的满意度取决于消费者对产品的预期性能和产品使用的实际性能。如果实际性能大于对产品的预期性能，消费者就会很满意，在下一次购买中可能继续采购该产品，并影响其他消费者，产生涟漪效应。如果消费者购买之后产生后悔情绪，或者商品不能令人满意，或者投诉得不到很好的解决，则可能影响到公司的美誉度，可能失去回头客。

三、购买决策的类型

受多种因素影响，消费者购买行为是多种多样的。从消费者购买态度与要求来看，可将消费者购买决策分为以下七种类型。

（一）习惯型

这类消费者对产品的态度，常取决于对产品的信念。他们往往根据以往的购买经验和使用习惯确定购买决策，他们或长期惠顾某商店，或长期购买某品牌的产品。

（二）理智型

这类消费者的购买行为以理智为主，感情为辅。他们在购买产品前会对不同品牌的产品进行比较，经过周密的分析后才做出购买决定。他们在购买商品时很有主见，不易受商品外观、广告宣传等外来因素的影响，不轻易做决定，一旦做出决定也不轻易反悔。对于理智型的购买者，营销人员应有耐心，并实事求是地介绍商品，不能对消费者的挑剔显示出不耐烦。

（三）经济型

这类消费者对产品的价格较为敏感。他们往往用价格评价产品，有的消费者认为高价的产品是质量较优的，从而选择高价产品；有的消费者认为价格低的产品更实惠，从而购买廉价产品。

（四）冲动型

冲动型购买行为是一种即兴的、自发的、无意识的非计划性购物行为，而且具有一定的复杂性和情感因素，这类消费者在购买商品时缺乏主见，易受商品外观、广告宣传等外来因素的影响，决定轻率，却又易于动摇和反悔。

（五）感情型

这类消费者感性胜于理性，在购买产品时易受感性的影响，也容易受广告宣传的诱引。当发现某产品满足自己某方面的情感需求时，消费者就会做出购买决定。

（六）疑虑型

这类消费者内心较为细腻，行动较缓慢，在购买过程中往往担心上当受骗而犹豫不决。他们在购买产品时不会仓促做出决定，对产品疑心重重，担心广告不实，担心销售人员说假话，担心买回去家人或朋友不喜欢等。

（七）不定型

二维码 3-10　课程视频

二维码 3-11　拓展学习

不定型购买行为是指消费者购买意向未定、随意性较大的购买行为。这类消费者往往缺少购买农产品的经验，购买心理不稳定，购买时大多没有主见，表现出不知所措的情形。他们一般都渴望得到农产品相关的知识，很容易听从经营者的推荐或从众购买。

人员准备

人员分组，每组 4 人。职责分工，见表 3-5。

表 3-5　任务角色分工

任务角色	任务内容
组长：	绘制知识点思维导图
组员 1：	梳理消费者心理因素和倾向及需求特征
组员 2：	梳理消费者购买行为模式及影响因素
组员 3：	梳理消费者购买决策过程

任务筹划

任务筹划流程如图 3-4 所示。

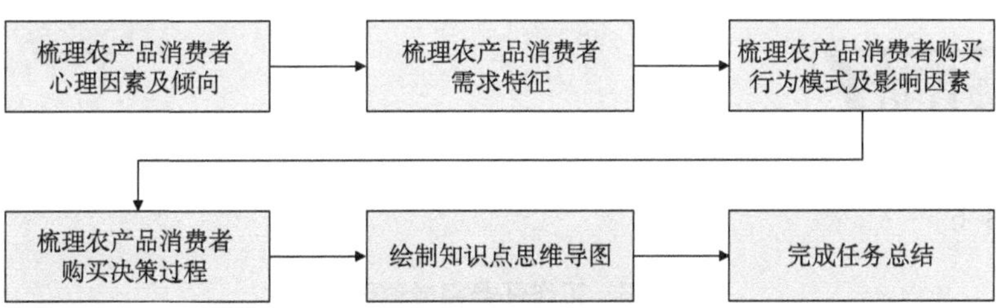

图 3-4　任务筹划流程

任务实施

步骤一：

步骤二：

步骤三：

步骤四：

步骤五：

步骤六：

任务总结：

任务检测

一、扫码做题

二维码 3-12

使用微信扫码进入在线测试，可多次答题，直到获得满意的结果。

任务检测

二、讨论题

家乡当地有哪些农产品？请挖掘与这些农产品相关的文化，试举例一两例。

任务评价

完成学习任务后，预期能够达到的学习效果，由学生、小组和教师三方共同完成任务评价，见表 3-6。

表 3-6　工作任务完成过程评价

班级：______________　姓名：________________　学号：_____________

项目	评分标准	自我评价	小组评价	教师评价
知识技能	消费者购买决策的含义（15 分）			
	消费者购买决策的过程（15 分）			
	消费者购买决策的类型（15 分）			
任务进度	能否描述自己做出购买决策当时的情境和过程（15 分）			
任务质量	准确确定消费者购买决策的类型（15 分）			

续表

项目	评分标准	自我评价	小组评价	教师评价
素养表现	学生的综合分析能力（15分）			
思政表现	顾客至上，以人（顾客）为本（10分）			
合计				
自我评价与总结				
教师点评				

课程思政专栏

梅子梦工厂

【课程思政关键词】创新　文化自信　以人为本

【融入方式】一颗小小的青梅，打造出一个文化主题产品IP，形成一个产业链。这个梅子梦工厂因为文创转型，从原来单纯的青梅种植，发展到梅子加工、休闲观光和文化创意等新兴产业链，将梅子产品做到了极致。

位于台湾省最大青梅产地南投县信义乡，是台湾省第二大乡镇，只有一条公路与外界相连。信义乡地处玉山山麓，周围丘陵起伏，昼夜温差大，非常适合梅树的生长。

这里素有"梅之乡"的美誉。"梅子梦工厂"最初只是信义乡农会的一家小型食品加工厂。1952年台湾信义乡农会创立，对梅子生产采取集约化管理方式。1989年，为响应农业转型、"精致农业"等农业发展战略观念，信义乡将梅子产业延伸，设立了食品加工厂，在销售青梅的同时，销售经由加工形成梅子产品，例如，脆梅、Q梅、梅醋等。2003年，转型为梅子酒庄，成为台湾省第一家取得制酒执照的农会酒庄，研发了许多青梅酒，并且结合当地布农族文化，设计了一系列酒品牌。2007年，信义乡农会整合全乡梅子资源、食品加工厂、梅子酒庄等资源，成立了"梅子梦工厂"。2008年落成休闲园区，园区共分为九大区域：梅子醋工坊、幸福酒窖、山猪迷路休憩区、长老说话伴手礼馆、忘记回家梅子酒庄、梅子跳舞工坊、迷宫酒窖、半路店、花语小径等。

有故事的梅子酒

梅子酒除产品本身的味道极好之外，还添加了一些小小的"作料"——把当地的一些故事融入产品中去，从小米唱歌、梅子跳舞、山猪迷路到青梅竹马，每个故事背后都有自己独创的卡通对象。

有影视情怀的梅子酒

电影《海角七号》里有一款叫作“马拉桑”的梅子酒，在阿美语中马拉桑是“喝醉啦”的意思。没错，它来自梅子梦工厂。随着电影的大热，马拉桑迅速成为网红产品。

农产品与影视剧合作在台湾农场非常多见，例如，飞牛牧场与《薰衣草》、富田花园农场与电视剧《天国的嫁衣》。

借助影视剧的影响力不但宣传了产品和品牌，还借剧情给产品赋予新的个性形象。虽然在今天这种宣传手段很常见，但是像梅子梦工厂这种成功的农产品案例却不多见。

有个性的梅子酒

梅子梦工厂为酒赋予了个性，拟人化的酒让不同的人都能找到自己的专属酒。梅子梦工厂的“狂野”为男性专属酒，“柔水”则为女性专门设计，像是温柔的气质少女。

除此之外，还有“状况人士系列酒”，例如，干劲十足的“拼命三郎”、凶巴巴的“恰北北”、生活中的“狠角色”。各种各样的拟人化性格为产品增加丰富的情感和特色，品牌也因此变得丰满。

梅子梦工厂各式各样的文创手段给酒赋予了新的文化内涵，与传统酒业相比，消费者参与度更高，很多时候即使不喝酒的人也会买来拍拍照片晒在网上。

（资料来源：福来神农岛）

【启示】

1.设计适合消费者需求的产品。

2.制订消费者能够接受的价格。

3.品牌方面，生产企业和零售商要发展自己的品牌，品牌越好的越容易被人们选择。品牌对消费者的决策有重要影响。

4.充分挖掘农产品的文化内涵，选择贴近消费者生活的文化营销。

项目四

农产品及农资市场调查与信息处理

项目导读

随着我国农业产业的发展，农产品及农资市场日益繁荣，市场竞争也越发激烈，为了更好地把握农资市场动态，提高农业生产的效益，更好地了解农产品及农资市场的现状、发展趋势，以及市场需求，通过对农产品及农资市场的深入调查收集和分析相关信息，从而为政府、企业等决策者提供数据支持，制订更为科学合理的市场策略。本项目涉及市场调查、数据分析、信息处理等多个环节，旨在建立一个全面、准确、及时的农资市场信息平台，促进农产品及农资市场的健康发展。

知识目标

(1)理解市场调查的概念。

(2)掌握市场调查的内容。

(3)掌握农资市场调查工作的方法及优缺点。

(4)掌握市场调查问卷的构成、设计要求及调查步骤。

技能目标

(1)设计并执行市场调查计划，收集农产品及农资市场的相关信息。

(2)使用合适的调研方法和技术，如问卷调查、访谈、焦点小组等。

(3)分析调查数据，挖掘市场趋势和消费者需求。

(4)撰写市场调查报告，清晰地呈现调查结果和建议。

素质目标

(1)专业技能。通过参与项目实施，提高团队成员在农产品及农资市场调查信息处理等方面的专业素质，增强其在实际工作中解决问题的能力。

(2)团队协作。强化团队成员之间的沟通与协作，形成高效的工作氛围，确保项目任务的顺利完成。

(3)创新意识。鼓励团队成员积极探索新的市场调查和信息处理方法，提升整个团队的创新意识和创新能力。

（4）沟通能力。能够清晰地表达自己的观点和想法，并有效地与团队成员进行交流。

思政目标

（1）树立正确价值观。引导团队成员树立服务农业、服务农民的价值观，增强其对农产品及农资市场的责任感和使命感。

（2）培养职业道德。通过参与项目实施，培养团队成员严谨、务实的工作态度和良好的职业道德，确保项目数据的真实性和公开性。

思维导图

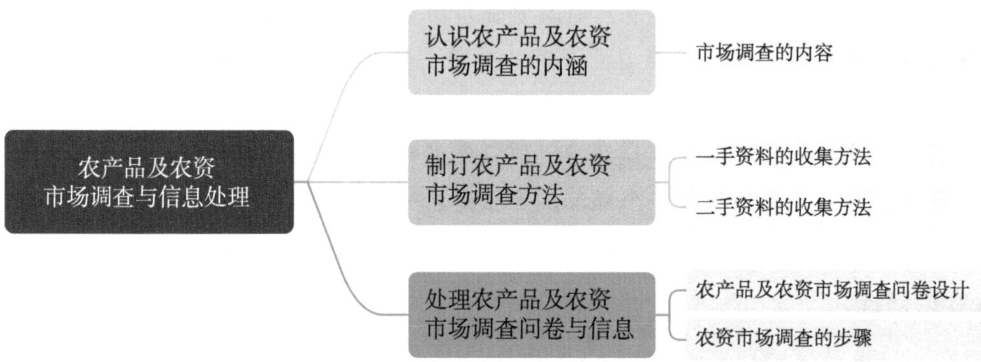

任务一 认识农产品及农资市场调查的内涵

任务导入

农产品及农资市场调查是农业经济发展中的一项重要工作，通过对市场供求关系、价格波动、产品品质等方面的深入了解，为政府决策、企业经营和农业生产发展提供有力的支持。

任务：根据所学知识，让学生对生活中能接触到的农产品及农资市场进行调查，并分析市场供求关系、价格波动等，并撰写一份市场调查报告，巩固所学知识。

任务工单

班级：______________　　姓名：________________　　学号：____________

<table>
<tr><th>任务名称</th><th colspan="4">认识农产品及农资市场调查的内涵</th></tr>
<tr><td>任务描述</td><td colspan="4">任务内容：1. 正确理解市场调查方法的概念；2. 准确掌握市场调查的内容。
任务目的：1. 了解市场供求状况，分析市场需求和供应的变化趋势；2. 了解消费者需求，分析消费者购买行为和偏好。
任务流程：通过掌握市场调查方法的含义引入市场调查的具体内容。
任务方法：1. 分组讨论；2. 归纳巩固。</td></tr>
<tr><td>获取信息</td><td colspan="4">要完成任务，需要掌握相关的知识。请收集资料，回答以下问题：
1. 市场调查方法的含义是什么？

2. 市场调查的主要内容有哪些？</td></tr>
<tr><td>制订计划</td><td colspan="4"></td></tr>
<tr><td rowspan="6">任务实施</td><td colspan="4">按照预先制订的工作计划，完成本任务，并记录任务实施过程。</td></tr>
<tr><th>序号</th><th>完成的任务</th><th>遇到的问题</th><th>解决的办法</th></tr>
<tr><td></td><td></td><td></td><td></td></tr>
<tr><td></td><td></td><td></td><td></td></tr>
<tr><td></td><td></td><td></td><td></td></tr>
<tr><td></td><td></td><td></td><td></td></tr>
</table>

任务准备

知识准备

农资市场是由具有一定支付能力和消费能力的需求所组成的，而形成需求和选择消费的权利都掌握在消费者手中。市场经济发展到今天，农资产品日益丰富，农资产品企业之间面临的市场竞争更加激烈，而在这种形势下，谁能更准确地了解消费者的需求、消费者的消费偏好、消费者的购买行为等特点，并能更好地满足消费者的这些需求，谁就能占有市场更多的份额。农资企业要做到准确地了解消费者的需求，必须经常去进行市场调查。

二维码 4-1

课程视频

农产品及农资市场调查是指应用科学的方法，有目的地、系统地收集、记录整理有关农产品及农资市场营销信息和资料，分析市场情况，了解市场的现状及其发展趋势，为经营预测和营销决策提供客观的正确的依据。

市场调查的内容

（一）市场环境调查

农资企业的生存与发展离不开市场和社会，要使农资企业发展壮大，就要对企业所处的外部环境进行调查，主要包括政府的产业政策法规、税收、财政、金融、经济发展态势、各地政府部门发布的经济预测等，各生产要素市场的环境调查，特别是农资市场、资金市场、科技市场、信息市场、交通运输市场状况，不同的地区、不同的季节产品供求与价格变动调查及农资市场文化和农资企业文化环境方面的调查等。

（二）消费者需求调查

消费者需求调查，着重调查一个地区或目标市场人口数量、人口构成，消费者购买力的变化，消费者需求结构的变化，潜在购买力、现实购买力、购买欲望的动向，消费者的购买行为动机、购买习惯、购买人数的多少及其构成情况，以及其地区性、季节性的规律，消费者对产品的价格、质量及营销售后服务的反应等。

（三）生产者供应情况调查

生产者供应情况调查主要是指对农资产品的生产条件、生产规模、商品率、储存量等进行的调查，了解农资市场的供应情况等。

（四）农资产品调查

商品价格不但关系到农资产品的销售及获利情况，而且直接关系到农资产品的成本和经济效益，农资产品调查主要了解消费者对农资产品价格变动的反应，农产品最适宜的售价、替代产品的价格、互补产品的价格、农资产品的批发价和零售价等，为农资企业制订与调整农产品价格提供资料，此外还要了解消费者对农资产品的规格、质量、型号、大小、包装的接受程度和评价意见等，为提高农资产品质量和改进服务提供重要依据。

（五）对竞争者的调查

对竞争者的调查，主要指对竞争者生产能力的大小、市场占有率情况、成本投入的多少、价格的高低、利润、销售渠道、售后服务、促销方式及其他竞争策略的调查，为应对竞争对手提供依据，调查内容具体应包括以下两个方面：

1. 竞争的结构

当地市场直接竞争（如水果对水果）及间接竞争（药品对牛羊肉）的来源及其组成的基本情况。

（1）直接竞争者和间接竞争者主要的竞争对手都有谁？

（2）主要竞争对手在目标市场份额中各占多少？

（3）主要竞争对手目前有多大的生产能力？

（4）主要竞争对手扩大再生产的计划如何。发展的新产品是什么，有多少种类？

（5）主要竞争对手采用的促销方式有多少种？

2. 销售价格

了解当地农资产品市场中同类产品的价格以便进行价格的制订。调查要回答的主要问题是同类产品的生产成本、进货价、批发价、零售价、关税、运输费用、利润等。

二维码 4-2　课程视频

二维码 4-3　拓展学习

人员准备

人员分组，每组 4 人。职责分工，见表 4-1。

表 4-1　任务角色分工

任务角色	任务内容
组长：	重点讨论市场调查方法的概念，便于更好地理解，整理组员讨论材料
组员 1：	重点掌握市场调查的内容
组员 2：	重点讨论市场环境调查当中应注意哪些方面
组员 3：	重点讨论市场调查内容的作用与意义有哪些

任务筹划

任务筹划流程如图 4-1 所示。

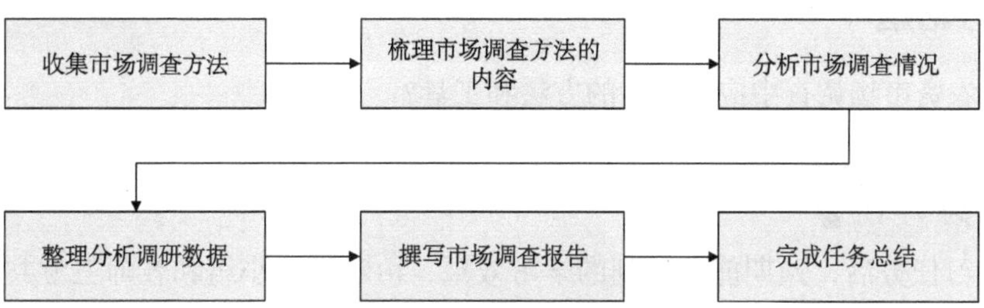

图 4-1　任务筹划流程

任务实施

步骤一：

步骤二：

步骤三：

任务总结：

任务检测

一、扫码做题

使用微信扫码进入在线测试，可多次答题，直到获得满意的结果。

二维码 4-4

任务检测

二、讨论题

如何在农资市场调查中应用科学的方法和工具？

任务评价

完成学习任务后，预期能够达到的学习效果，由学生、小组和教师三方共同完成任务评价，见表 4-2。

表 4-2　工作任务完成过程评价

班级：______________　　姓名：________________　　学号：_____________

项目	评分标准	自我评价	小组评价	教师评价
知识技能	市场调查方法的概念（10 分）			
	市场调查方法的内容（30 分）			
	市场调查的作用和意义（10 分）			
任务进度	能否 100% 准确地完成任务检测（10 分）			
任务质量	主要是了解市场调查的概念，熟悉市场调查的内容，从而确定相应的调查内容（20 分）			
素养表现	学生之间的团队协作意识强（10 分）			
思政表现	学习踏实、团结协作（10 分）			
合计				
自我评价与总结				
教师点评				

任务二　制订农产品及农资市场调查方法

任务导入

随着经济全球化的不断发展，农产品及农资市场已经成为各国经济发展的重要支柱。为了更好地了解市场需求、制订营销策略、优化资源配置，进行农产品及农资市场的调查，显得尤为重要。本任务将指导如何进行有效的农产品及农资市场调查，为企业的市场决策提供有力的支持。

任务：根据所学知识，让学生选择就近的农资市场进行调查，根据市场调查对象的特点选择应用市场调查方法，并撰写一份市场调查报告，巩固所学知识。

任务工单

班级：____________ 姓名：____________ 学号：____________

<table>
<tr><th>任务名称</th><th colspan="4">制订农产品及农资市场调查方法</th></tr>
<tr><td>任务描述</td><td colspan="4">任务内容：1. 正确理解市场调查方法的概念；2. 准确区分各种调查方法的优缺点。
任务目的：理解市场调查方法的概念，准确区分和掌握不同调查方法的优缺点和适用条件。
任务流程：1. 了解市场调查方法的含义与类型；2. 熟悉一手资料与二手资料的收集方法；
3. 学会应用不同的调查方法选择市场进行调查研究。
任务方法：1. 分组讨论；2. 归纳巩固。</td></tr>
<tr><td>获取信息</td><td colspan="4">要完成任务，需要掌握相关的知识。请收集资料，回答以下问题：
1. 市场调查方法的类型有哪些？

2. 一手资料和二手资料的收集方法有哪些？

3. 询问调查法的类型有哪些？</td></tr>
<tr><td>制订计划</td><td colspan="4"></td></tr>
<tr><td rowspan="6">任务实施</td><td colspan="4">按照预先制订的工作计划，完成本任务，并记录任务实施过程。</td></tr>
<tr><td>序号</td><td>完成的任务</td><td>遇到的问题</td><td>解决的办法</td></tr>
<tr><td></td><td></td><td></td><td></td></tr>
<tr><td></td><td></td><td></td><td></td></tr>
<tr><td></td><td></td><td></td><td></td></tr>
<tr><td></td><td></td><td></td><td></td></tr>
</table>

任务准备

知识准备

在对市场进行调查的过程中调查的方法很多，按调查时间是否连续可分为经常性调查与一次性调查；按调查对象的范围可分为全面调查与抽样调查；按调查的方式可分为观察调查法、试验调查法、询问调查法、资料调查法、网络调查法等。

一、一手资料的收集方法

二维码 4-5

拓展学习

一手资料调查也称为原始资料调查，是指通过直接观察、实地访问、问卷调查、实地研究等方式获取第一手原始资料的过程，其具有真实性、实用性、针对性和快捷性，而且由于信息来源可知，收集方法可控，调查方法可选，所以信息资料更具有可靠性、适用性和准确性，一手信息的收集方法有观察法、试验法和访问法三种。

（一）观察调查法

观察调查法是调查人员选择好调查项目直接到现场进行观察，在没有和被调查对象沟通的条件下，通过对被调查对象的观察和记录来收集资料的一种方法，被调查者往往没有意识到自己是被调查对象，因而客观真实，但调查范围非常有限，调查成本高，此种调查方法一般用于特定的调查目的，它要经过调查人员系统的计划，调查人员要对所观察的内容进行详细的记录，观察的结果应具有一定的有效性和可靠性。观察法的方法有很多，包括现场观察法（例如在节假日到商场蔬菜和水果摊位上观看消费者购买情况，了解消费者的购买数量和频率）；比较观察法（例如某果汁生产企业要了解何种包装的果汁，对消费者最具吸引力，于是把需求比较大的玻璃瓶、塑料瓶和纸盒装的果汁放在同一商场内销售，以观察消费者的购买态度）。

（二）试验调查法

试验调查法指从影响农资市场营销的诸多因素中，选取一项或两项因素在一定条件下进行小规模试验，然后对试验结果做出分析、判断。试验调查法，其方法科学，能排除主观性偏差，结果比较准确，能直接而真实地反映市场需求。试验调查法在市场调查中应用比较广泛，凡是某一种商品改变品种式样、包装、价格、陈列方法时，均可应用这种方法。试验调查法费用高，应用时一定要注意试验区的代表性。

（三）询问调查法

询问调查法是调查人员直接向被调查者提出问题以获得信息资料的方法。询问调查法在实际应用中按传递访问内容的方式以及调查者与被调查者接触的方式不同，可分为面谈调查法、电讯调查法、信函调查法和座谈会调查法等。

1. 面谈调查法

面谈调查法是指调查人员直接面对被调查者了解情况获取资料的方法，是一种最常用的方法，面谈访问法简单灵活，能获得深入有用的信息。运用此种方法时，要求调查人员有较高的谈话技巧，善于启发和引导被调查者的思路。该调查方法常用于调查消费者的购买动机、消费倾向、产品的质量等问题。

2.电讯调查法

电讯调查法是指通过电话与被调查者交谈，从而获得调查资料的方法，该方法收集信息资料速度快，节省调查费用与时间，受访员影响较少，但成本高。

3.信函调查法

信函调查法是指将设计好的问卷通过邮寄的方式送到被调查者的手中，请他们答卷后寄回。邮寄调查法费用低，范围广，能减少主观影响，被访问者有充足的时间答卷，匿名性强，可得到直接访问得不到的信息，但回收率低。

4.座谈会调查法

座谈会调查法是指通过有目的的邀请某些农资产品生产者、经营者和消费者出席会议的方法进行调查，是较为流行的一种定性调查方法，一般由 8 ~ 12 人组成一组，在一名专业主持人的引导下，对某个主题进行深入的讨论，时间通常为两个小时左右。

座谈会通常用于消费者对产品和服务的看法与需求，所获得的结果是定性的。同时它也是定量调查之前必要的步骤之一，座谈会的一些结果可作为定量调查问卷的设计基础。这种调查方法调查的问题深入实际，参与者之间互相可以激发新的思考和想法，调查者能够直接有效快捷地获取信息，但费用高。

二、二手资料的收集方法

二手资料收集方法又称案头调查法，是指调查人员通过查找索取有关文献资料的方法收集信息，具有花费少、不受时空限制、信息真实客观的优点，因此市场调查人员为了节省调查时间、精力和成本，往往先从收集二手资料信息开始。二手资料的收集方法包括内部资料索取法和资料调查法。

资料调查法是应用农资生产经营单位的已有资料，政府相关部门、业务部门、工商、税务银行公开的统计资料，经济会议资料，市场信息，网络报纸、杂志等提供的信息进行市场调查，分析市场的过去、现在以及未来的发展趋势，分析影响市场系统各个变量的相关性，推测调查内容的变化情况。

随着计算机网络的不断普及和发展、人们传统思想观念的转变，网络调查也为农资企业开展市场调查提供了一条便利途径，并将逐渐成为一种趋势。

网络调查是指在互联网上针对特定营销环境进行简单调查，设计收集资料和进行初步分析。利用互联网进行市场调查相应也有两种方式，一种是利用互联网直接以问卷调查等方式收集一手资料，一般称为网上直接调查。另一种方式是利用互联网上的媒体功能，从互联网收集二手资料，由于越来越多的传统报纸、杂志、电台等媒体，还有政府机构、企业等也纷纷上网，因此网上成为信息海洋，信息储藏量极为丰富，关键是如何发现和挖掘有价值的信息，而不再是过去苦于找不到信息，对于第二种方法，一般称为网上间接调查。

二维码 4-6

课程视频

对于众多的调查对象，一般采用抽样调查法。抽样调查法是指从研究对象的全部单位中抽取一部分单位进行考察和分析，并用这部分单位的数量特征去推断总体的数量特征的一种调查方法，其中被调查对象的全部单位称为“总体”，从总体中抽取出来，实际进行调查研究的那部分对象所构成的群体称为“样本”，在抽样调查中，样本数的确定是一个关键问题。

抽样调查法的优点是调查的范围小，节省时间、人力、物力，在广泛的领域内能得到应用，但设计实施和资料分析都比较复杂。

人员准备

人员分组，每组 4 人。职责分工，见表 4-3。

表 4-3　任务角色分工

任务角色	任务内容
组长：	重点讨论市场调查方法的概念，便于更好地理解，整理组员讨论材料
组员 1：	重点掌握一手资料和二手资料的收集方法
组员 2：	重点讨论询问调查法的含义和种类
组员 3：	重点讨论网络调查法的优缺点

任务筹划

任务筹划流程如图 4-2 所示。

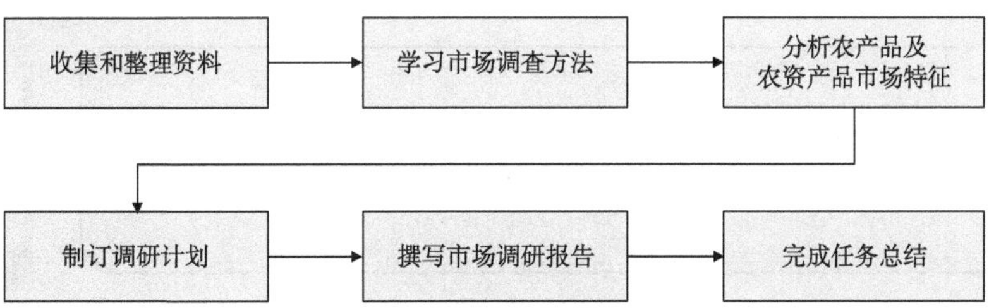

图 4-2　任务筹划流程

任务实施

步骤一：

步骤二：

步骤三：

任务总结：

任务检测

一、扫码做题

使用微信扫码进入在线测试，可多次答题，直到获得满意的结果。

二维码 4-7

任务检测

二、讨论题

农资市场调查是了解农业生产资料供需状况、市场价格、消费者需求以及市场竞争情况的重要手段。然而，在进行农资市场调查时，可能会遇到一系列问题，这些问题可能会影响调查结果的准确性和有效性，通过以下问题进行深入讨论。

（1）样本选择问题。农资市场的主体众多，包括农户、农业合作社、农业生产企业等。在选择样本时，如何保证样本的代表性和广泛性，是农资市场调查面临的一大挑战。

（2）数据收集问题。农资市场的数据分散且不易获取，尤其是在偏远地区数据收集的难度更大。此外由于农业生产受季节性的影响较大，数据收集的时效性也是一个重要的问题。

（3）调查方法的问题。农资市场的调查方法需要根据具体情况进行选择，不同的调查方法可能适用于不同的主体和场景，如何选择合适的调查方法，以及如何保证调查方法的科学性和合理性，也是调查过程中需要考虑的问题。

针对以上问题提出相应的解决方案。

任务评价

完成学习任务后，预期能够达到的学习效果，由学生、小组和教师三方共同完成任务评价，见表 4–4。

表 4–4　工作任务完成过程评价

班级：＿＿＿＿＿＿　姓名：＿＿＿＿＿＿　学号：＿＿＿＿＿＿

项目	评分标准	自我评价	小组评价	教师评价
知识技能	市场调查方法的概念（10 分）			
	各种市场调查方法的优缺点（30 分）			
	一手资料和二手资料的收集方法（10 分）			
任务进度	能否 100% 准确地完成任务检测（10 分）			
任务质量	主要是了解市场调查方法的概念，熟悉市场调查方法的种类和各种方法的优缺点，从而制订相应的营销策略（20 分）			
素养表现	学生之间的团队协作意识强（10 分）			
思政表现	培养团队成员严谨、务实的工作态度（10 分）			
合计				
自我评价与总结				
教师点评				

任务三 处理农产品及农资市场调查问卷与信息

任务导入

农产品及农资市场调查是了解农业生产和市场供应状况的重要手段，为了全面掌握市场动态，提高农业生产和市场运营的效率，我们需要通过问卷调查和信息处理的方式，收集农产品及农资市场的相关数据进行分析研究。

任务：根据所学知识，让学生设计一份市场调查问卷。

任务工单

班级：______________ 姓名：________________ 学号：_____________

任务名称	处理农产品及农资市场调查问卷与信息
任务描述	任务内容：1.了解农资市场调查问卷的构成；2.掌握调查问卷的设计要求与注意事项；3.了解市场调查的步骤。 任务目的：通过问卷调查，了解农户对农资产品的需求情况；分析问卷数据，了解农资供应商的供应能力；定期调查和实施监督，为政府和企业提供决策参考，促进市场稳定和可持续发展。 任务流程：1.掌握市场调查问卷的构成；2.了解农资市场调查问卷的设计要求与注意事项；3.学会应用市场调查的步骤。 任务方法：1.分组讨论；2.情景模拟；3.撰写方案。
获取信息	要完成任务，需要掌握相关的知识。请收集资料，回答以下问题： 1.农资市场调查问卷的构成有哪些？ 2.农资市场调查问卷的设计要求与注意事项有哪些？ 3.农资市场调查的步骤有哪些？
制订计划	

续表

任务名称	处理农产品及农资市场调查问卷与信息			
任务实施	按照预先制订的工作计划，完成本任务，并记录任务实施过程。			
	序号	完成的任务	遇到的问题	解决的办法

任务准备

知识准备

一、农产品及农资市场调查问卷设计

调查问卷又称调查表或询问表，是以问题的形式系统地记载调查内容的一种工具，问卷可以是表格式、卡片式设计，用于记载和反映市场的重要内容。

（一）调查问卷的组成部分

一份正式的调查问卷，一般包括以下三个组成部分。

1. 前言

这一部分主要说明调查的主题、调查的目的、调查的意义以及向被调查者表示感谢。

2. 正文

这是调查问卷的主体部分，一般设计若干问题要求被调查者回答。调查问卷的正文一般包括调查的主体项目和调查对象的背景资料。调查的主体项目是为了收集有关调查对象的行为、态度等方面数据所涉及的问题及备选答案。调查对象的背景资料则是调查对象的年龄、性别、职业、文化程度、收入等方面的资料。

3. 附录

这一部分可以将被调查者的有关情况加以登记，为进一步进行统计分析收集资料。

（二）调查问卷的设计要求

问卷在整体上要把握问卷的长度，在问题的设计上不宜过多，一般不要超过 20 分钟，太长的问卷会导致回答者可能会中途放弃回答，造成回答率过低。

要充分考虑到被调查者的基本情况，如身份背景、文化程度、自身能力，尽最大努力

争取应答者的合作，不要提出应答者不喜欢的问题，这容易引起应答者的抵触情绪，在问题的设计上不要超出应答者的能力、范围或者需要应答者过多的地思考、计算。

问卷的设计要有利于被调查者能够做出真实的回答，因此在答案的设计中不要出现模棱两可的现象，使对方难以选择。

二维码 4-8

课程视频

在问题的设计和整体安排中，不要用专业术语，也不能将两个问题合为一个问题，导致应答者无法回答。

问题的排序要有一定的逻辑性，把简单的问题放在前面，把复杂的问题放在后面，如果同时含有开放式的问题和封闭式的问题，要把封闭式的问题放在前面，把开放式的问题放在后面。

在问题的设计中不能有主观引导和暗示，措辞要得当。

（三）调查问卷的提问方式

调查问卷的提问方式可以分为以下两种形式。

1. 封闭式提问

封闭式提问也就是在每个问题后面给出若干个选择答案，被调查者只能在这些备选答案中选择自己的答案。

二维码 4-9

拓展学习

2. 开放式提问

开放式提问也就是允许被调查者用自己的话来回答问题，由于采取这种方式提问会得到各种不同的答案，不利于资料统计分析，因此在调查问卷中一般不超过三个。

（四）调查问卷设计注意的事项

1. 要有明确的主题

要根据调查目的和调查内容从实际出发拟题，题目要突出重点，不能出现可有可无的现象。

2. 结构合理有逻辑性

在排列问题时应该有逻辑性，要结合应答者的思维逻辑来排列问题，不能带有主观性，通常应该遵循先简后繁、先易后难、先具体后抽象的原则。

3. 通俗易懂

调查问卷在应答者刚一入眼时就该有一目了然的感觉，使应答者愿意进行回答，问卷语言要精练，语气要诚恳，问题要在应答者的理解能力范围内，不能带有暗示性。

4. 不宜过长

回答问卷的时间一般控制在 20 分钟以内，不要过长。一个太长的问卷会让问答者产生浪费时间的感觉，从而导致放弃回答，如果有特别需要，必须设置很多问题时，可以将一个问卷分成两个问卷进行调查。

5.便于统计分析

问题的设立要充分考虑到便于后期工作的开展，变量不要设置太多，尽量用最少的变量解决更多的问题，特别是后期数据统计和分析是个烦琐的工作，所以在设计问卷时一定要考虑后期的可操作性。

二、农产品及农资产品市场调查的步骤

对于农产品及农资产品经营企业的经营者来说，市场调查是最基础也是最根本的一个步骤，是由许多不同的阶段、不同的步骤、不同的活动构成的有目的的动态的过程，如果调查的方向和内容错了，将会给企业带来很大的损失。一个好的调查结果有可能将一个濒临停产的产品拯救回来，并为企业创造收益。

一般来说市场调查可以分为四个阶段：调查前的准备阶段、正式调查阶段、综合分析资料阶段和调查结果处理阶段。

（一）调查前的准备阶段

对农资产品经营企业提供的资料进行初步的分析，找出问题存在的征兆，明确调查课题的关键和范围，选择最主要也是最需要的调查目标，制订出市场调查的方案，其主要包括市场调查的内容、方法和步骤，调查计划的可行性，经费预算，调查时间等。在明确调查问题的基础上，市场调查人员利用自己的知识和经验，根据已掌握的资料进行初步分析，涉及的面应尽量宽一些，包括对所要调查的问题本身大致的范围、调查的可能性和难易程度等。

（二）正式调查的阶段

市场调查内容有多个方面，因农资产品经营企业和情况而异，综合起来，可以分为以下四大类。

1.市场需求调查

市场需求调查，即调查农资产品经营企业过去几年中销售总额、现在市场的需求量及其影响因素，要重点进行调查消费者的购买能力、消费者的购买动机、潜在的消费需求，其核心是寻找市场经营的机会。

2.竞争者情况调查

竞争者情况调查包括竞争对手的基本情况、竞争对手的竞争能力、竞争对手的实力、经营的战略、竞争对手产品的定价、新产品的开发与应用、新技术的开发情况和售后服务情况以及消费者对产品的售后评价等。

3.对农资产品经营企业经营战略决策执行情况的调查

如产品的价格、销售渠道、广告及销售促进情况，产品的商标及外包装情况，存在的问题及产品的改进情况。

4. 政策法规情况调查

政府政策的变化，法律、法规的实施，都对农资产品经营企业有着重大的影响，例如银行信用的情况、税收政策、行业的限制、能源交通情况等都和农资产品经营企业产品关系重大，也是市场调查不可分割的一部分。

（三）综合分析资料阶段

对所收集到的信息资料进行处理与分析，是市场调查过程当中最重要的内容，在统计分析研究和现场直接调查完成后，市场调查人员拥有大量的一手资料，在市场调查设计中，必须预先对一手资料进行处理，确定资料处理的基本目标和要求，选择处理的具体方法，处理结果的形式。然后对这些资料进行编组或分类，使之成为某种可供备用的形式，最后把有关资料用适当的表格形式展示出来，以便说明问题或从中发现某种典型的模式。

（四）调查结果处理阶段

根据调查目的写出相应的农资市场调查报告，要符合目的要求，应简要、客观、准确、重点突出，对于统计分析数据可用图表表示，清晰明了。特别需要注意的是，调查人员不应当把调查报告看作市场调查的结果，而应继续注意农资市场不断变化的情况，以检验调查结果的准确程度并发现新的农资市场变化趋势，为改进以后的农资市场营销策略打好基础。

二维码 4-10

课程视频

人员准备

人员分组，每组 4 人。职责分工，见表 4-5。

表 4-5 任务角色分工

任务角色	任务内容
组长：	重点讨论市场调查问卷的主要工作及其构成与内容，拟定市场调查情景模拟，提出工作要求和分配撰写任务
组员 1：	结合模拟身份、要求和任务，完成撰写任务
组员 2：	结合模拟身份、要求和任务，完成撰写任务
组员 3：	结合模拟身份、要求和任务，完成撰写任务

任务筹划

任务筹划流程如图 4-3 所示。

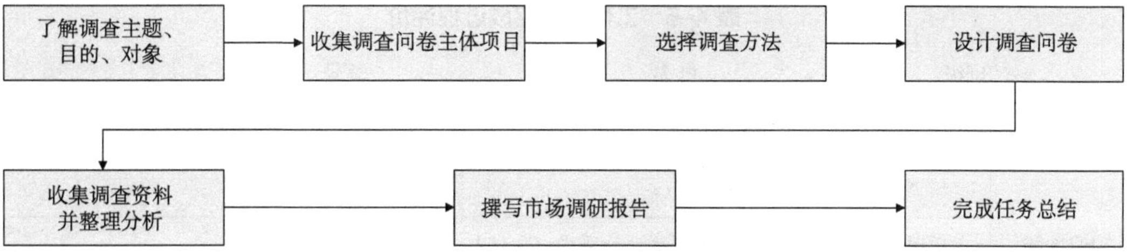

图 4-3　任务筹划流程

任务实施

步骤一：

步骤二：

步骤三：

任务总结：

任务检测

扫码做题

二维码 4-11

使用微信扫码进入在线测试，可多次答题，直到获得满意的结果。

任务检测

任务评价

完成学习任务后，预期能够达到的学习效果，由学生、小组和教师三方共同完成任务评价，见表 4-6。

表 4-6 工作任务完成过程评价

班级：__________ 姓名：__________ 学号：__________

项目	评分标准	自我评价	小组评价	教师评价
知识技能	市场调查问卷的含义（10 分）			
	市场调查问卷的主要组成部分及设计要求（20 分）			
	市场调查的步骤与注意事项（20 分）			
任务进度	能否 100% 完成任务检测（10 分）			
任务质量	小组分工协作，设计撰写一份完整的市场调查问卷及调查报告（20 分）			
素养表现	学生之间的团队协作意识强（10 分）			
思政表现	增强社会责任感、诚信原则（10 分）			
合计				
自我评价与总结				
教师点评				

课程思政专栏

市场调查

【课程思政关键词】职业道德　社会责任感　团队协作

【融入方式】在当前全球经济一体化的背景下，农产品及农资市场的调查与信息处理显得尤为重要，通过对市场的深入了解，我们可以更好地把握市场的动态，优化资源的配置，促进农业的发展。

在进行农产品及农资市场调查时，我们需要注意以下几个方面。

1. 调查目的：明确调查的目标，是为了了解市场的需求、预测市场趋势，还是为了制订营销策略？

2. 调查内容：需要收集哪些信息，如价格、供需情况、产品的品质等？

3. 调查方法：选择合适的调查方法，如问卷调查、专家访谈、电话询问等。

4. 数据分析：对收集到的数据进行分析，提取有价值的信息。

（资料来源：百度文库）

【启示】

1.通过强调诚信、公正等原则，确保调查结果的客观性和真实性。

2.增强社会责任感，引导调查者关注社会问题，将个人利益与社会利益、生态利益相结合，培养社会责任感。

3.提升团队协作精神，在调查过程中，需要团队协作共同完成任务，思政教育有助于增强团队协作意识。

4.培养严谨的工作态度，要求信息处理人员保持高度的责任心和严谨的工作态度，确保信息的准确性和可靠性。

5.加强法律法规意识，遵守相关法律法规，如知识产权保护、信息安全等。

二维码 4-12

技能训练

项目五 农产品及农资市场细分及定位

项目导读

在农资产品市场上消费者受到不同因素的影响，会产生不同的需求，农业企业不能满足所有消费者的需求，所以就要通过市场细分，了解整个市场的需求状况，经过甄别和筛选，选定一个市场作为目标市场，再结合自身优势，打造自身鲜明特征的产品，从而确定本企业产品在目标市场中的市场地位。本项目主要讲解农产品及农资市场细分、农产品及农资目标市场选择、农产品及农资市场定位三个任务。

知识目标

（1）了解农产品及农资市场细分的概念及作用。

（2）了解农产品及农资目标市场的概念。

（3）了解农产品及农资市场定位的内涵。

技能目标

（1）能够根据市场细分的标准对市场进行细分，并选定目标市场。

（2）能够根据市场定位的方法，进行准确的市场定位。

素质目标

（1）具备良好的沟通和协调能力。

（2）具备目标市场选择与定位的能力。

思政目标

（1）以顾客需求为中心，倡导承担企业社会责任。

（2）深刻认识党的十九届六中全会提出的十个坚持之一坚持“人民至上”的重大现实意义。

思维导图

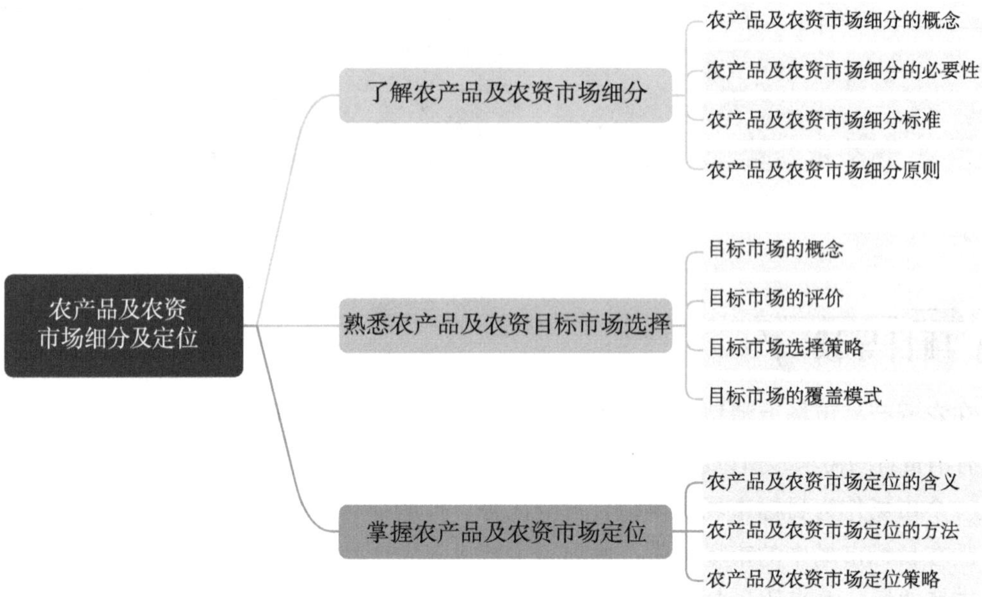

任务一 了解农产品及农资市场细分

任务导入

在湖北省武汉市新开张了一家特色食品店，这家食品店出售的全是“黑货”，例如，黑米、黑豆、黑芝麻、黑木耳、黑面包、黑咖啡等。许多顾客买“黑色食品”时，一下子就会想到去这家黑货店，因此，该店生意一天比一天红火。

任务：根据以上描述，请你为这家“黑货”店生意兴隆的原因撰写一份农资市场分析报告，为其他农资产品的市场营销提供宝贵经验。

任务工单

班级：______________ 姓名：________________ 学号：____________

<table>
<tr><th>任务名称</th><th colspan="4">了解农产品及农资市场细分</th></tr>
<tr><td>任务描述</td><td colspan="4">任务内容：1. 农产品及农资市场细分的概念；2. 农产品及农资市场细分的标准；3. 农产品及农资市场细分的原则。
任务目的：根据消费者或用户的不同需求特征，将整体市场划分为若干个具有不同需求的市场部分或子市场。
任务流程：1. 农产品及农资市场细分概念和方法的掌握；2. 对整体市场综合分析，提出细分依据，实施细分。
任务方法：1. 市场调研；2. 信息整理；3. 归纳分析。</td></tr>
<tr><td>获取信息</td><td colspan="4">要完成任务，需要掌握相关的知识。请收集资料，回答以下问题：
1. 什么是农产品及农资市场细分？

2. 农业企业在产品销售时为什么要进行市场细分？

3. 农产品及农资市场细分的标准是什么？

4. 在农产品及农资市场上如何进行合理有效的市场细分？</td></tr>
<tr><td>制订计划</td><td colspan="4"></td></tr>
<tr><td rowspan="6">任务实施</td><td colspan="4">按照预先制订的工作计划，完成本任务，并记录任务实施过程。</td></tr>
<tr><th>序号</th><th>完成的任务</th><th>遇到的问题</th><th>解决的办法</th></tr>
<tr><td></td><td></td><td></td><td></td></tr>
<tr><td></td><td></td><td></td><td></td></tr>
<tr><td></td><td></td><td></td><td></td></tr>
<tr><td></td><td></td><td></td><td></td></tr>
</table>

任务准备

知识准备

一、农产品及农资市场细分的概念

农产品及农资市场细分是指生产者根据消费者或用户的不同需求特征，将需求相同的消费者划分为一类，从而将农资整体市场划分为若干个具有不同需求的市场部分或子市场的过程。

二、农产品及农资市场细分的必要性

市场细分能够帮助农资企业全面了解市场。市场细分是通过某一标准，从而对市场信息进行全面的掌握。通过市场细分，农产品企业可以了解整个市场的需求状况，分析市场上消费者的差异，从而有针对性制订营销策略，最终获得市场。

市场细分能够帮助企业准确定位，有的放矢。市场细分是目标市场选择的基础，通过市场细分这一过程，可以把整个一大市场划分成若干个具体的小市场，农业企业可以根据自己企业的资源优势，找到与之相匹配的市场，从而使企业的经济效益达到最大化。另外，通过市场细分，每个企业都准确地与市场对接，将产品精准投放到市场，丰富市场上产品的种类，满足不同消费者的需求，从而提高社会的经济效益。

二维码 5-1

拓展学习

市场细分可以帮助农资企业及时调整营销策略，满足消费需求。市场细分可以帮助企业掌握市场动态，接收消费需求信息的变动状况，进而及时地调整营销策略，在短时间内让企业能够适应市场的变化。

三、农产品及农资市场细分标准

农资企业在进行市场细分时，需要明确根据什么样的标准和原则来划分，根据市场营销细分依据和农产品营销的特点，农产品市场细分标准主要有地理因素、人口因素、心理因素和行为因素。

（一）地理因素

地理因素是按照消费者所处的不同地区位置和其他地理环境，对消费者市场进行划分的标准。地理因素是农产品市场中比较重要的因素，因为农业生产活动受到地理因素影响比较大，是所有细分标准中特征较为明显、不容易发生改变的因素。地理因素主要有地理环境、气候、城乡区位等。同一地区的消费者会受到地理位置、文化传统、气候条件等因

素的影响，则会表现出较为相似的消费偏好，若这些因素发生改变，则会表现出不同的消费需求。例如，我国的肉产品市场，西北地区的消费者喜欢牛羊肉，而南方地区的消费者则喜欢猪肉。又如，高原地区适合种植青稞、燕麦等高海拔耐旱耐寒的作物，东部地区适合种植水稻、茶叶等作物。这种因素分析虽然有助于市场细分，但消费者的需求是在不断变化的，有可能在同一市场出现不同需求的情况，因此还应该具体分析当地市场情况，进行更进一步的细分。

（二）人口因素

人口因素是按照人口统计标准对市场进行划分，主要包括年龄、收入水平、文化程度、民族等因素。这一标准通常是对农资市场进行细分的重要因素，原因是这些因素都来源于消费者自身，与对产品的需求、偏好等联系较为紧密。

1. 年龄

消费者在不同的年龄阶段，会表现出不同的消费需求。例如，在水果市场中，年轻人喜欢购买进口或反季节的水果，但中老年人更喜欢购买时令性特点明显的水果。

2. 收入水平

不同收入水平的消费者，消费需求也会不同。收入水平高的消费者购买农产品时注重商品的质量，一般购买等级较高或具有农产品质量认证的农产品。收入水平低的消费者，更关注产品的量和价格问题。近年来，随着我国居民收入提高和食品安全知识的普及，人们购买农产品越来越重视产品安全和质量，可能也会出现低收入者购买高价位产品的现象。

3. 文化程度

不同文化程度的消费者，由于受到不同的教育，购买产品时考虑的因素也不同，其消费需求除满足基本生理需求外，还会关注对生活品质的影响。例如，在茶叶市场，文化程度高的消费者，购买产品时注重产品的原料构成、产地等因素，一般会购买中高档的产品。

4. 民族

不同民族会有不同的文化、风俗、宗教等，因此会表现出不同的消费习惯，例如，我国民族众多，不同的民族会有不同的饮食习惯和禁忌，在产品销售时就应该考虑这些因素。

（三）心理因素

消费者由于受到生活方式、个性、购买动机等因素的影响，会产生不同的心理活动，从而产生不同的消费需求。人们的生活水平得到极大的提高之后，在进行消费时已经由过去的满足最基本的生理需求，变为注重生活品质的高层次需求，表现出的消费行为以满足自我需求和愿望为主。例如，人们的饮食结构已发生很大变化，由过去吃得饱，转变为现今的吃得好，更加注重产品的品质和对人身体健康的影响。

（四）行为因素

行为因素是根据消费者在产生消费行为时，会有不同的购买行为，主要有消费偏好、品牌忠诚度、购买商品的时机等行为。在当前市场上商品种类繁多，消费者的选择越来越多的时候，生产者之间的竞争越来越激烈，这一因素就显得尤为重要。例如，春节前，农副产品的需求量就会增加。再如，牛奶按脂肪含量分类，分为全脂、半脱脂、脱脂三类，消费者就会根据自身需求进行购买。

由于消费者市场具有非常大的差异性，对农产品市场的细分，不应局限于上述四种因素，而应全方位综合考虑，因地制宜地进行市场细分，从而为企业产品找到更加合适的市场。

四、农产品及农资市场细分原则

（一）差异性

消费者市场通过市场标准细分后，该市场是可以具体衡量的，但该标准不能作为衡量消费品的唯一标准，应根据市场的实际情况，具体问题具体分析，选择最佳的策略，满足市场需求。

（二）时效性

细分出的市场不但要满足当前的需求，还应该根据时间和营销环境的变化，随时调整市场细分的标准，满足消费者不断变化的需求。例如，在物资较为紧缺年代，人们购买时要求较为单一，但随着市场上物资产品种类越来越丰富，人们在购买时不光要满足最简单的需求，更加注重的是产品的品质和安全性。

（三）现实性

农资企业在进行市场细分后，通过一系列的营销活动，可以实现其营销目的。一方面，消费者可以在市场中了解到企业产品的信息，并产生强烈的购买愿望。另一方面，企业可以通过渠道，将产品和信息直接送达到细分市场中。

（四）判断性

判断性是指细分的市场能够被准确定位和甄别的，农资企业能够对该市场的购买力、容量、需求等因素进行准确的判断，可以根据市场的表现及时做出反应和判断。

二维码 5-2

课程视频

人员准备

人员分组，每组 4 人。职责分工，见表 5-1。

表 5-1　任务角色分工

任务角色	任务内容
组长:	任务：对小组三位成员的资料进行甄别汇总，形成解决方案，并在组间进行评议
组员 1:	任务：对任务导入中产品特色进行归纳
组员 2:	任务：对任务导入中产品在市场出现的问题进行分析
组员 3:	任务：对任务导入中产品受到青睐的原因进行总结

任务筹划

任务筹划流程如图 5-1 所示。

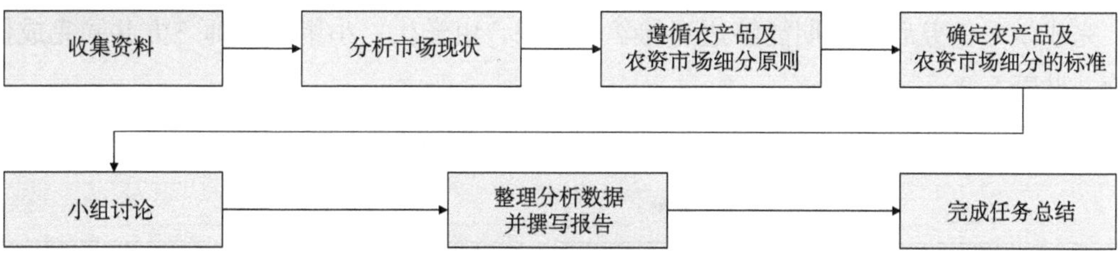

图 5-1　任务筹划流程

任务实施

步骤一：

步骤二：

步骤三：

步骤四：

步骤五：

任务总结：

任务检测

扫码做题

二维码 5-3

使用微信扫码进入在线测试，可多次答题，直到获得满意的结果。

任务检测

任务评价

完成学习任务后，预期能够达到的学习效果，由学生、小组和教师三方共同完成任务评价，见表 5-2。

表 5-2　工作任务完成过程评价

班级：______________　姓名：________________　学号：_____________

项目	评分标准	自我评价	小组评价	教师评价
知识技能	农产品及农资市场细分的概念（10 分）			
	农产品及农资市场细分的必要性（10 分）			
	农产品及农资市场细分的标准（15 分）			
	农产品及农资市场细分的原则（15 分）			
任务进度	能否提出完善的解决方案（15 分）			
任务质量	任务方案是否合理完整（15 分）			
素养表现	学生之间的协作能力（10 分）			
思政表现	学生的社会责任感（10 分）			
合计				
自我评价与总结				
教师点评				

任务二

熟悉农产品及农资目标市场选择

任务导入

在1988年名酒名烟价格放开后，某某酒厂没有因当时的大好形势而陶醉，他们居安思危，果断地将某某名牌撤出了名酒大战，转而寻找新的市场，努力发现新的市场机会。他们对名酒市场进行了细分：国外市场、集团购买、高收入家庭、平民百姓。市场中，国外市场对中国名酒消费量很少；集团购买和高收入家庭对名酒的要求已经得到满足；只有平民百姓对名酒的要求没有得到满足。某某酒厂发现了新的市场机会，他们决定开发适合平民百姓要求的名酒。那么，平民百姓对名酒的确切要求是什么呢？是适当的低价，但低价又与名酒不太相符。怎样才能把低价与名酒统一在一起呢？方法之一是降低酒的度数，即所谓“降度降价”。他们将酒的度数从65度降到55度，同时价格下降60%，使其成为中档名酒，投放市场后十分走俏。某某酒厂因此成为当年同行业中唯一没有亏损、滑坡的企业，并且净赚1 000多万元。

任务：根据以上描述，请针对该酒厂销售成功案例撰写一份市场营销总结报告。

任务工单

班级：______________　　姓名：________________　　学号：_____________

任务名称	熟悉农产品及农资目标市场选择
任务描述	任务内容：1.农产品及农资目标市场的概念；2.农产品及农资目标市场选择的策略；3.农产品及农资目标市场覆盖的模式。 任务目的：在市场细分的基础上，经过甄别和筛选，最后选定的作为企业经营目标而进行产品销售的一个或几个细分市场。 任务流程：1.农产品及农资目标市场概念和评价方法的掌握；2.对整体市场综合分析，通过策略选择目标市场，并确定目标市场的覆盖模式。 任务方法：1.市场调研；2.信息整理；3.归纳分析。

续表

<table>
<tr><th>任务名称</th><th colspan="4">熟悉农产品及农资目标市场选择</th></tr>
<tr><td>获取信息</td><td colspan="4">要完成任务，需要掌握相关的知识。请收集资料，回答以下问题。
1. 什么是农产品及农资目标市场？
2. 农业企业在产品销售时为什么要进行目标市场选择？
3. 农产品及农资目标市场选择的策略是什么？
4. 如何进行合理有效的目标市场覆盖？</td></tr>
<tr><td>制订计划</td><td colspan="4"></td></tr>
<tr><td rowspan="6">任务实施</td><td colspan="4">按照预先制订的工作计划，完成本任务，并记录任务实施过程。</td></tr>
<tr><td>序号</td><td>完成的任务</td><td>遇到的问题</td><td>解决的办法</td></tr>
<tr><td></td><td></td><td></td><td></td></tr>
<tr><td></td><td></td><td></td><td></td></tr>
<tr><td></td><td></td><td></td><td></td></tr>
<tr><td></td><td></td><td></td><td></td></tr>
</table>

任务准备

知识准备

一、目标市场的概念

市场是一个十分庞大的整体，农资企业不可能满足市场上所有的需求，必须根据自身的实际情况，充分利用所有的资源，去完成企业的营销目标。因此，企业应该通过市场细分的环节，找准目标市场，制订相应的营销策略。

目标市场是指在市场细分的基础上，经过甄别和筛选，最后选定的作为企业经营目标而进行产品销售的一个或几个细分市场。目标市场的选择，需要有市场细分作为基础，市场细分是对整个市场按不同的标准进行划分的过程，准确选择目标市场，是农资企业制订有效的营销策略的根本保证。

二、目标市场的评价

（一）目标市场的潜力

目标市场的潜力是指在一定时期内，目标市场中的消费者有意愿且对商品的最大需求数量。目标市场的规模决定企业未来的发展，如果目标市场潜力太小，则意味着该市场狭小，没有潜力可以挖掘，对企业今后的发展没有太大的帮助。反之，如果企业规模较小，不能够满足市场的需求，则对企业会造成不利的影响。只有规模和需求量相匹配，企业才可以从该市场获得收益。

（二）目标市场的购买力

目标市场的规模足够大，不等于有购买力。若该市场缺乏购买力，或购买力很低，就不能当作目标市场。只有当市场上消费者的购买力和需求量相匹配时，才能构成真正的市场，企业才可以通过该市场获得收益。

（三）目标市场的竞争力

很多企业都有可能进入目标市场，这样就会造成市场的内部竞争加剧，因此企业在选择目标市场时，就应该根据自身实力和规模，尽可能地选择竞争者少或对手实力较弱的市场作为自己营销的目标对象。

（四）企业的优势特征

农资企业在经过市场细分后所选择的目标市场，一定是能够发挥自身优势且获取最大收益的。企业的自身优势主要包括技术水平、资金实力、地理位置、经营管理能力等，这些要素综合在一起，与同行企业在竞争时，具有很强的竞争力，我们就可以认为这个市场是可以作为企业的目标市场的。

三、目标市场选择策略

通过对市场进行全面的评估后，企业就要确定最终要为哪些市场进行产品销售和提供服务。为提高进入目标市场的效率，企业可以采取以下三种不同的策略，以便更加有效地实现农资市场销售目标。

（一）无差异性策略

所谓无差异性策略，就是企业在经过市场细分后，不考虑每一个市场的特征差异，而是关注这些市场的共同需求，生产同一种产品，使用同一种营销方法，最大可能地满足更多消费者的需求。例如，美国的可口可乐公司从产品上市以来，不管在哪一个国家，所销售的产品都是一样的。可见，使用该种策略的产品一般都是在市场上占有很大的份额，竞争者很少，不会对其构成威胁的产品。

（二）差异性策略

所谓差异性策略，就是企业在经过市场细分后，根据不同顾客需求，采用不同的销售策略，生产销售不同的产品，满足不同市场的需求。这种策略一般适合生产规模较大、实力雄厚的企业。例如，人们过去对牛肉的需求没有特别的要求，但随着消费者的观念转变，出现了越来越多的优质或高端品类，如高营养牛肉、有机牛肉等，以满足消费者的差异化需求。

（三）集中性策略

所谓集中性策略，就是企业在经过市场细分后，将一个或少数细分市场作为目标市场，整合资源，集中力量，进行有针对性的生产和销售。例如，在传统观念中，鸡蛋是补充蛋白质营养的一种途径，随着人们生活水平的提高，对其要求也逐渐提高，很多养殖企业在进行市场细分后，在养殖的过程中，通过提高鸡蛋中各种元素的含量，增加其在市场销售过程中的价值，以此专门针对特定人群进行销售。

四、目标市场的覆盖模式

企业在经过市场细分和评估后，需要从多个市场中做出选择，决定要向哪一个市场进军，这种情况下一般会有五种目标市场覆盖方式进行选择。

（一）产品集中化

产品集中化是最为简单的一种模式，通常农资企业只需要选择一个目标市场即可。在该种模式下，农资企业只生产一种产品，满足特定顾客群体的需求。这种策略所面临的风险是当顾客需求发生变化，企业就会有产品滞销和难以维持的风险。

（二）产品专业化

产品专业化是指农资企业同时将一种产品向多个市场进行销售，会面向不同的客户群体。如生产养殖的肉类产品，同时向农贸市场、超市、线上电商等投放销售。该种模式能够在较短时间内获得收益，但当某一个细分市场出现问题时，其他市场就会产生连锁反应，受到牵连。

（三）市场专业化

市场专业化是指农资企业集中力量在一个市场中销售多种产品，满足客户群体的多种需求。如蔬菜种植企业，集中向超市配送各种蔬菜，顾客能够一次性购买多种类型产品，为企业争取到更多客户的可能。

（四）选择专业化

选择专业化是指农资企业有多个细分市场，每一个细分市场上销售的产品之间是没有联系和交集的。如康师傅集团，同时生产方便面、饮料、矿泉水等产品，当其中一个产品收益下降时，还会从其他产品处得到弥补。

（五）市场全面化

二维码 5-4

课程视频

市场全面化是指企业可以满足市场上所有客户的需求，该种模式主要适用于规模较大、实力雄厚的企业。如北大荒集团，是国内领先的粮食生产龙头企业，主要生产水稻和玉米等农产品，产品覆盖全国。

人员准备

人员分组，每组 4 人。职责分工，见表 5-3。

表 5-3　任务角色分工

任务角色	任务内容
组长：	对小组三位成员的资料进行甄别汇总，形成解决方案，并在组间进行评议
组员 1：	对任务导入中产品特色进行归纳
组员 2：	对任务导入中产品的市场细分状况进行分析
组员 3：	对任务导入中目标市场选定的原因进行总结

任务筹划

任务筹划流程如图 5-2 所示。

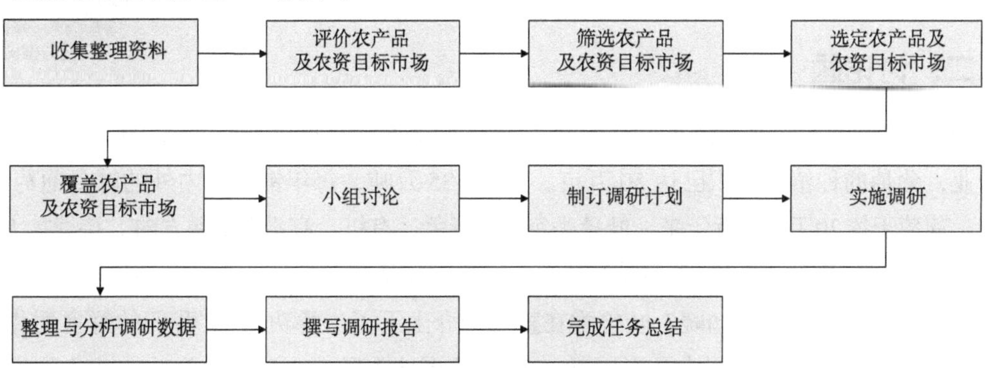

图 5-2　任务筹划流程

任务实施

步骤一：

步骤二：

步骤三：

步骤四：

任务总结：

任务检测

一、扫码做题

二维码 5-5

使用微信扫码进入在线测试，可多次答题，直到获得满意的结果。

任务检测

二、讨论题

“吐鲁番的葡萄、哈密的瓜、库尔勒的香梨人人夸……”作为新疆吐鲁番本地的农业支柱产业，葡萄的种植总面积已达 50 万亩、产量 135 万吨，每年销往国内外的鲜食葡萄约 40 万吨、葡萄干约 20 万吨。近年来，吐鲁番突出“特色、有机、高端”发展方向，持续扩大“瓜果飘香”的特色优势，将“吐鲁番葡萄”的金字招牌越擦越亮。

好产品如何让更多人知晓？吐鲁番在宣传推介上下了一番功夫。“我们的鲜食葡萄、葡萄干、葡萄酒的品质都是国内乃至国际一流的。”当地人民信心满满。为此，吐鲁番多年来举全市之力宣传推介当地的葡萄产品，全面开拓农产品市场，办好葡萄节等节庆活动，持续不断提高产品知名度和竞争力，建立稳定的国内、国际销售网络。同时，鼓励支持各参展单位和企业在影响力较大的上海进博会、亚欧博览会等展会上，整体推介葡萄产品，让更多的人了解吐鲁番，爱上吐鲁番的葡萄。在此基础上，挖掘葡萄背后的故事和文化，并以此作为宣传亮点，不断增强品牌的文化内涵和市场吸引力。

(资料来源:中国供销合作网)

讨论:为了扩大“吐鲁番葡萄”的特色优势，明确目标市场，当地采取了什么样的措施?给你带来什么启示?

任务评价

完成学习任务后，预期能够达到的学习效果，由学生、小组和教师三方共同完成任务评价，见表 5-4。

表 5-4　工作任务完成过程评价

班级:__________　　姓名:__________　　学号:__________

项目	评分标准	自我评价	小组评价	教师评价
知识技能	农产品及农资目标市场的概念（10分）			
	农产品及农资目标市场的评价（10分）			
	农产品及农资目标市场选择策略（15分）			
	农产品及农资目标市场的覆盖模式（15分）			
任务进度	能否提出完善的解决方案（15分）			
任务质量	任务方案是否合理完整（15分）			
素养表现	学生之间的协作能力（10分）			
思政表现	学生的社会责任感（10分）			
合计				
自我评价与总结				
教师点评				

任务三

掌握农产品及农资市场定位

任务导入

中国三峡柑橘（奉节脐橙）交易中心的生产加工厂房内，12 个通道脐橙全自动分选包装生产线正在运行。刚从果农家收购来的脐橙，上线后经过自动清洗、风干，根据大小、含糖量等分选指标，落入对应通道下方的筐内。

该交易中心所在的草堂镇，因杜甫曾在此建草堂居住而得名，这里也是奉节脐橙的主要产地之一。2023 年底，位于奉节县生态工业园区草堂片区的中国三峡柑橘（奉节脐橙）交易中心投用，传统脐橙产业迈出重塑供应链的关键一步。

据该交易中心相关负责人周坚介绍，过去奉节脐橙多由果农分散种植，单个小主体难以对接大市场。该交易中心成立后，集分拣、商品化处理、冷链物流、销售等于一体，增强了原产地规模化供应水平，为果农建立起稳定的销售渠道，实现了从“单打独斗”到“抱团发展”的转变，推动了奉节脐橙产业标准化、精细化、高端化。

（资料来源：中国供销合作网）

任务：根据以上描述，总结“奉节脐橙”在市场营销中采取的策略方法，对该产品今后市场发展做出预测。

任务工单

班级：______　姓名：______　学号：______

任务名称	掌握农产品及农资目标市场定位
任务描述	任务内容：1. 农产品及农资市场定位的概念；2. 农产品及农资市场定位的方法；3. 农产品及农资市场定位的策略。 任务目的：分析竞争者产品在市场上所处的地位和消费者对本类产品需求特征，结合自身优势，打造自身鲜明特征的产品，从而确定本企业产品在目标市场中的市场地位。 任务流程：1. 农产品及农资市场定位概念的掌握；2. 对整体市场综合分析，合理运用市场定位方法，根据自身资源优势和特点，最终确定竞争原则。 任务方法：1. 案例分析；2. 小组讨论；3. 归纳分析。

续表

<table>
<tr><th>任务名称</th><th colspan="4">掌握农产品及农资目标市场定位</th></tr>
<tr><td>获取信息</td><td colspan="4">要完成任务，需要掌握相关的知识。请收集资料，回答以下问题：
1. 什么是农产品及农资市场定位?

2. 农业企业在产品销售时如何进行市场定位?

3. 农产品及农资市场定位的策略是什么?</td></tr>
<tr><td>制订计划</td><td colspan="4"></td></tr>
<tr><td rowspan="6">任务实施</td><td colspan="4">按照预先制订的工作计划，完成本任务，并记录任务实施过程。</td></tr>
<tr><td>序号</td><td>完成的任务</td><td>遇到的问题</td><td>解决的办法</td></tr>
<tr><td></td><td></td><td></td><td></td></tr>
<tr><td></td><td></td><td></td><td></td></tr>
<tr><td></td><td></td><td></td><td></td></tr>
<tr><td></td><td></td><td></td><td></td></tr>
</table>

任务准备

知识准备

一、农产品及农资市场定位的含义

农资企业进行市场细分和目标市场选择，最根本的目的就是实现其经营目标，即如何进入市场，怎么进行经营和销售，最终为其创造利润和价值，这就是所说的市场定位。

所谓的农产品及农资市场定位，是指农资企业在分析竞争者产品在市场上所处的地位和消费者对本类产品需求特征时，结合自身优势，打造自身鲜明特征的产品，从而确定本企业产品在目标市场中的市场地位。

当今国内的市场中，商品种类繁多，如果农资企业生产的产品是一个毫无特色，或与市场上的其他农资产品差别很小，那么这种产品就会被市场所忽视，因此农资企业所经营的产品必须是在市场上独树一帜，有自己特征个性，可以在消费者心中树立起独特的印象和形象来完成的。

二、农产品及农资市场定位的方法

由于农产品及农资产品区别于其他的普通产品，所以其市场定位的方法也有自己的特征，一般有以下三种方法。

（一）根据用途定位

由于农产品及农资产品的用途不同，有的农产品可以当作食品，有的需要深加工，而农资产品则是生产资料，因此就需要进行不同的定位。

（二）根据特性定位

农产品及农资产品本身具有新鲜的特性，而且其生产具有很强的季节性、地域性和分散性，这些都是农产品及农资产品进行定位时需要考虑的因素，尤其是具有地方特征的名优产品，这种定位方法就更加实用。

（三）根据消费习惯定位

农产品及农资产品与人们的日常生活联系较为紧密，因此消费者对农产品及农资产品的消费习惯也就会成为市场定位的考虑因素。

三、农产品及农资市场定位的策略

农产品及农资市场定位策略是指企业通过市场细分确定目标市场后，根据自身资源优势和特点，最终确定竞争原则。农产品及农资市场定位一般有以下三种策略。

（一）“针锋相对”策略

该策略是与竞争者在同一细分市场，与竞争者的产品市场定位相似。例如，有些农民看到猪肉价格高，就纷纷养猪，往往是看什么挣钱就种养什么，这样造成的后果就是缺乏竞争力，会使自己处于劣势，造成巨大损失。

（二）“填补空缺”策略

该策略正好与“针锋相对”策略相反，通过市场细分，去查找市场中未被开发但又被消费者重视的空白领域。

（三）“另辟蹊径”策略

当农资企业经过一段时间的生产经营后，发现自身产品在市场中缺乏竞争力时，结合自身实际，充分挖掘已有的优势来参与农资市场竞争。

二维码 5-6

案例分析

二维码 5-7

课程视频

人员准备

人员分组，每组 4 人。职责分工，见表 5-5。

表 5-5　任务角色分工

任务角色	任务内容
组长:	对小组三位成员的资料进行甄别汇总，形成解决方案，并在组间进行评议
组员 1:	分析农产品在市场上所处的地位
组员 2:	根据产品特点选用合适市场定位方法
组员 3:	根据自身资源优势选取正确的市场定位策略

任务筹划

任务筹划流程如图 5-3 所示。

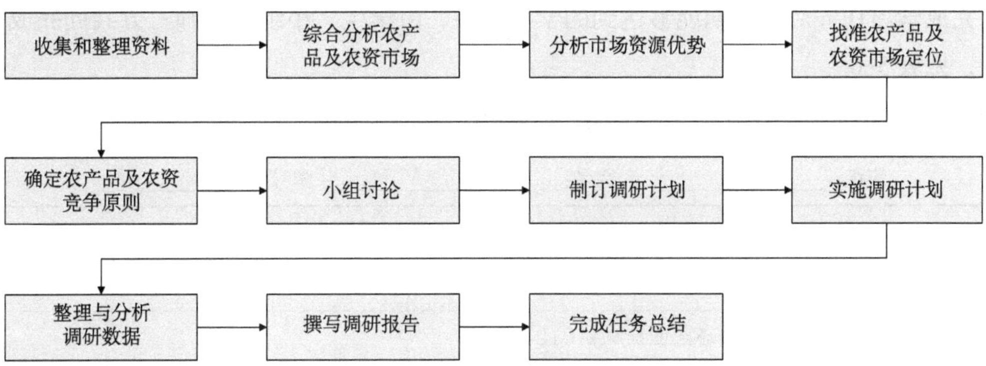

图 5-3　任务筹划流程

任务实施

步骤一：

步骤二：

步骤三：

步骤四：

任务总结：

任务检测

扫码做题

使用微信扫码进入在线测试，可多次答题，直到获得满意的结果。

二维码 5-8

任务检测

任务评价

完成学习任务后，预期能够达到的学习效果，由学生、小组和教师三方共同完成任务评价，见表 5-6。

表 5-6　工作任务完成过程评价

班级：______　姓名：______　学号：______

项目	评分标准	自我评价	小组评价	教师评价
知识技能	农产品及农资市场定位的概念（10 分）			
	农产品及农资市场定位的方法（10 分）			
	农产品及农资目标市场选择策略（15 分）			
	农产品及农资目标市场的覆盖模式（15 分）			
任务进度	能否提出完善的解决方案（15 分）			
任务质量	任务方案是否合理完整（15 分）			
素养表现	学生之间的协作能力（10 分）			
思政表现	学生的社会责任感（10 分）			
合计				
自我评价与总结				
教师点评				

课程思政专栏

稳稳托起“肉盘子”

【课程思政关键词】乡村振兴 职业道德 勇于创新

【融入方式】在位于西宁市城中区的南川工业园区青海裕泰畜产品有限公司屠宰车间外的交易大厅，只见厅外一辆辆物流车上满载着青藏特色的牦牛、藏羊系列产品发往全国各地，很多地方的市民最快当天就能吃到来自青藏高原上的新鲜牛羊肉；公司超市内，购买牦牛肉食品的顾客纷至沓来，冷冻柜中百余种高端牦牛分级分割产品，深受顾客青睐。

“肉分得越精细，附加值越高。”公司项目部相关负责人告诉记者。企业相继推出了多种藏羊的精确分级分割产品，依托线下线上等多种平台，相关产品能在全国市场常年供应，极大地提高了青海藏系羊肉的附加值。同时，积极延伸产业链，设立专门的品牌“马佳肴”，率先打造“民族文化产业园”，为前来旅游的游客推广特色藏羊肉，并推出各类特色藏系羊菜品。

畜牧业关乎千家万户的“肉盘子”和幸福指数。2023 年以来，西宁市加快现代畜牧业转型升级，健全草畜联动循环发展机制，实施 5 个奶牛合作社项目，推进粮改饲，种植优质饲草 29.6 万亩，年产鲜草 90 万吨。

强畜先强种，畜牧业高质量发展离不开畜禽种业振兴。一年来，健全市、县、乡三级畜种改良网络，提高畜禽良种覆盖率，通过推动品种培优，目前全市农作物良种覆盖率、畜禽良种化率分别达到 98%、82%。同时，持续构建提质增效的农畜产品加工体系，建立健全农产品“产加销”体系，围绕各县主导产业，优化提升产业链供应链水平。推进圣源、柴达木等藏羊产业集群项目 3 个，新丁香、三江雪等青稞产业集群项目 10 个。成功设立西宁农畜产品南京“前置仓”，建设珠海横琴口岸特色农产品展厅，带动绿色有机农畜产品“走向国际”。

（资料来源：中国网三农）

【启示】作为我国五大牧区之一，农牧业一直是青海省参与国内大市场、密切与全国经济关系的重要领域。通过输出，这些产品可以进入更广阔的市场，满足不同地区消费者的需求，提升经济效益。农产品输出是实现乡村振兴战略的重要手段，有助于促进农村经济社会的全面发展。这不仅可以增加农民收入，还可以提升整个产业链的竞争力。

项目六
农产品及农资品牌与包装策略

项目导读

农产品及农资品牌与包装是提升产品价值和市场竞争力的重要手段。品牌是产品的一张名片，一个好的品牌可以为农产品赋予更高的附加值。在市场竞争激烈的今天，拥有一个知名的农产品品牌，可以为农资企业带来巨大的竞争优势和更多的合作机会。设计精美、独特的包装可以提升产品的形象和档次，使产品在货架上更加突出，从而提升消费者对产品的认知和记忆。通过包装上的信息，如农产品的产地、生产日期、保质期等，可以增加消费者对产品的了解和信任，进而提高产品的附加值。因此，为了更好地满足消费者的需求和提高农产品的市场竞争力，必须重视农产品品牌与包装的建设和发展。

知识目标

（1）了解农产品及农资品牌的概念和作用。

（2）了解农产品及农资产品包装的概念和意义。

技能目标

（1）能够根据农产品及农资产品模式和策略，对产品实施优化组合。

（2）能够遵循农产品及农资产品包装设计的原则，结合包装策略，设计产品包装。

素质目标

（1）具备良好的沟通协作能力。

（2）具备为产品设计品牌和包装的能力。

思政目标

（1）强化民族品牌意识，增强民族自豪感。

（2）学习中国传统包装文化，树立文化自信和文化传承思想。

思维导图

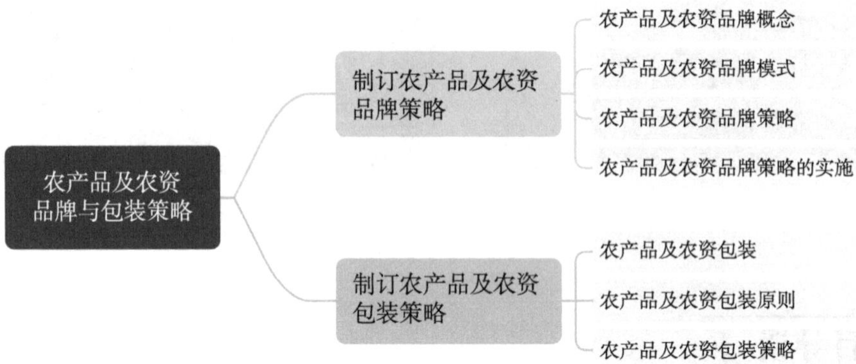

任务一 制订农产品及农资品牌策略

任务导入

诸木洪枸杞是产自青海省海西蒙古族藏族自治州诺木洪乡的枸杞，其品质优良，具有极高的药用价值。它富含蛋白质、脂肪、糖类、胡萝卜素、果胶、维生素及矿物质等成分，对糖尿病、慢性肝炎都有一定的治疗效果。同时，它的产地有着适宜枸杞生长的土壤和气候，产出的枸杞口感纯正，营养丰富，十分受人们喜爱。此外，诺木洪枸杞每年还有专门的绿色食品认证，是真正的绿色生态产品。

任务：根据以上描述，请你为该产品设计一个品牌。

任务工单

班级：______________　　姓名：_________________　　学号：_____________

任务名称	制订农产品及农资品牌策略
任务描述	任务内容：1. 农产品及农资品牌的概念；2. 农产品及农资品牌的模式；3. 农产品及农资品牌策略。 任务目的：农产品及农资产品投放到市场后，为了扩大市场占有率，提高知名度以及得到更多消费者的认可，生产企业就需要为自己的产品确定自己的品牌，从而被市场认可。 任务流程：1. 农产品及农资产品品牌内涵的掌握；2. 根据产品特点，选择品牌模式，制订品牌策略，最终突出产品的差异性特征，使其具有自己鲜明的特色。 任务方法：1. 市场调研；2. 小组讨论；3. 归纳分析。

续表

<table>
<tr><th>任务名称</th><th colspan="4">制订农产品及农资品牌策略</th></tr>
<tr><td>获取信息</td><td colspan="4">要完成任务，需要掌握相关的知识。请收集资料，回答以下问题：
1. 什么是农产品及农资品牌？

2. 为什么要建立农产品及农资品牌？

3. 农产品及农资品牌模式该如何选择？

4. 农产品及农资品牌策略该如何制订？</td></tr>
<tr><td>制订计划</td><td colspan="4"></td></tr>
<tr><td rowspan="6">任务实施</td><td colspan="4">按照预先制订的工作计划，完成本任务，并记录任务实施过程。</td></tr>
<tr><td>序号</td><td>完成的任务</td><td>遇到的问题</td><td>解决的办法</td></tr>
<tr><td></td><td></td><td></td><td></td></tr>
<tr><td></td><td></td><td></td><td></td></tr>
<tr><td></td><td></td><td></td><td></td></tr>
<tr><td></td><td></td><td></td><td></td></tr>
</table>

任务准备

知识准备

一、农产品及农资品牌的概念

当农产品及农资产品在市场上确定好目标市场，做好市场定位后，为了增加产品的辨识度，加深产品在消费者心中的印象，就需要产品有自己的品牌，尤其像农产品及农资这一类同质化程度较高的产品，更需要有醒目的标志，来增加自己产品在农资市场中的占有份额。

（一）农产品及农资品牌的概念

品牌就是我们通常所说的牌子，是用来辨别某个生产者或是销售者的产品或服务，从而使之与竞争者有明显区别的标志，通常由文字、标记、符号、图案和设计等要素或这些要素组合而成。

农产品及农资品牌就是在众多农产品中用于区分标志的各种要素组合，如新疆“哈密瓜”，黑龙江“五常大米”等。农产品不同于其他产品，其受自然因素影响较大，具有非常强的季节性、地域性、周期性，且质量不稳定，因此这也成为农产品及农资品牌建设的难题之一。品牌是多个元素的集合体，一般会有品牌名称、标识和商标等元素。

1. 品牌名称

品牌名称也称为品名，是为了区别于其他商品，可以用语言称呼的部分，如定西马铃薯、阳山水蜜桃。

2. 品牌标志

品牌标志是指能够用直观形象的图案、文字、符号等元素描述产品信息的视觉标志。

3. 品牌商标

商标是用以识别和区分商品或者服务来源的标志。任何能够将自然人、法人或者其他组织的商品与他人的商品区别开的标志，包括文字、图形、字母、数字、三维标志、颜色组合和声音等，以及上述要素的组合，均可以作为商标申请注册。商标作为一个法律术语，使取得商标身份的商品受到法律保护。

（二）农产品及农资品牌的作用

农产品及农资产品投放到市场后，为了扩大市场占有率，提高知名度以及得到更多消费者的认可，生产企业就需要为自己的产品确定自己的品牌，从而被市场认可。

1. 提高商品的辨识度

农资企业为了区别于其他商品，就会为自己的商品确立品牌，这是品牌的基础作用。在农产品市场中，同类的商品很多，但是商品之间的品质千差万别，即使同种商品都符合各项标准，但是由于受到自然因素的影响，使得产品在风味、口感或质感上都会呈现出不同的表现，因此让自己的产品拥有独立的品牌，使其在众多产品中能够被消费者迅速识别和选购就显得尤为重要。

2. 提高商品的知名度

商品上市以后需要被消费者所熟知，需要进行营业推广和宣传，而商品品牌就是一种宣传推广的重要手段。这种宣传手段可以伴随商品的流通而产生效应，用免费的方式对产品进行了宣传。消费者通过见到商品的品牌名称、图案或者文字等元素，进而联想到商品本身，产生购买欲望，最终实现购买行为。

3.提高市场占有率

产品的品牌是企业自身形象的体现，当企业拥有品牌后就会关注产品的品质，这关系到消费者对产品的口碑和社会声誉。一个好的产品品牌不光会在市场上建立稳定的客户群体，提高市场占有率，还会为企业带来丰厚的回报，最终在市场上形成双赢的局面。

4.提高商品的价值

产品的品牌包含商标这一元素，当农资企业的产品以优质的质量赢得市场后，该产品品牌就会成为名牌，为了防止市场中出现同类模仿的产品，损害企业利益，就需要进行注册商标，维护对该品牌的使用权利。另外，当产品成为名牌产品后，就会取得超额利润，或是在同等竞争条件下，获得绝对优势，提高产品的价值含量。

二、农产品及农资品牌模式

农产品及农资根据其特性，一般有产地品牌、品种品牌、企业品牌和产品品牌四种。

（一）产地品牌

产地品牌指以当地特色资源为载体，形成具有鲜明地方特色的产品品牌。一般是“产地+产品类别”，如“武夷山大红袍”“汉源花椒”“阳澄湖大闸蟹”等，这类产品品牌注重的是产品的地理位置，而不关注产品本身的生产者。一般情况下，这类产品为了保护自身产品的权利不受侵害，都会注册地理标志，从而提升产品的价值。

（二）品种品牌

品种品牌是指在一类农产品中的特色产品，一般是“品种的特色+品类名称”，如“广式月饼”“黑枸杞”“排酸肉”等。

（三）企业品牌

企业品牌是以企业名称作为产品品牌，一般是“企业名称+品类名字”，如“首农”“北大荒”“周黑鸭”等。

（四）产品品牌

产品品牌是品牌模式中最常见的一种，是以一个产品为品牌名称，如“莫斯利安”“安慕希”等。

二维码 6-1

课程视频

三、农产品及农资品牌策略

农产品及农资与其他产品不同，很少有农产品有自己独立的品牌，农产品生产者也缺乏这方面的理念，因此农产品及农资品牌策略的制订就显得尤为重要。

（一）农产品及农资品牌命名策略

随着我国农业现代和市场化的进程不断加快，农产品及农资的品质得到了极大的提高，市场上涌现出了一大批优秀的农产品及农资品牌，也就拥有了自己产品品牌，我们在肯定生产经营者有品牌意识的同时，也不难发现这些产品品牌千差万别。有的通俗易懂，一目了然；有的富有内涵，印象深刻；有的新颖别致，引人关注；但有的却生僻拗口，晦涩难懂；有的简单潦草，没有产品特征。根本原因就是对农产品品牌认识不足，缺乏品牌命名的理念。

农产品及农资品牌其实就是对农产品及农资用一个合适的词语或文字对产品进行描述。品牌是最能够在短时间内激发消费者产生购买欲望的信号，它主要是能够帮助消费者认识和记忆产品信息，一个好的品牌名称可以带给消费者愉快的购物信号，进而刺激消费者产生消费行为。

（1）品牌名称帮助产品在消费者心中树立良好的形象。品牌名称要能够体现产品的信息，而且具有自己的特色，区别于其他同类产品。如笑厨番茄酱，既体现产品的功能，又突出了产品的寓意。

（2）品牌名称可以与其他同类产品做出区分。在命名品牌名称时，不管是文字、图案还是发音，都不能与其他产品相似或相同，这样做既可以突出自己产品的特点，也可以避免造成侵权或其他权益纠纷。

（3）品牌名称应该直观地展示产品的功能性。消费者能够通过视觉信息，了解产品给自己带来的感受。

（4）品牌名称应该与普通大众心理相符合。可以刺激消费者产生购买动机，能够满足消费者的购买需求。

（5）品牌名称应该尊重民族习惯，考虑文化差异性。各地区的文化禁忌、民族文化等都不相同，因此对于品牌名称的命名，就应该考虑这些因素。

（二）农产品及农资产品基本策略

1. 品牌化策略

品牌化策略是指农资生产企业专门给其生产的产品制订的品牌。

传统的农产品大部分都没有品牌，但在商品经济飞速发展的今天，企业产品为了树立自己的形象，使其在市场上更具竞争力，确立自己的产品品牌就显得尤为必要。企业通过树立品牌可以加深产品在消费者心中的印象，引导消费者产生购买行为，最终成为自己产品的品牌忠诚者。另外，企业为了稳固自己的品牌形象和地位，必须不断提升自己的产品品质，重视品牌在市场中的价值，以良好的品牌形象在同类产品中脱颖而出。

2. 品牌所有权策略

农资生产企业通过自主品牌、租用品牌、贴牌三种途径给商品确定品牌。企业会根据自己的生产实际，确定产品的品牌。一般生产规模较大、实力比较雄厚的企业通常会确立自己的品牌，有的企业由于在社会上有好的口碑和形象，更是会将自己的产品打造成名牌产品。还有一些企业规模较小，或是刚起步，由于市场的份额比较小，主要是通过贴牌或是租用品牌的方式，为自己的产品确定品牌，这种方式适合产品进入市场初期。

3. 家族品牌策略

家族品牌策略的特点如下。

（1）统一品牌策略。统一品牌策略是指企业生产的所有产品都使用一样的品牌。统一品牌的策略可以使消费者更快速地了解产品信息，帮助新产品迅速进入市场，节省产品宣传的环节和费用，但如果该品牌某一件产品出现问题，就会影响其他的产品，引起一系列的不良连锁反应。如康师傅、统一、蒙牛等品牌。

（2）个别品牌策略。个别品牌策略是指企业生产的不同产品使用不同的品牌。这种策略相较于统一品牌策略可以消除一种产品出现问题后，对于其他产品的不良影响。但是该策略对于新产品进入市场时有一定难度，企业前期需要花费大量的人财物去开拓市场，同时还会存在新产品上市失败的风险。例如，农夫山泉股份有限公司旗下有农夫山泉饮用水、东方树叶、水溶C100、尖叫等品牌产品。

（3）品牌延伸策略。品牌延伸策略是指企业在原有产品的基础上推出新产品。该策略主要针对已经在市场上有消费群体基础的品牌，企业可以乘胜追击，推出延伸产品。例如，康师傅集团从方便面扩展到饮料、饮用水、糕点等产品。这种策略可以节省品牌推广的费用，但是如果其中一种产品出现问题，或是新产品上市失败，就会破坏该品牌原有的良好印象。

（4）品牌更新策略。农资企业创立一个品牌前期会进行很大的投入，尤其是名牌产品投入更是如此，因此一旦确立品牌，企业不会轻易更换品牌。但是，有时候出于某些原因，企业不得不更换品牌。例如，产品出现问题，品牌口碑受到影响；品牌过时，消费者需求偏好发生变化；或者遇到强劲的竞争对手，影响市场占有量。

品牌更新可以从两种途径完成：一是整体更新，企业重新确立品牌，充分展现新品牌的特色；二是部分更新，在原有品牌基础上更新，抛弃有问题的部分，保留原有的精华。

（5）名牌策略。名牌策略通常是农资企业以良好的品质和服务，带给消费者极大满足感，被广大消费者喜爱和接受，从而赢得极高的知名度，最终为企业带来丰厚回报的品牌策略。该策略对产品的品质以及企业的生产观念都有非常高的要求，其形成的过程具有很大的难度，但如果成为名牌能给企业带来的回报也是不可小觑的。目前，市场上的产品种类非常丰富，但是能够叫得响、具有国际竞争力的产品非常少，尤其是农产品更是少之又少。

二维码 6-2

课程视频

四、农产品及农资品牌策略的实施

农产品及农资品牌的确定，是一个长期积累的过程，需要生产企业在各个方面协同发展，让自己的产品在市场上“独树一帜”，充分体现产品的差异性特征，具有自己鲜明的特色。农产品及农资品牌策略大体可以通过以下六种途径实现。

（一）提升品质

农产品及农资品质主要通过该产品对消费者的需求满足程度来实现，需求满足程度越高，产品品牌越有价值。尤其是农产品，消费者不光关心口感，还注重产品的安全性和营养价值，同类产品中，这些要素差异越大，产品品牌就越有价值。如乳制品，其中生牛乳的含量不一样，口感风味和营养含量都会有很大的差别。

（二）提升区位优势

农产品及农资生产与自然因素联系非常紧密，不同的温度、湿度、土壤和地理位置都会使农产品的品质千差万别。品牌建设过程中，应充分考虑当地区位因素，发挥比较优势，生产区位特征明显的产品，凸显其特殊的品质。如内蒙古、新疆、宁夏和青海等省（区）的羊肉品质普遍要高于其他地方，广西壮族自治区的柑橘口感要好于其他地方。

（三）提升生产技术

生产技术的高低直接会影响农产品及农资的品质，现在农业尤其注重技术要素的投入，技术含量越高的产品品质与普通产品差别越大。

（四）提升营销策略

产品营销策略是产品品牌确立形成的重要途径，通过目标市场满足客户群体需求。市场营销策略可以帮助产品扩大品牌知名度，提高市场占有率和地位。营销方式是宣传产品的途径，品牌确立是进一步扩大产品影响力的有效方式。

（五）提升品牌法律意识

缺少品牌的产品犹如没有姓名，缺乏辨识度，没有市场竞争力。当然产品确立品牌的同时，要想提升产品品牌的价值，就需要注册商标，商标是企业的一种无形资产，对企业树立社会形象、提升品牌效益具有非常大的作用。

（六）提升名牌效应

产品在市场中不光要靠品质，还需要大力宣传，再好的产品，如果缺乏消费者的了解，也很难进入市场。当前我国很多农产品及农资虽然有很好的产品品质，但是没有品牌，更不是名牌，就很难增加其价值。同样的橙子，有的品种可以卖十几元一斤[②]，但是有的只能卖几元钱一斤，有的更是烂在地里，无人问津。因此加大对产品的宣传，创造产品的名牌效应就显得非常重要。

二维码 6-3

拓展学习

② 斤为非法定计量单位，1 斤 =0.5 kg。下同。

人员准备

人员分组，每组 4 人。职责分工，见表 6-1。

表 6-1　任务角色分工

任务角色	任务内容
组长：	对小组三位成员的资料进行甄别汇总，形成解决方案，并在组间进行评议
组员 1：	对任务导入中产品特色进行归纳
组员 2：	选择任务导入中产品品牌模式
组员 3：	制订任务导入中产品品牌策略

任务筹划

任务筹划流程如图 6-1 所示。

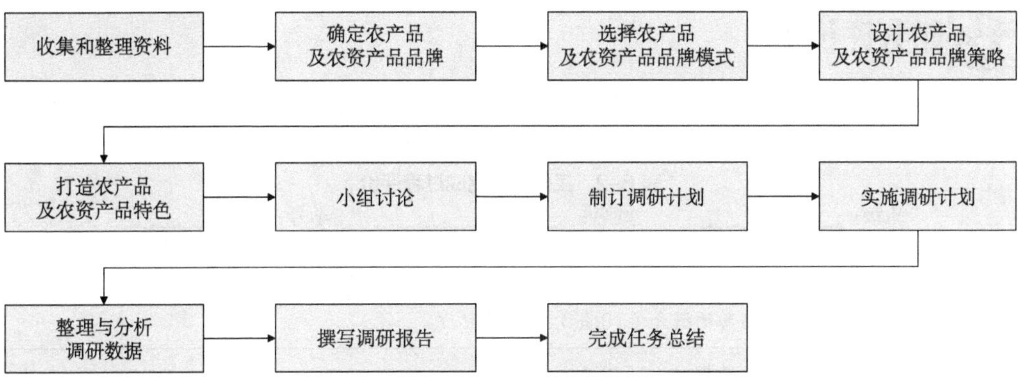

图 6-1　任务筹划流程

任务实施

步骤一：

步骤二：

步骤三：

步骤四：

任务总结：

任务检测

一、扫码做题

使用微信扫码进入在线测试，可多次答题，直到获得满意的结果。

二维码 6-4

任务检测

二、讨论题

通过实地调研或网络信息查询，了解当地农产品企业的主要特色产品，并选取一种作为品牌分析对象，对其产品品牌的现状及发展进行分析。

任务评价

完成学习任务后，预期能够达到的学习效果，由学生、小组和教师三方共同完成任务评价，见表 6-2。

表 6-2 工作任务完成过程评价

班级：______________ 姓名：________________ 学号：______________

项目	评分标准	自我评价	小组评价	教师评价
知识技能	农产品及农资品牌的概念（10 分）			
	农产品及农资品牌模式（15 分）			
	农产品及农资品牌策略（15 分）			
	农产品及农资品牌策略的实施（10 分）			
任务进度	能否提出完善的解决方案（15 分）			
任务质量	任务方案是否合理完整（15 分）			
素养表现	学生之间的协作能力（10 分）			
思政表现	学生的民族自豪感（10 分）			
合计				
自我评价与总结				
教师点评				

任务二

制订农产品及农资包装策略

任务导入

龙羊峡三文鱼是中国的特色鱼类，主要产自青海省龙羊峡库区。该鱼种起源于黄河上游，具有适应高寒缺氧、低氧、水质清冷环境的特点。龙羊峡三文鱼的肉质细嫩、味道鲜美，被认为是一种高品质的食材。在龙羊峡库区，三文鱼作为一种重要的水产资源，不仅被广泛食用，还被加工成各种食品，如鱼片、鱼罐头、鱼油等，具有一定的经济价值。

任务：根据以上描述，请你为该产品设计一个包装。

任务工单

班级：__________　　姓名：__________　　学号：__________

任务名称	制订农产品及农资品牌包装策略
任务描述	任务内容：1. 农产品及农资包装的含义；2. 农产品及农资包装的原则；3. 农产品及农资包装的策略。 任务目的：为了扩大市场占有率，企业根据产品品牌设计符合消费者习惯的包装，提高知名度以及得到更多消费者的认可。 任务流程：1. 掌握农产品及农资产品包装的内涵；2. 根据产品特点，结合产品品牌设计符合自身特点的产品包装。 任务方法：1. 市场调研；2. 小组讨论；3. 归纳分析。
获取信息	要完成任务，需要掌握相关的知识。请收集资料，回答以下问题： 1. 什么是农产品及农资包装？ 2. 设计农产品及农资包装应遵循什么原则？ 3. 农产品及农资包装策略该如何制订？
制订计划	

续表

<table>
<tr><th>任务名称</th><th colspan="4">制订农产品及农资品牌包装策略</th></tr>
<tr><td rowspan="6">任务实施</td><td colspan="4">按照预先制订的工作计划，完成本任务，并记录任务实施过程。</td></tr>
<tr><td>序号</td><td>完成的任务</td><td>遇到的问题</td><td>解决的办法</td></tr>
<tr><td></td><td></td><td></td><td></td></tr>
<tr><td></td><td></td><td></td><td></td></tr>
<tr><td></td><td></td><td></td><td></td></tr>
<tr><td></td><td></td><td></td><td></td></tr>
</table>

任务准备

知识准备

包装是产品生产的延续，产品只有经过包装以后才能称之为是完整的，才可以进行正常的流通。包装不仅可以保护产品，还可以对产品起到宣传美化的作用。尤其我国在加入世界贸易组织（World Trade Organization，WTO）后，在农产品出口方面如果包装不符合要求，就会影响产品的正常出口，因此包装不管是从产品的完整性还是流通性方面，都具有非常重要的意义。

一、农产品及农资产品包装

（一）农产品及农资产品包装的含义

二维码 6-5

包装插图

《包装术语基础》中包装的定义：为了在流通过程中保护产品，方便储运，促进销售，按一定技术方法而采用的容器、材料和辅助物施加一定技术方法等的操作活动。通常来说，包装就是为了使产品能够正常流通，通过相应的技术手段，采用容器或其他辅助物，从而对商品起到保护和便于运输的作用。

（二）农产品及农资产品包装的意义

产品的包装是农资企业的一个形象代表的缩影，这不仅关系到产品在消费者心中的地位和吸引力，而且体现农资企业对其产品品牌的重视程度，因此企业在进行产品品牌建设时，也应该重视对产品包装的设计和制作。

1. 保护商品

产品包装最基本的功能就是起到保护的作用。根据产品的用途和属性，不能直接裸露在户外，需要用相应的容器或其他辅助物将其包裹，保证商品能够正常流通和销售。农产品在这一方面的特点更为明显，例如，果蔬一类的农产品，如果不用相应的包装将其保护，产品就会在运输途中受到损坏，进而影响二次销售，最终使生产者受损。

2. 促进销售

产品的包装除有保护商品的作用之外，在今天产品种类丰富的市场上，包装还是吸引消费者的重要手段。消费者在选择商品时，一方面关心的是商品的品质，但是最直接能够吸引消费者的还是商品的包装。一个好的产品包装，能够起到宣传推广的作用，刺激消费者产生购买欲望，达到促进销售的目的。

3. 增加收益

产品的包装在成功吸引消费者产生购买行为后，就会促进产品的销售，产品的销量会增加，从而为企业增加收益。消费者在购买产品时，往往会被包装精美的产品所吸引，包装越精美，越别致，越容易得到消费者的青睐。由于包装是产品成本的一部分，产品销售时会转化成企业的利润，因此，质地优良、设计精美的包装其价格也会有所浮动，会为企业带来收益。

二、农产品及农资产品包装原则

（一）与产品性能相匹配

对产品包装进行选择时，应该遵循因地制宜的原则，包装要与产品的物理、化学、用途等因素相符合，能够真正对产品起到保护的作用，保证产品在运输途中和二次销售的安全性。

（二）满足消费者对产品需求的变化

消费者在购买产品时，已经从过去量的满足转变为质的变化，也就是说过去购买产品主要满足生理上的需求，如今已经逐渐变为生理和心理上的共同的需求。很多产品消费者不能直接感受到，只能通过包装的展示去了解产品，新鲜奇特的产品更能引起消费者的兴趣，因此生产者不光要关注产品的品质，还应注重产品包装的设计，一个优秀的产品包装，对于促进产品的销售往往会达到事半功倍的效果。

（三）与产品品质相符合

前面提到产品的包装不仅能够保护商品，还有促进销售的作用，但是包装不是产品全部价值的体现。包装的成本如果过高，势必会对产品的价格有影响，但产品的价格应当与价值相符合，如果产品的价格和价值不相匹配，就会使消费者有上当受骗的感觉，就会影响消费者对该产品二次购买欲望。现在市场上有许多包装十分精美的产品，但其实际的商品品质让人不敢恭维，令消费者大失所望，这不仅会使消费者有不愉快的消费体验，更会影响企业在消费者心目中的形象。

（四）尊重消费者民族风俗习惯

不同的国家和地区有自己特定的民族风俗习惯，在设计产品包装时应该充分考虑这些因素，为不同的地区民族设计对应的包装，尊重消费者的风俗习惯，赢得消费者对产品的信任。例如，利比亚对进口商品包装禁止使用猪的图案；法国人忌核桃，厌恶墨绿色，忌用黑桃图案，商标上忌用菊花。

（五）设计规范，统筹兼顾

包装的设计应在法律允许的范围内，要严格遵守法律的规定，在包装上注明产品信息和所要求的必须注明的文字内容。另外，在选用包装材质的时候，应杜绝使用有毒有害的材料，避免造成对环境的污染和对人体的伤害，同时本着节约资源的原则，合理使用包装材料。

三、农产品及农资产品包装策略

农产品的包装策略和其他产品包装策略有类似之处，但农产品因其具有明显的季节性等特征，因此在设计产品包装策略时，重点考虑以下六种包装策略，同时也要兼顾其特殊性。

（一）技术包装策略

技术包装体现在包装的材质、外观设计等方面，通过使用先进的科学技术手段，能够最好地保护商品，保留产品的风味、品质和其优质的形象。农产品在这一方面表现得尤为显著，例如，热带的水果，运往其他地区销售，在使用包装时就要考虑保质期和保险的因素，通过技术手段，保证产品的风味和口感不会受到影响。

（二）内涵包装策略

内涵包装就是迎合消费者在选购商品时追求的高层次文化品位，要将相应的文化元素融入产品的包装之中。例如，农夫山泉的包装设计紧紧围绕“我们是大自然的搬运工”主题，强调水源地的自然生态环境。对于具有地域特色的农产品，包装设计就要突显其地域特色，使商品从包装上就散发出浓郁的本土气息。

（三）个性包装策略

对于一些特色比较鲜明的产品，应该采取有针对性的特色包装策略，包装的设计要与众不同，独树一帜，用其独特的产品价值和风格，使消费者能够在众多的产品中迅速做出选择。百草味锦食潮盒，以“东方好礼，四方赏味”为卖点，在礼盒四面绘制了 3D 立体插画，将中国饮食文化用多层图画卡片呈现，呈现出裸眼 3D 的效果，精彩演绎多样中国味道。

（四）环保包装策略

环保包装是在包装的设计过程中，以“绿色环保”为标准，杜绝使用有毒有害的材料，避免造成对环境的污染和对人体的伤害，以节约资源的原则，合理使用包装材料。例如，伊利金典首款无印刷、无油墨包装，该包装采用伊利金典首款回收牛奶盒的制作工艺，实现自循环。

（五）时尚包装策略

时尚包装是指包装设计符合当下时尚潮流的需求，在产品包装上体现时尚元素，符合追求时尚人群对产品的需求。例如，脉动推出“脉动+”的新品种，与传统瓶身不同，“脉动+”在瓶身设计上有了很大突破，瓶身采用时下最流行的渐变配色，富有年轻活力气息。

（六）说明包装策略

说明包装是指在进行包装设计时，用大量的文字或图案对产品进行说明，旨在重点突出产品的用途、方法等信息内容，通过说明包装可以使消费者增进对农产品基本用途的了解，并引导其购买。例如，自热类食品，在其产品外包装上注明该产品的加热和食用方法以及注意事项。

二维码 6-6 拓展学习

二维码 6-7 课程视频

人员准备

人员分组，每组 4 人。职责分工，见表 6-3。

表 6-3　任务角色分工

任务角色	任务内容
组长：	对小组三位同学的资料进行甄别汇总，形成解决方案，并在组间进行评议
组员 1：	对任务导入中产品特色进行归纳
组员 2：	制订任务导入中产品包装策略
组员 3：	检验任务导入中产品包装的市场需求

任务筹划

任务筹划流程如图 6-2 所示。

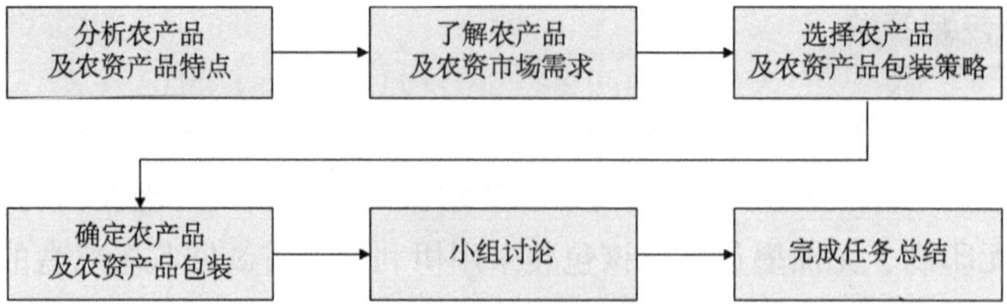

图 6-2　任务筹划流程

任务实施

步骤一：

步骤二：

步骤三：

步骤四：

任务总结：

任务检测

一、扫码做题

使用微信扫码进入在线测试，可多次答题，直到获得满意的结果。

二维码 6-8

任务检测

二、讨论题

结合当地地域特点，选取一个有代表性的农产品，根据所学知识内容，对该产品进行包装设计，并说出产品包装设计理念和策略。

任务评价

完成学习任务后，预期能够达到的学习效果，由学生、小组和教师三方共同完成任务评价，见表6–4。

表6–4 工作任务完成过程评价

班级：__________ 姓名：__________ 学号：__________

项目	评分标准	自我评价	小组评价	教师评价
知识技能	农产品及农资包装的含义（10分）			
	农产品及农资包装意义（10分）			
	农产品及农资包装原则（15分）			
	农产品及农资包装策略（15分）			
任务进度	能否提出完善的解决方案（15分）			
任务质量	任务方案是否合理完整（15分）			
素养表现	学生之间的协作能力（10分）			
思政表现	学生的文化自信和文化传承思想（10分）			
合计				
自我评价与总结				
教师点评				

课程思政专栏

一个橙子的故事

【课程思政关键词】“三农”情怀 社会责任 民族自豪感

【融入方式】褚橙是一种优质的橙子，其品牌故事是一个关于创业者精神和品牌营销的故事。褚橙的生产者是中国著名的企业家褚时健所创造的，他曾经创建和领导过许多知名企业，但后来遭遇了人生的低谷和挫折，然而，他并没有放弃，而是选择重新开始，在他老年时，他种植橙子并创造了褚橙品牌。他利用自己的创业者精神和品牌效应，通过褚橙品牌传递了一种积极向上、勇于面对困难和挑战的信息，吸引了大量的消费者。通过故事营销和品质保证，褚橙成了国内知名的柑橘品牌。该品牌注重产品的独特性和品质，通过严格的质量控制和独特的包装设计，吸引了大量消费者。同时，褚橙还通过与电商平台合作，扩大了销售渠道，进一步提升了品牌影响力。

（资料来源：根据相关资料整理）

【启示】褚橙的品牌故事是一个关于创业者精神、品牌营销和个人品质的故事，它通过传递积极向上的信息，吸引了大量的消费者，并成功地打造了自己的品牌效应。品牌是一种商标，代表着产品的质量和信誉，品牌是产品竞争力的体现。农产品品牌的建设可以提高产品的品质标准，加强质量控制，确保产品质量的一致性，增强农产品的市场竞争力。农产品品牌的建设，对于提高农产品的附加值、促进产品销售、增强市场竞争力和推动农业产业化和现代化的发展具有重要意义。

项目七

农产品及农资产品定价策略

项目导读

随着我国社会主义市场经济体制的不断完善以及农业和农村经济的快速发展，农产品及农资越来越多地进入市场，大部分农产品及农资告别了过去普遍短缺的时代。然而，近年来，农产品及农资价格波动较大，“蒜你狠”“姜你军”“向钱葱”“豆你玩”等几乎没有停歇，屡次上演的价格“过山车”行情已超出合理范围，严重地扰乱了农民的正常生产经营决策。农产品及农资价格波动的背后究竟有什么样的市场规律？破题出路又在哪？如何在生产和需求之间找到平衡点，形成有序、高效、可持续的生产、经营、消费环境？这些问题一直是人们思考和关注的热点。本项目主要讲解农产品及农资产品定价策略、农产品及农资产品价格调整策略两个任务。

知识目标

（1）了解影响农产品及农资产品价格的主要因素。

（2）掌握农产品及农资产品定价的方法及常用策略。

（3）理解农产品及农资产品价格调整原因。

（4）掌握农产品及农资产品常见的价格调整策略。

技能目标

（1）能为具体的农产品及农资产品选择合适的定价策略。

（2）能根据某一农产品及农资产品的市场情况，适时调整价格。

素质目标

培养学生市场经济意识，具备市场经济头脑并用市场经济理念武装头脑。

思政目标

（1）锻炼学生具体问题具体分析的能力。

（2）培养学生创新意识。

思维导图

- 农产品及农资产品定价策略
  - 制订农产品及农资产品定价策略
    - 影响农产品及农资产品价格因素
    - 定价方法
    - 定价策略
  - 制订农产品及农资产品价格调整策略
    - 农产品及农资产品价格调整原因
    - 农产品及农资产品价格调整策略
    - 农产品及农资产品价格调整要求

任务一 制订农产品及农资产品定价策略

任务导入

农贸市场上农产品琳琅满目，有蔬菜、水果、肉、蛋、奶制品、调料等。这些农产品的价格高还是低是怎样定的？价格有无变化，哪些因素会影响价格变化？这些一直是农产品营销者需要研究的问题。

任务：对当地农贸市场部分主要农产品开展价格调查。

任务工单

班级：＿＿＿＿＿＿　　姓名：＿＿＿＿＿＿＿　　学号：＿＿＿＿＿＿

任务名称	制订农产品及农资产品定价策略
任务描述	任务内容：1.影响农产品及农资产品价格的因素；2.农产品及农资产品定价的方法；3.农产品及农资产品定价的策略。 任务目的：针对某一具体的农产品及农资产品，制订合理的销售价格。 任务流程：1.熟悉影响农产品及农资产品价格的因素；2.熟悉农产品及农资产品不同的定价方法；3.针对不同产品的特点，选用不同的定价策略；4.制订辣椒上市销售价格。 任务方法：1.市场调研；2.信息整理；3.归纳分析。

续表

<table>
<tr><th>任务名称</th><th colspan="4">制订农产品及农资产品定价策略</th></tr>
<tr><td>获取信息</td><td colspan="4">要完成任务，需要掌握相关的知识。请收集资料，回答以下问题：
1. 影响农产品及农资产品价格的因素有哪些？

2. 农产品及农资产品定价方法分为哪三类？每一大类有哪些具体的定价方法？

3. 什么是定价策略？常见的定价策略有哪些？</td></tr>
<tr><td>制订计划</td><td colspan="4"></td></tr>
<tr><td rowspan="6">任务实施</td><td colspan="4">按照预先制订的工作计划，完成本任务，并记录任务实施过程。</td></tr>
<tr><th>序号</th><th>完成的任务</th><th>遇到的问题</th><th>解决的办法</th></tr>
<tr><td></td><td></td><td></td><td></td></tr>
<tr><td></td><td></td><td></td><td></td></tr>
<tr><td></td><td></td><td></td><td></td></tr>
<tr><td></td><td></td><td></td><td></td></tr>
</table>

任务准备

知识准备

一、影响农产品及农资产品价格的因素

（一）成本

农产品及农资产品成本包括生产成本和流通成本。生产成本是在生产过程中耗费的所有物质材料和人工费用的总和，是定价的基础。流通费用是农产品及农资产品从田间地头到市场销售过程中所发生的各种费用，包括仓储、运输、摊位费、广告费等。流通环节越多，流通费用越高。

农产品及农资产品市场价格＝生产成本＋流通费用＋利润

在正常情况下，农产品及农资产品价格应高于成本，成本是定价的下限。营销者为了

获得理想利润，一方面，应尽可能制订高于成本的价格销售；另一方面，应采取各种措施降低成本，以求在同等价格水平下获取更多利润。

（二）供求状况

一般情况下，当农产品及农资产品市场供给大于市场需求时，产品滞销，价格下降，反之价格上升。不同农（资）产品，由于需求价格弹性大小不一，供求关系对价格的影响程度是不一样的。

（三）竞争者情况

竞争对手的多少和竞争强度对农产品及农资产品定价有重要影响。市场上竞争者少，价格就高。在农产品及农资产品定价时，需考虑竞争者产品的质量和价格。如果自己的产品质量比竞争者产品好，就可以将价格定得高些；如果产品质量相似，就制订与竞争者产品相似的价格；如果产品质量比竞争者差，则将价格定得低一些，以免影响销路。

（四）其他因素

如农产品价格保护政策、国内外经济形势、产品生命周期、天气影响等。

二、定价方法

影响农产品及农资价格的因素主要有成本、市场需求和竞争者状况，由此，可将农产品及农资定价方法分为三类：成本导向定价法、需求导向定价法、竞争导向定价法。

（一）成本导向定价法

成本导向定价法是指产品的成本决定其销售价格的定价方法。

1. 成本加成定价法

成本加成定价法是按产品单位成本加上一定比例的利润制订产品价格的方法。

单位产品销售价格＝产品的单位总成本×（1+加成率）

2. 目标利润定价法

目标利润定价法是企业根据总成本和估计的总销售量，确定期望达到的目标收益率，然后推算价格的方法，要点是使产品的售价能保证企业达到预期的目标利润率。

单位产品销售价格＝（总成本＋目标利润）/预计销售量＝

（固定成本＋目标利润）/预计销售量＋单位产品变动成本

3. 盈亏平衡定价法

盈亏平衡定价法也叫保本定价法或收支平衡定价法，是指在销量既定的条件下，企业产品的价格必须达到一定的水平才能做到盈亏平衡、收支相抵。

单位产品销售价格＝单位产品变动成本＋单位产品固定成本

（二）需求导向定价法

需求导向定价法是根据市场需求强度和消费者对产品价值的理解来制订产品销售价格的方法，定价时不再以成本为基础。

1. 理解价值定价法

理解价值定价法是以消费者对商品价值的感受及理解程度作为定价的基本依据。消费者购买产品时总会在同类产品之间进行比较，选购那些既能满足其消费需要，又符合其支付标准的产品。消费者对产品价值的理解不同，会形成不同的价格限度。这个限度就是消费者宁愿付货款而不愿失去这次购买机会的价格。如果价格刚好定在这一限度内，消费者就会顺利购买，反之，消费者就不接受这个价格，也就不会购买产品。

2. 需求差异定价法

同一产品的价格差异并不是因为产品成本的不同而引起的，而是由于消费者需求的差异所决定的。这种定价方法，对同一商品在同一市场上制订两个或两个以上的价格，或使不同商品价格之间的差额大于其成本之间的差额。需求差异定价法主要由不同顾客的差别定价，如会员与非会员的价格差别；不同地点的差别定价，如旅游景点和普通超市制订不一的销售价格；不同式样产品的差别定价，如礼品装和量贩装价格差异较大；不同时间的差别定价，如销售淡季和旺季价格不同。

（三）竞争导向定价法

竞争导向定价法是以市场同行业竞争对手的价格为主要依据来制订自身同类产品价格的方法。

1. 随行就市法

随行就市法是指企业使自己的产品价格与竞争产品的平均价格保持一致。这种“随大流”的定价方法，主要适用于需求弹性比较小或供求基本平衡的商品。在这种情况下，单个企业把价格定高了，就会失去顾客；而把价格定低了，需求和利润也不会增加。所以，随行就市成了较为稳妥的一种定价方法。这样，既避免激烈竞争，减少了风险，又补偿了平均成本，从而获得平均利润，而且易被消费者接受。如果企业能够努力降低成本，还可以获得更多利润。

2. 投标定价法

投标定价法是由买方公开招标，卖方竞争投标，一次性密封递价，到期当众开标的定价方法。该种方法主要用于大宗农产品采购，一般由一个农产品采购者公开招标，多个农产品供给者竞争投标报价，最后由买方选取供应者。

二维码 7-1

课程视频

3. 拍卖定价法

拍卖定价法是指卖方委托拍卖行，以公开叫卖方式引导买方报价，利用买方竞争求购的心理，从中选择高价格成交的一种定价方法。这种方法常用于出售限量产品、珍品、高级艺术品或大宗商品的交易中。拍卖定价法有三种：增价拍卖、减价拍卖和密封递价拍卖。

三、定价策略

定价策略是农产品及农资经营企业为实现定价目标，在特定的经营环境下，采取的定价方针和价格竞争方式。在市场竞争中，企业要善于根据市场环境和内部条件，正确选择定价策略，以确定产品的最终价格。常用的定价策略有新产品定价策略、心理定价策略、折扣定价策略和地区性定价策略等。

（一）新产品定价策略

新产品因没有参考的销售资料，因而定价难度较大，如果定得过高，新产品销售不出去，定得过低，难以收回成本，影响经营者的收益。常见的新产品定价策略如下。

1. 渗透定价策略

渗透定价策略，又称薄利多销策略，是指企业在产品上市初期，利用消费者求廉的消费心理，有意将价格定得很低，使新产品以物美价廉的形象，吸引顾客，占领市场，以谋取远期的稳定利润。

优点是可促使新产品迅速成长，并迅速占领市场，扩大销量，提高市场占有率，进而大幅度地降低成本，获得成本优势，提高长期利润，打击缺乏这种优势的新的竞争者。缺点是利润较低，难以在短期内收回投资。

适用情况：需求弹性大、市场生命周期长、潜在市场容量大的产品。

2. 撇脂定价策略

撇脂定价策略是指新产品上市之初，将新产品价格定得较高，在短期内获取厚利，尽快收回投资成本。这一定价策略就像从牛奶中撇取其中所含的奶油一样，取其精华，所以称为撇脂定价策略。

优点是新产品初上市，奇货可居，可抓紧时机迅速收回投资成本，再用以开发其他新产品；价格开始时定得高一些，有较大回旋余地，可使企业掌握价格上的主动权，根据市场需求随时调价；可以借助价格提高产品身价，树立高档产品形象。其缺点是过高的定价限制了市场开拓。

适用情况：无类似替代品、新颖有特色产品、全新产品、专利产品；需求缺乏弹性的产品；技术独特、短期难以效仿的产品。

3. 满意定价策略

满意定价策略是指企业制订不高不低的价格，既能对消费者产生一定的吸引力，又能使企业弥补成本后还有盈利，以达到企业和消费者双方都满意的效果。

优点是价格较稳定，在正常情况下能实现预期目标。其缺点是定价较保守，不适用于需求复杂多变、竞争激烈的环境。

适用情况：一般产品都适宜。

（二）心理定价策略

心理定价策略是以迎合消费者的不同层次消费需求和不同购买欲望而制订的一种定价策略。这种策略能使消费者感到购买这种产品有划算、实惠、名贵等的心理满足，从而激发消费者的购买欲望，达到扩大产品销售的目的。常用的心理定价策略主要有如下几种。

1. 尾数定价

把产品价格以零头数结尾。如把价格定为 0.99 元而不是 1 元，给消费者以真实感、信任感、廉价感，满足消费者求实、求廉心理。

适用情况：需求价格弹性较大的中、低档消费品。

2. 整数定价

与尾数定价相反，企业把原本应该定价为零数的商品价格改定为高于这个零数价格的整数，一般以“0”作为尾数。整数定价是利用顾客“一分钱一分货”的心理，针对的是消费者的求名、求方便心理，将商品价格有意定为整数，给人一种方便、简洁的印象，同时整数还会抬高商品的价值。如 2 台彩电，分别标价 1 995 元和 2 000 元，消费者可能认为 2 000 元的彩电货真价实，质量要好于标价为 1 995 元的那一台。

适用情况：高档消费品或有特色的产品。

3. 吉利数定价

吉祥数字定价策略是指企业利用消费者对某些数字的发音联想和偏好制订价格，满足消费者心理需要，并在无形中提升消费者的满意度。如 88（发发）、66（大顺）等。

适用情况：任何产品。

4. 声望定价

对在消费者心目中享有声望的产品，制订比产品的实际成本、一般利润高得多的价格，以吸引少数经济条件较优裕的消费者购买该产品，迎合消费者求名心理和“价高质量必优”的心理。

适用情况：名牌产品、老字号产品、高级消费品。

（三）折扣定价策略

折扣定价策略是指企业为了鼓励顾客及早付清货款、大量购买、淡季购买等，在基本价格的基础上再给购买者一定的价格优惠。

1. 现金折扣

现金折扣是企业对按约定日期付款的用户给予不同优待的一种折扣。例如，付款期限为一个月，立即付现可打 5% 的折扣，10 天内付现可打 3% 的折扣，20 天内付现可打 2% 的折扣，最后 10 天内付款则无折扣优待。企业使用现金折扣策略的目的在于鼓励用户早日付款，减少赊销，加快企业的资金周转速度。

适用情况：赊销的产品。

2. 数量折扣

数量折扣是当购买者购买数量或金额较大时，提供的一种价格折扣。主要有累计数量折扣和非累计数量折扣两种。

累计数量折扣是在一定的时期内，企业按照用户累计购货数量和金额的大小给予不同的折扣。使用累计数量折扣可鼓励用户长期购买，使其成为企业的长期客户。例如，购买量累计达到 1 000 套，价格折扣 4%；达到 2 000 套，折扣 5%；超过 3 000 套，折扣 6%。适用于长期交易的产品、大批量销售及需求相对稳定的产品。

非累计数量折扣是用户每次购买一种或多种产品，达到一定数量或一定金额时，给予一定的折扣，目的是鼓励顾客一次性大量购买，促进产品多销。例如，一次购买 100 ~ 200 件，按标价折扣 10%，200 件以上折扣 15%，不足 100 件不给折扣。适用于短期零星交易的产品、季节性产品及过时、滞销、易腐易损的产品。

3. 季节折扣

季节折扣是指经营者为鼓励消费者在淡季购买产品而给予的折扣，目的在于鼓励淡季购买，减轻仓储压力，节约仓储费用，加速资金周转，实现均衡生产。例如，某产品在正常销售时每件 100 元，在销售淡季可打 10% 或 15% 的折扣。

适用情况：需求具有明显淡旺季的产品。

4. 交易折扣

交易折扣又叫功能折扣，是企业根据批发商或零售商在市场经销活动中的不同地位和功能，给予不同优惠的折扣，目的在于鼓励中间商发挥自己功能，促进产品销售。例如，某食品的出厂价为 100 元，对零售商打 20% 的折扣，即付款 80 元；给批发商时，在零售商的基础上再打 10% 的折扣，即付款 72 元；给经销商时，在零售商的基础上打 5% 的折扣，即付款 76 元。

适用情况：依靠中间商销售的产品。

（四）地区性定价策略

地区性定价策略，就是企业决定对于卖给不同地区顾客的某种产品，是分别制订不同的价格，还是制订相同的价格的策略。

适用情况：销售给不同地理位置的消费者，运费在价格中所占比例较大的农产品。

地区性定价策略通常有以下五种做法。

1. 原地交货定价策略

企业按出厂价交货，负责将产品送到产地的某种运输工具上。从产地到目的地的费用则由买方负担，即不同地区不同价格。顾客支付的价格等于商品价格加实际运费。

2. 统一交货定价策略

与前述相反，不论卖到何处，支付多少运费，都以一个价格交货，即在全国范围内不论远近，运费平均计算，所以，又叫邮资定价。顾客支付的价格等于商品价格加平均运费。

3. 分区定价策略

介于前两者之间，把位于各地的顾客划分为若干价格区，在价格区内实行运费平均计算，即同一价格区同一交货价格。顾客支付的价格等于商品价格加本地区平均运费。

4. 基点定价策略

企业指定一些城市为基点城市，然后，按出厂价加从最近的基点城市到顾客所在地的运费来定价。顾客支付价格等于商品价格加实际所在地到基点城市的运费。

5. 运费减免定价策略

在企业急于和顾客成交，且交易量较大、交易额较高的情况下，可以考虑用销售成本的节约部分抵偿运费，从而免收运费。这样特别容易加深市场渗透。

二维码 7-2　课程视频

二维码 7-3　拓展学习

人员准备

人员分组，每组 4 人。职责分工，见表 7-1。

表 7-1　任务角色分工

任务角色	任务内容
组长:	统筹谋划，撰写报告
组员 1:	列举农产品价格定价方法和定价策略
组员 2:	设计农产品价格调查表
组员 3:	数据统计、分析

任务筹划

任务筹划流程如图 7-1 所示。

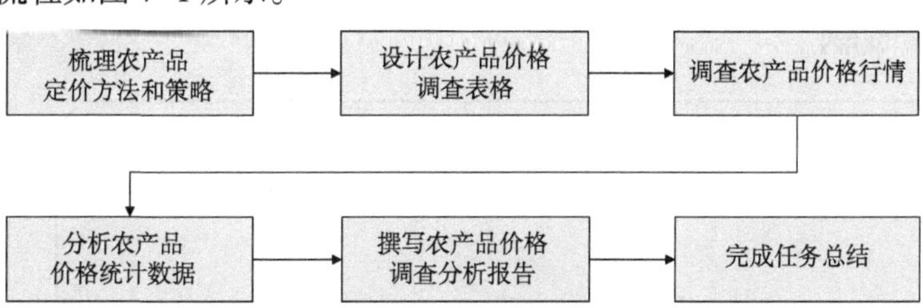

图 7-1　任务筹划流程

任务实施

步骤一：

步骤二：

步骤三：

步骤四：

步骤五：

步骤六：

任务总结：

任务检测

一、扫码做题

使用微信扫码进入在线测试，可多次答题，直到获得满意的结果。

二维码 7-4

任务检测

二、讨论题

企业有哪些定价目标可供选择？如何针对不同的定价目标采取相应的定价策略？

任务评价

完成学习任务后，预期能够达到的学习效果，由学生、小组和教师三方共同完成任务评价，见表 7-2。

表 7-2　工作任务完成过程评价

班级：__________　　姓名：__________　　学号：__________

项目	评分标准	自我评价	小组评价	教师评价
知识技能	影响农（资）产品价格的因素（15 分）			
	农（资）产品定价的方法（15 分）			
	农（资）产品定价的策略（15 分）			
任务进度	能否制订辣椒销售价格（15 分）			
任务质量	辣椒销售价格是否合理（15 分）			
素养表现	学生之间的协作能力和创新思维（15 分）			
思政表现	学生具备一定的辩证思维能力（10 分）			
合计				
自我评价与总结				
教师点评				

任务二　制订农产品及农资产品价格调整策略

任务导入

农产品及农资产品价格的高低会影响农产品的销量，进而影响到农民的收入。面对瞬息万变的市场，销售者如何调整农产品及农资产品的价格来适应市场的变化是营销的关键一环。学习完本节内容，请你完成下面任务。

任务：制订农产品价格调整原因及调价技巧知识点框架图。

任务工单

班级：__________ 姓名：__________ 学号：__________

任务名称	制订农产品及农资产品价格调整策略
任务描述	任务内容：1. 农产品及农资产品价格调整原因；2. 农产品及农资产品价格调整策略。 任务目的：针对某一具体的农产品及农资产品，及时根据价格波动调整价格。 任务流程：1. 熟悉农产品及农资产品价格调整原因；2. 熟悉农产品及农资产品降价及提价策略；3. 了解农产品及农资产品价格调整要求；4. 调整辣椒销售价格。 任务方法：1. 市场调研；2. 信息整理；3. 归纳分析。
获取信息	要完成任务，需要掌握相关的知识。请收集资料，回答以下问题： 1. 农产品及农资产品价格调整原因有哪些？ 2. 农产品及农资产品降价策略有哪些？ 3. 农产品及农资产品提价策略有哪些？ 4. 农产品及农资产品降价要求有哪些？
制订计划	
任务实施	按照预先制订的工作计划，完成本任务，并记录任务实施过程。

序号	完成的任务	遇到的问题	解决的办法

任务准备

知识准备

一、农产品及农资产品价格调整原因

(一)农产品及农资产品降价原因

1.促销需要

为了达到不同的促销目的，如推出新产品或清理库存时，企业往往选择降价。

2.竞争激烈

竞争者很强大并且给自己造成价格压力时，企业产品的市场占有率下降，为了增加竞争能力、维持和提高市场占有率，企业选择降价。

3.成本优势

企业的成本费用比竞争者低，可以通过降价来提高经营者的市场占有率，再利用销量的增加和生产的扩大，进一步降低成本和提高市场占有率，形成良性循环。

4.宏观经济衰退

由于宏观经济衰退，购买者收入减少的同时将普遍减少支出，企业可通过降价来刺激需求。

(二)农产品及农资产品提价原因

提价一般会引起消费者、批发商甚至农产品经营企业推销人员的不满，但成功的提价决策会增加经营者的利润。提价的原因一般有以下几个方面。

1.产品供不应求

企业的产品供不应求，不能满足所有消费者的需求，这时，企业可以考虑提价，将产品卖给需求强度最大的消费者，不但平衡了需求，而且也增加了利润。

2.通货膨胀，物价上涨

由于通货膨胀，物价上涨，企业的成本费用提高，产品的价格相应提高。

二、农产品及农资产品价格调整策略

(一)降价策略

1.经营性降价

企业为了扩大产品销售，有时甚至将产品售价降到成本以下，以吸引消费者购买。随

着产品销量的扩大，单位产品的成本大大下降，利润也就在其中了。这种降价，一般属高明的经营者行为。

2. 优惠性降价

企业针对人们的求利心理，对带头购买、经常购买和大量购买的用户，给予优惠待遇（让利），以鼓励他们扩大购买和经常光顾。此种“与人分利，于己得利”的策略，是扩大市场、争取客户的好办法。

3. 陈旧性降价

企业的产品由于长期积压，在外观、式样或性能等方面已发生陈旧或变质，消费者很少问津，企业为了将死物变成活钱，用于进行再生产，可采取削价的形式，促使产品尽快售出。所以，陈旧性降价也称处理性降价。

4. 竞争性降价

企业及企业的经销人员在产品的经销过程中为争夺用户所采用的低于竞争对手产品价格的一种策略和手段。

5. 季节性降价

企业对季节性产品所采用的一种经销手法。一般来说，在产品的销售旺季，可按正常价格售出；到了销售的淡季，便应降低产品价格。

6. 效益性降价

企业由于改进技术、加强管理、降低消耗，使产品的成本明显下降，从而降低产品的售价。降价后，企业仍能保持较好的经济效益。同时，这种降价形式一旦实施，便可大大增强竞争能力，扩大产品销售，进一步提高企业的经济效益。

（二）提价策略

1. 公开真实成本

在价格上涨的同时，通过各种途径将成本上涨情况如实地告诉消费者，使价格提高得到消费者的认可。

2. 提高产品质量

为减少提价给消费者带来的压力，农产品经营企业通过提高农产品质量，使顾客感觉花较多的钱买到的是货真价实的产品。

3. 附送赠品或优待

提价时以不损害经营者正常收益为前提，随产品赠送一些小礼物，以减少提价给消费者带来的困扰与不安。

4. 选用廉价材料

保持价格不变，采用更便宜的材料作替代品，或采用廉价的包装材料，或减少产品的服务和分量等。

5. 分离原产品

保持农产品价格不变，但将原来提供的包装或服务从产品整体中分解出来，另行定价。

二维码 7-5

课程视频

三、农产品及农资产品价格调整要求

对农产品经营者来说，为了达到理想的效果，不管是降价还是提价，都应做到以下几点。

（一）降价的要求

1. 降价的幅度要适宜

企业产品的降价，应根据具体原因、目的和要求进行，降价的幅度既不宜过小也不宜过大。过小，不足以引起购买者的兴趣，达不到降价的目的；过大，既会给企业带来一定的利益损失，又会引起消费者的猜疑。

2. 降价的时机要恰当

对时尚商品，如蝙蝠衫等，流行周期一过就应降价；对季节性商品，如汗衫、棉衣等，季末就应降价。一般来说，对时令商品，如水产品、水果等，在落市前就应降价；对一般商品，应尽可能在陈旧、变质前降价。在市场疲软时，对非紧俏商品可随时降价处理。

3. 降价的次数应有所控制

总的要求是企业产品降价的次数不宜太多。一个产品的降价次数多了，会使购买者产生观望等待心理，不利于企业的产品销售，也不利于企业经销工作的正常开展。

4. 降价的标签应显示出来

商品降价后，应将降价后的价格标签立即显示出来。

（二）提价的要求

1. 提价的幅度要适宜

产品提价的幅度不宜过大，一般应控制在这样的水平上，一是不宜高于企业生产经营费用增加的幅度；二是不宜高于同类产品企业提价的幅度。

2. 提价的形式要灵活

可对产品直接提价，如从 2 元直接提到 2.2 元；可对产品间接提价，如改变结算方法、减少折扣，也可对产品搭配提价，如一种产品提价，可与另一种产品降价相配合。

3. 提价的手法要巧妙

有些产品可通过改变其形状、材质、包装等手法提价，使用户易于接受。有些产品可通过增添附加物或增加服务项目，或赠送礼品等方法提价，使用户感到实惠。

4. 选择好提价的时机

对产品性能改进等造成的技术性提价，应在用户需求量最迫切、反感程度较小的时候提价。例如，某种仪器经过改进，功能有所提高，用户又急等使用，则可适当提价。对产品成本提高造成的费用性提价，应向用户广泛宣传解释，取得广大用户谅解后提价。

5. 控制提价的次数

产品提价要尽可能一步到位，不宜分步到位。在一定的时间内（如一年），企业产品提价的次数不宜多于一次，否则容易遭到广大消费者的抵制。

6. 提价后要进行情况跟踪

产品提价后，企业的有关部门，如经销部门或财务部门，要对用户进行跟踪调查。

7. 提价的回落要慎重

随着企业外部环境的改变和内部条件的改善，产品提价后，企业还要适时考虑价格的回落，设法将提高的价格再降下来。要回落价格，就要做好两项工作：一是挖潜。企业只有通过挖潜，大搞技术革新，提高劳动生产率，才能减少消耗，降低成本，使价格回落建立在可靠的基础上；二是慎重。国家定价的产品，其价格也不宜大起大落，否则会损害企业的形象。

二维码 7-6 课程视频

二维码 7-7 拓展学习

人员准备

人员分组，每组 4 人。职责分工，见表 7-3。

表 7-3　任务角色分工

任务角色	任务内容
组长：	制订农产品及农资产品价格调整原因及调价技巧知识点框架图
组员 1：	梳理农产品及农资产品涨价和降价原因
组员 2：	梳理农产品及农资产品涨价和降价技巧
组员 3：	梳理农产品及农资产品价格调整要求

任务筹划

任务筹划流程如图 7-2 所示。

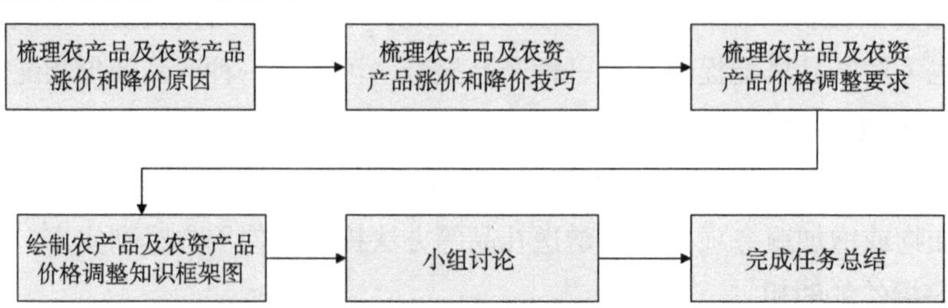

图 7-2　任务筹划流程

任务实施

步骤一：

步骤二：

步骤三：

步骤四：

步骤五：

任务总结：

任务检测

一、扫码做题

使用微信扫码进入在线测试，可多次答题，直到获得满意的结果。

二维码 7-8

任务检测

二、讨论题

走访学校周边农贸市场或超市，了解农产品的销售价格，结合所学知识分析这些农产品在制订价格时运用了哪些定价策略。

任务评价

完成学习任务后，预期能够达到的学习效果，由学生、小组和教师三方共同完成任务评价，见表 7-4。

表 7-4　工作任务完成过程评价

班级：＿＿＿＿＿＿　　姓名：＿＿＿＿＿＿＿　　学号：＿＿＿＿＿＿

项目	评分标准	自我评价	小组评价	教师评价
知识技能	农产品及农资产品价格降价原因（10 分）			
	农产品及农资产品价格提价原因（10 分）			
	农产品及农资产品价格降价策略（10 分）			
	农产品及农资产品价格提价策略（10 分）			
	农产品及农资产品价格调整要求（10 分）			
任务进度	能否及时调整辣椒销售价格（15 分）			
任务质量	辣椒调整后的价格是否合理（15 分）			
素养表现	学生之间的协作能力和创新思维（10 分）			
思政表现	学生具备一定的辩证思维能力（10 分）			
合计				
自我评价与总结				
教师点评				

课程思政专栏

心系农民，服务基层

【课程思政关键词】“三农”互联网＋　农业　心系农民

【融入方式】心欣农产品交易服务平台是国家农产品现代物流工程技术研究中心投资建设的农村信息服务系统，以贴近市场、服务基层为目标，专为百姓打造的“心系农民、心系消费者”的网络服务平台。平台主要由“交易服务”和“储运服务”两部分组成，为广大涉农人员提供即时的交易价格、物流成本、撮合交易等方面的增值信息，使农业服务像城市服务一样能得到科技、信息的综合支持。

春分时令刚过，春天的气息愈加浓厚。连续几天，市民都沐浴在久违的阳光中。阳光充足了，自然蔬菜长势良好，心欣价格网上显示，最近个别地区蔬菜涨价了，其他蔬菜价格保持平稳。目前的山药最高价在新疆博乐市市场价格是 13 元 / 千克；最低价在河南商丘是 1.50 元 / 千克，但比前几天价格有所上升。在内蒙古本周价格下降最大的是竹笋。随着天气渐渐转暖，笋价天天下滑，从一个月前 10 元 / 千克降到目前 0.75 元 / 千克。此外，市民还要多吃富含维生素C的新鲜蔬菜，因为其具有抗病毒作用，如小白菜、油菜、子椒、番茄等。小白菜的市场价格最高在新疆博乐市售价为 6 元 / 千克，最近价格比较平稳；最低价在甘肃武山县为 0.80 元 / 千克。而油菜的价格有所上升，在辽宁油菜市场价格已达到了 5.3 元 / 千克，较前几天有所上升。

（资料来源：豆丁网）

【启示】农产品销售一直是农业产业链上的一个难题。种植出来的农产品销售不出去，农民对于市场行情不了解是制约销售的一个因素。在网络越来越发达的今天，我们要用科技的力量来为农民服务。心欣农产品交易服务平台是一个与农业、农村、农民相关的信息服务类网站。该网站目前共有 7 大模块，分别涉及蔬菜、果品、畜产类产品。有价格行情、变动趋势、优选市场、名优名特、经纪人才、辅助决策和心欣储运。网站是免费提供给农户、商家一些关于农产品交易价格变动趋势，供求、运输于一体的服务性公益性网站。引领了我国传统农业向“信息化”“标准化”“品牌化”的现代农业转变，并且还将促进特色农产品走向“高端”发展路线。

项目八

农产品及农资营销渠道策略

项目导读

农产品及农资营销渠道策略的制订与实施，对于促进农业发展、增加农民收入及保障国家粮食安全具有重要意义。随着科技的不断进步和市场环境的不断变化，农产品及农资营销渠道策略在不断创新和完善，呈现出多元化发展趋势，包括传统农贸市场、电商平台、直销等多种渠道。本项目主要讲解农产品及农资营销渠道策略的含义及分类、传统的农产品及农资营销渠道、农产品及农资网络营销渠道三个任务。

知识目标

（1）掌握农产品及农资营销渠道策略的含义，了解农产品及农资营销渠道的分类。

（2）了解传统的农产品及农资营销渠道。

（3）掌握农产品及农资网络营销渠道。

技能目标

（1）掌握几种常见的农产品及农资营销渠道。

（2）学会设计正确的营销渠道并加以实际运用。

素质目标

（1）提升学生的创新思维和探究能力。

（2）培养学生的团队合作精神。

思政目标

（1）培养科技兴农的意识。

（2）培养探索发现新事物的精神。

（3）培养团结协作、钻研创新的精神。

思维导图

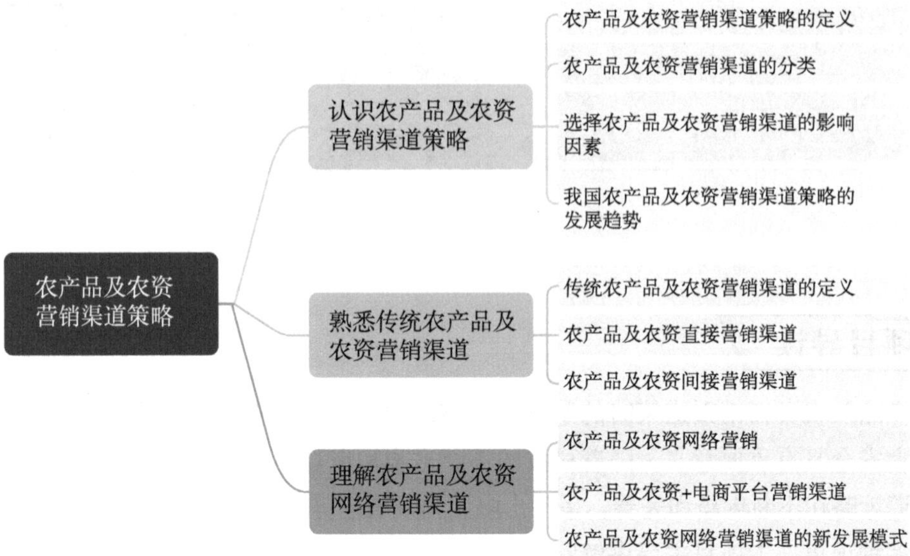

任务一 认识农产品及农资营销渠道策略

任务导入

2022 年 11 月，青海省多地出现了农户蔬菜滞销的情况。据央广网媒体报道，受新冠疫情影响，海东市乐都区高庙镇蔬菜种植面积 1 万余亩，马铃薯、大蒜、韭菜、香菜、辣椒、番茄、白菜等多种蔬菜遭遇严重滞销。“往年来收菜的大客户来不了，我们的蔬菜送不出去。”这是高庙镇大路村种植户对今年蔬菜滞销的描述，一位当地的蔬菜收购公司负责人说：“我们的老乡平时只管种，不管卖，销售渠道是农户所缺乏的，特别是个体种植户。”据青海省相关数据统计，互助土族自治县、湟中区等几个主要种植县区都存在着不同程度的蔬菜滞销情况。

青海省本地的惠心篮平价超市等生鲜平价直投店加入助力蔬菜销售的队伍，并将其核心供应链信息积极共享出来，对接种植户与便利店、团购平台、线下商超等渠道，这些渠道的选品经理将达标果蔬拉到线上、线下去销售，当地政府也积极推进甘肃、四川、新疆等省（区）对青海省滞销蔬菜的采购力度。据央广网报道，截至 12 月底，海东市各类蔬菜销售约 120 万吨，其中，省外助销约 90 万吨。中国农产品流通经纪人协会近日也发起倡导，发挥全国各分支机构的渠道优势，拓宽青海省蔬菜销售渠道。

任务：请根据本任务内容，调查青海省农产品及农资营销渠道策略的主要类型，并分析其未来发展趋势。

任务工单

班级：______________　　姓名：________________　　学号：_____________

<table>
<tr><th>任务名称</th><th colspan="4">认识农产品及农资营销渠道策略</th></tr>
<tr><td>任务描述</td><td colspan="4">任务内容：1. 掌握农产品及农资营销渠道策略的定义；2. 熟悉农产品及农资营销渠道的分类及选择不同营销渠道的影响因素。
任务目的：根据不同的农产品及农资特点，能够选择合适的营销渠道。
任务流程：1. 梳理本节知识点；2. 组织讨论营销渠道的分类。
任务方法：1. 教师讲解；2. 讨论分析。</td></tr>
<tr><td>获取信息</td><td colspan="4">要完成任务，需要掌握相关的知识。请收集资料，回答以下问题：
1. 什么是农产品及农资营销渠道？

2. 农产品及农资营销渠道的分类有哪些？

3. 选择农产品及农资营销渠道的影响因素有哪些？

4. 农产品及农资营销渠道策略的发展趋势是怎样的？</td></tr>
<tr><td>制订计划</td><td colspan="4"></td></tr>
<tr><td rowspan="6">任务实施</td><td colspan="4">按照预先制订的工作计划，完成本任务，并记录任务实施过程。</td></tr>
<tr><th>序号</th><th>完成的任务</th><th>遇到的问题</th><th>解决的办法</th></tr>
<tr><td></td><td></td><td></td><td></td></tr>
<tr><td></td><td></td><td></td><td></td></tr>
<tr><td></td><td></td><td></td><td></td></tr>
<tr><td></td><td></td><td></td><td></td></tr>
</table>

任务准备

知识准备

一、农产品及农资营销渠道策略的定义

渠道通常是指水渠、沟渠，意为水流的通道。后被引入商业领域中，即指营销渠道，意为商品销售和流通的路径和线路，是指在交易过程中，生产者的产品通过一定的途径或通道转移到消费者手中，以达到销售目标的过程。简言之，营销渠道就是商品或服务从供方向需方手中转移过程中的具体途径或方式。营销渠道策略是指商品或服务营销渠道的选择。

我们将农产品及农资市场营销渠道策略定义为农产品及农资从生产领域向流通领域流动的过程中，对其具体的流通途径或通道进行选择的过程。农产品及农资营销渠道的选择将直接影响到企业做出其他相关的决策，如农产品及农资的定价策略等，它同农资及农产的品牌策略、价格策略及促销策略一样，也是决定农产品及农资生产企业是否能够成功将产品打入市场、实现营销及经营目标的重要手段之一。

二、农产品及农资营销渠道的分类

农产品及农资营销渠道按照不同的标准可分为不同的类型。

（一）根据是否有中间商的参与划分

1. 直接营销渠道

直接营销渠道，简称直销，是指农产品及农资生产企业不通过批发商等其他中间环节，直接将其产品销售给消费者。生鲜冷链产品因其保存期短、储存环境要求高等产品特性，通常采用直接渠道进行销售，以降低因中间环节过多而产生的损耗和成本。

2. 间接管销渠道

间接营销渠道，是指农产品及农资生产企业通过批发商、分销商等一个或多个中间商，将其产品送到消费者的手中。

（二）根据流通环节的多少划分

1. 长营销渠道

长营销渠道是指农产品及农资生产企业通过两个或两个以上的中间商，将其产品送到消费者手中。

2. 短营销渠道

短营销渠道是指农产品及农资生产企业通过一个中间商或自己直接将产品销售给消费者。

（三）根据是否采用互联网划分

1. 线上营销渠道

线上营销渠道，也叫作网络营销渠道，是农产品及农资生产企业以互联网为平台，通过网上商城、电商平台或直播带货来完成产品的买卖活动。

2. 线下营销渠道

线下营销渠道，通常指农产品及农资生产企业在实体店，通过面对面商谈的方式，达成产品交易过程。

三、选择农产品及农资营销渠道的影响因素

影响选择农产品及农资营销渠道的因素较多，主要包括以下三个方面。

（一）产品因素

1. 农产品及农资产品的储存特性

一般来说，生鲜农产品易腐坏、对储存条件要求高、季节性强等特点，要求其在选择营销渠道时，必须考虑其特殊性，以便使其在最短的时间内到达消费者手中。此外，农资产品的体积与重量大小不一，在选择营销渠道时，也应充分考虑其是否符合有关部门规定，尽可能选择符合要求的营销渠道，如超限产品应尽可能组织直销专供、小而轻的货物则可考虑间接营销渠道进行销售。

2. 农产品及农资产品的市场生命周期

农产品及农资作为特殊产品，在新品种投入市场初期，可直接向消费者进行推介，以便快速开拓市场；也可通过合作良好的中间商，采用间接营销渠道进行销售。

（二）经济因素

各地区因经济发展程度不同，消费者分布集中程度也有所不同。如消费者分布集中，则适合采用直接营销渠道；反之，则应采用间接营销渠道。此外，消费者的购买习惯也是重要的考虑因素之一，如有些消费者习惯在实体店购买，而有些消费者则选择通过电商平台进行购买等。

（三）其他因素

地方政策、中间商的特性、营销渠道的经济性、竞争者的状况及消费者的购买数量等，也是影响农产品及农资企业做出营销渠道策略的因素。

二维码 8-1

课程视频

四、我国农产品及农资营销渠道策略的发展趋势

（一）我国农产品及农资营销渠道策略的发展现状

近年来，我国农产品及农资营销渠道的发展取得了长足的进步。随着经济的快速发展和人们生活水平的提高，人们对于农产品质量和安全的需求也日益增长，这对农产品营销渠道提出了更高的要求。

1. 我国农产品及农资营销渠道在线上、线下融合方面取得了显著成效

农贸市场、超市及农机站等传统实体店依然扮演着重要角色，但随着互联网技术的迅速普及，电商平台逐渐崭露头角。消费者可以通过手机或电脑轻松购买到各类优质农产品，并且还能享受到快捷、便利的配送服务。此外，一些新型经营模式如社区团购、直播带货等也为消费者提供了更多的选择。

2. 我国农产品及农资营销渠道在品牌建设方面取得了积极进展

越来越多的企业开始注重品牌形象和宣传推广，在打造自己独特品牌文化和故事方面下了更多功夫。通过品牌建设，农产品的知名度和美誉度得到了提升，消费者对品牌的认可度也大幅提高。这为农产品营销渠道带来了更多机会和竞争优势。

3. 我国农产品及农资营销渠道积极拓展国际市场

随着“一带一路”倡议的推动和贸易壁垒的逐步降低，越来越多的中国农产品及农资走出国门，受到了国外消费者的欢迎。通过参加国际展会、开展跨境电商等方式，我国农产品及农资在海外市场上获得了广阔发展空间。

然而，在我国农产品营销渠道发展过程中仍存在一些问题和挑战。一方面，由于信息不对称等原因，部分农民仍然面临着销售困难和价格波动风险；另一方面，在品质标准、物流配送等方面还有待进一步完善。

综上所述，我国农产品及农资营销渠道在近年来取得了显著进步，并且还有巨大潜力待挖掘。政府、企业以及社会各界应加强合作，进一步改善农产品及农资营销环境，提高农产品及农资质量和安全水平，为消费者提供更好的选择。只有通过共同努力，才能真正实现我国农产品营销渠道的可持续发展。

（二）我国农产品及农资营销渠道策略的未来趋势

1. 渠道构建的参与者从单个企业向供应链全员转变

国家实施乡村振兴战略，农产品及农资作为比较特殊的一类商品，改变了以往个体农户或农产品及农资生产企业的分布、规模大小不一、区域发展不平衡、科技投入不多等情况，大力发展智慧化、数字化的现代农业，不断推动农村产业链发展，取得了显著成效。如今，大荔冬枣全产业链、富硒农副产品全产业链、“公司+农户+基地”的产业化经营模式等成功的案例比比皆是，农产品及农资生产企业之间的竞争向供应链之间的竞争转变，我国农

产品及农资生产者也开始探索供应链产业发展模式。

2. 渠道模式从传统的线下渠道向“互联网+”转变

农产品及农资营销乘着“互联网+”的东风，将新兴互联网信息技术与传统农产品及农资线下销售紧密结合在一起，改革农产品及农资的传统营销模式，促进传统渠道与互联网的融合和交流，在网上就能寻找到客户，实时交流信息，使更多的农产品通过网络“出村”。

3. 渠道成员之间的关系从买卖关系向战略伙伴关系转变

随着市场竞争的加剧，个体农户或企业的竞争压力也随之增加，以往“各自为营”的经营模式已不足以应对瞬息万变的市场，农产品及农资生产者在建立营销渠道时，也不再是只考虑成本因素的单纯买卖关系，而是综合成本、服务质量、效率等各项因素，寻找适应其发展的合作伙伴，与其建立长期的战略合作伙伴关系，维持长期稳定的合作关系，以增强自己的核心竞争力。

4. 渠道策略从“生产导向”向“订单导向”转变

传统农产品及农资渠道策略往往是由个体农户或生产企业通过直接或间接的渠道将产品销售给客户，随着客户个性化、多元化的需求越来越多，个体农户或生产企业在进行渠道选择时，更多地去考虑如何又快又好地满足客户的需求，甚至为客户提供“量身定做”的产品，如名贵草药、鲜花等特色农产品的可视化种植，从种子播种到养护的过程，客户将全程参与，大大提高了客户对产品的满意度。

二维码 8-2　二维码 8-3　二维码 8-4

拓展学习　案例分析　课程视频

人员准备

人员分组，每组 4 人。职责分工，见表 8-1。

表 8-1　任务角色分工

任务角色	任务内容
组长：	对小组三位同学的资料进行整理汇总，组织组员进行讨论，汇总结果，进行总结
组员 1：	列举农产品及农资主要的营销渠道
组员 2：	举例说明不同农产品及农资选择营销渠道的影响因素
组员 3：	思考未来农产品及农资营销渠道策略的发展方向

任务筹划

任务筹划流程如图 8-1 所示。

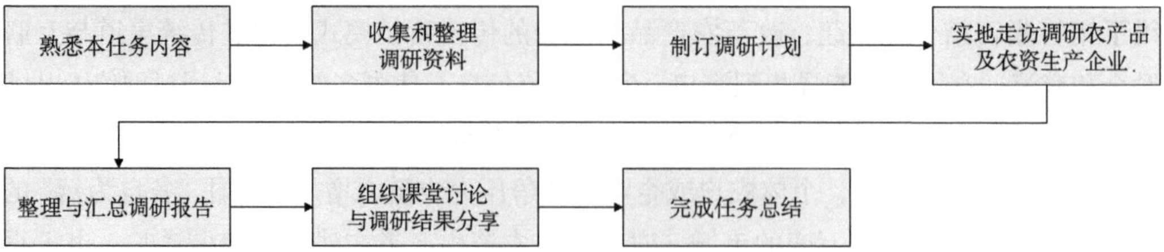

图 8-1　任务筹划流程

任务实施

步骤一：

步骤二：

任务总结：

任务检测

扫码做题

使用微信扫码进入在线测试，可多次答题，直到获得满意的结果。

二维码 8-5

任务检测

任务评价

完成学习任务后，预期能够达到的学习效果，由学生、小组和教师三方共同完成任务评价，见表 8-2。

表 8-2　工作任务完成过程评价

班级：____________　姓名：______________　学号：___________

项目	评分标准	自我评价	小组评价	教师评价
知识技能	农产品及农资营销渠道策略的定义（10 分）			
	农产品及农资营销渠道的分类（15 分）			
	选择农产品及农资营销渠道的影响因素（15 分）			
	国内农产品及农资营销渠道的未来发展趋势（10 分）			
任务进度	能否掌握所学知识并合理运用（10 分）			
任务质量	能否合理完成任务并掌握本节所学知识点（20 分）			
素养表现	学生之间的协作能力（10 分）			
思政表现	团结合作、钻研创新（10 分）			
合计				
自我评价与总结				
教师点评				

任务二　熟悉传统农产品及农资营销渠道

任务导入

广东省茂名市是我国荔枝的主要产区之一，当地多数果农都在种植，荔枝味道甜美，但因其不易保存等原因，价格居高不下，居民也是望而却步，地方政府为促进荔枝产业健康发展，利民利农，在各大小区划分直销区域，果农可根据距离、销售情况自由选择，每到果实成熟，果农便会将采摘的荔枝运送到直销区域进行销售，客户大多是附近小区的住户，由于诚信经营，物美价廉，受到当地消费者的青睐。

任务：根据本任务内容，讨论传统农产品及农资营销渠道与新型农产品及农资营销渠道的区别。

任务工单

班级：__________　　姓名：__________　　学号：__________

<table>
<tr><th>任务名称</th><th colspan="4">熟悉传统农产品及农资营销渠道</th></tr>
<tr><td>任务描述</td><td colspan="4">任务内容：1. 了解传统农产品及农资营销渠道的定义；2. 了解农产品及农资直接营销渠道的特点及局限性；3. 了解农产品及农资间接营销渠道的特点及局限性。
任务目的：掌握农产品及农资直接营销渠道和间接营销渠道的特点，结合实际合理运用。
任务流程：1. 梳理本节知识点；2. 网络查询相关资料；3. 组织讨论农产品及农资直接营销和间接营销的区别。
任务方法：1. 教师讲解；2. 讨论分析。</td></tr>
<tr><td>获取信息</td><td colspan="4">要完成任务，需要掌握相关的知识。请收集资料，回答以下问题：
1. 什么是传统农产品及农资营销渠道？

2. 什么是农产品及农资直接营销渠道？

3. 什么是农产品及农资间接营销渠道？</td></tr>
<tr><td>制订计划</td><td colspan="4"></td></tr>
<tr><td rowspan="6">任务实施</td><td colspan="4">按照预先制订的工作计划，完成本任务，并记录任务实施过程。</td></tr>
<tr><th>序号</th><th>完成的任务</th><th>遇到的问题</th><th>解决的办法</th></tr>
<tr><td></td><td></td><td></td><td></td></tr>
<tr><td></td><td></td><td></td><td></td></tr>
<tr><td></td><td></td><td></td><td></td></tr>
<tr><td></td><td></td><td></td><td></td></tr>
</table>

任务准备

知识准备

一、传统农产品及农资营销渠道的定义

传统农产品及农资营销渠道是指产品从生产者手中流通到最终消费者手中所经过的渠道，建立在传统传播分销网络与交易工具的基础上。这种营销方式主要是通过农户直接营销、农贸市场、批发市场、超市和便利店等渠道来实现的。

二、农产品及农资直接营销渠道

农产品及农资直接营销（简称“直销”），指农产品及农资生产企业（生产者）不经过中间环节，直接将产品出售给终端消费者的营销方式。

（一）农产品及农资直接营销渠道的特点

农产品及农资直销是一种常见且广泛运用的销售模式，这种模式不受渠道、位置的影响，具体特性表现为以下四个方面。

1. 面对面销售

通常农业生产企业或生产者也扮演销售者的角色，熟悉农产品及农资本身的特点，直接接触终端用户，通过讲解产品的成分、功效等，让消费者了解更多的信息，也能及时获取市场对农产品及农资的反馈。

2. 无中间环节

直销最主要的特点是从生产源头直接连接终端顾客，中间没有代理商、经销商、零售商等环节，减少流通环节中的各类费用。

3. 灵活性强

直接销售的场所一般不固定，时间不固定，根据消费者的购物需求来灵活转换。

4. 生产、销售、管理一体化

直销的生产企业或生产者一般都会集生产、销售、管理于一体，产品通过从生产企业到消费者的一次性销售完成流通。

（二）农产品及农资直接营销渠道的优势

（1）农产品及农资直销模式是一个以消费者为中心的垂直综合经营体系。在这种模式下，产品流通环节大幅缩减，流通费用及流通损耗率减少，终端销售价格降低，有利于消费者的同时农户的利润也得到保障。

（2）农产品生产者或专业合作社可以及时收到市场需求相关信息。按照市场需求生产，减少了生产者种植的盲目性，降低种植风险。同时，直销模式更易于全程质量监管，可以为居民消费者提供质量可靠、品种丰富新鲜的产品，有效解决产销信息衔接不通畅的问题。

（三）农产品及农资直接营销渠道的局限性

（1）由于直销模式生产、销售、管理一体，无中间环节，一切流通费用及市场风险全部由生产企业或生产者承担，市场行情瞬息万变，而农产品又有生产周期长、保质期短、损坏大的特点，市场需求、价格波动很难掌握。

（2）直销面对的终端消费者分散，由于距离、效率、人力成本等原因，产品很难大面积推广，市场占有率、产品覆盖范围有限。

三、农产品及农资间接营销渠道

农产品及农资间接营销渠道是指生产企业或生产者通过中间商或中间代理商把产品销售给终端消费者的销售方式，连接上下游的中间环节包括：代理商、分销商。

（一）农产品及农资间接营销渠道的特点

1. 中间环节多

与直销相反，生产企业或生产者不直接与终端消费者接触，通过代理商等中间环节完成商品流通。

2. 高效灵活

生产企业或生产者只负责生产，代理商等中间环节负责销售管理，市场分工明确，时间成本、人力成本降低，生产与销售效率都得到提升。

3. 规模效益高

相较于直销的一体化模式，间接销售模式的代理商、分销商数量庞大，且在不同区域，负责不同片区，产品通过中间销售环节将销往各地，产品的市场占有率、客户群体将大幅提升，规模效益显著。

（二）农产品及农资间接营销渠道的优势

间接营销是社会分工的结果，通过专业化分工使得产品的销售工作简单化，中间商的介入分担了生产企业或生产者的经营风险，借助于中间环节可增加产品销售的覆盖面，有利于扩大产品市场占有率，产生规模化效益。

（三）农产品及农资间接营销渠道的局限性

间接营销是通过多个代理商、分销商进行销售，中间流通环节增多，产品流通成本上涨，最终的终端价格将上浮明显，不利于消费者。

（四）农产品及农资间接营销渠道成员的选择

1. 营销渠道中的中间环节

（1）代理商、分销商和经销商。代理商是指接受生产厂家的委托，根据代理合同，将产品代为销售，并收取代理佣金的单位或个人。其经营活动一般受生产厂商的管理和限制，产品的所有权归生产厂家所有，而不是代理商。代理商可按责任和权限不同，分为总代理、独家代理和一般代理。

分销商是指通过购买获得商品的所有权，并通过销售活动将产品转卖出去的商业单位或个人，一般情况下，分销商可以同时为多家生产企业分销产品。

经销商是指在一定的区域或领域内销售产品或服务，并以此获取商业利润的单位或个人。经销商拥有商品的所有权，可进行多品种经营，经营活动过程基本不受供货商的限制。

（2）批发商。批发商是向生产企业批量购进产品，再将产品转售给零售商或个体工商户等，实现产品在时间和空间上的转移，以达到销售目标的单位或个人，批发商一般不直接向最终用户销售商品。

（3）零售商。零售商是商品流通的最终环节，是指为方便用户购买，直接面向最终用户销售商品的单位或个人。零售商是连接最终用户与分销商、批发商及生产企业的重要桥梁。

2. 营销渠道成员的选择步骤

如果生产企业确定其产品需经过间接营销渠道进入市场，中间商的选择是否得当，直接关系到产品销售的最终结果。因此，选择好的营销渠道成员变得极为重要，一般步骤如下：

（1）明确标准。营销渠道成员的选择，首先要明确选择营销渠道成员的目标，评估潜在的利益与风险，然后确立选择营销渠道成员的标准，并初步评估可选的合作伙伴，评估合作伙伴的主要方法有专家意见法、经验判断法、关键因素分析法等。

（2）鼓励参与，正式建立营销渠道合作关系。一旦选定了合作对象，必须让每一个营销渠道成员都认识到相互参与和合作的重要性，真正建立合作关系。

（3）实施、加强或解除营销渠道合作关系。通过合作试用，评估营销渠道成员的实际表现，对表现良好的成员，继续实施和加强合作关系；对销售不力或不友好的成员，可减少或直接解除合作关系。

二维码 8-6	二维码 8-7	二维码 8-8
拓展学习	案例分析	课程视频

人员准备

人员分组，每组 4 人。职责分工，见表 8-3。

表 8-3　任务角色分工

任务角色	任务内容
组长：	列举对小组三位同学的资料进行整理汇总，组织组员进行讨论，汇总结果，进行总结
组员 1：	列举农产品及农资直接营销渠道的特点
组员 2：	列举农产品及农资间接营销渠道的特点
组员 3：	对比直接营销渠道和间接营销渠道，两者的弊端有哪些

任务筹划

任务筹划流程如图 8-2 所示。

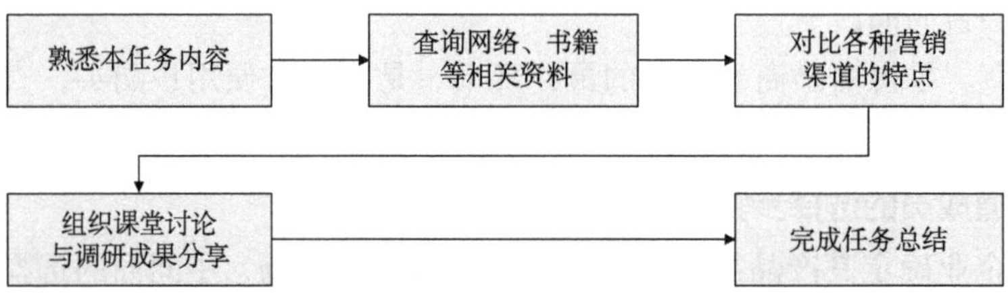

图 8-2　任务筹划流程

任务实施

步骤一：

步骤二：

任务总结：

任务检测

扫码做题

使用微信扫码进入在线测试，可多次答题，直到获得满意的结果。

二维码 8-9

任务检测

任务评价

完成学习任务后，预期能够达到的学习效果，由学生、小组和教师三方共同完成任务评价，见表 8-4。

表 8-4　工作任务完成过程评价

班级：＿＿＿＿＿＿　姓名：＿＿＿＿＿＿　学号：＿＿＿＿＿＿

项目	评分标准	自我评价	小组评价	教师评价
知识技能	传统农产品及农资营销渠道的定义（10 分）			
	农产品及农资直接营销的特点及局限性（20 分）			
	农产品及农资间接营销的特点及局限性（20 分）			
任务进度	能否掌握所学知识并合理运用（10 分）			
任务质量	能够合理完成任务并掌握本节所学知识点（20 分）			
素养表现	学生之间的协作、总结能力（10 分）			
思政表现	创新思维（10 分）			
合计				
自我评价与总结				
教师点评				

任务三 理解农产品及农资网络营销渠道

任务导入

2021年9月9日，农业农村部信息中心联合中国国际电子商务中心在北京线上发布《2021全国县域数字农业农村电子商务发展报告》(以下简称《报告》)。

《报告》显示，2020年全国2 083个县域网络零售额达35 303.2亿元，比上年增长14.0%，占全国网络零售额的比重为30.0%，提高0.9个百分点，其中，县域农产品网络零售额为3 507.6亿元，同比增长29.0%。

《报告》认为，2020年新冠疫情期间，农村电商凭借线上化、非接触、供需快速匹配、产销高效衔接等优势，在县域稳产保供、复工复产和民生保障等方面的功能作用突出，直播带货、社区团购等新业态新模式不断涌现，跨境电商开启了县域融入国际市场的大门。

《报告》指出，2021年是实施“十四五”规划的第一年，全面推进乡村振兴将为县域电商发展提供更加广阔的舞台，农村电商的巨大潜能将加速释放，数字化生活消费方式变革将重塑县域农村大市场，电商创新发展将助力农业农村数字化转型驶入快车道，县域电商还将为构建以国内大循环为主体、国内国际双循环相互促进的新发展格局提供新动能。

(资料来源：http://www.gov.cn/xinwen/2021-09/11/content_5636759.htm)

任务：根据本任务内容，网络调研我国农产品及农资网络营销渠道的新发展模式，并进行课堂讨论。

任务工单

班级：＿＿＿＿＿＿ 姓名：＿＿＿＿＿＿ 学号：＿＿＿＿＿＿

任务名称	理解农产品及农资网络营销渠道
任务描述	任务内容：1. 了解农产品及农资网络营销渠道的概念及优势；2. 了解农产品及农资＋电商平台渠道的作用；3. 了解农产品及农资网络营销渠道的新发展模式。 任务目的：掌握农产品及农资网络营销渠道的概念及优势，结合实际合理运用。 任务流程：1. 梳理本节知识点；2. 根据所学内容，上网查询相关资料；3. 组织讨论农产品及农资网络营销渠道及运作的发展模式。 任务方法：1. 教师讲解；2. 网络实践；3. 分组讨论。

续表

<table>
<tr><th>任务名称</th><th colspan="4">理解农产品及农资网络营销渠道</th></tr>
<tr><td>获取信息</td><td colspan="4">要完成任务，需要掌握相关的知识。请收集资料，回答以下问题：
1. 什么是农产品及农资网络营销渠道？

2. 农产品及农资＋电商平台渠道的作用是什么？

3. 农产品及农资网络营销渠道有哪些新模式？</td></tr>
<tr><td>制订计划</td><td colspan="4"></td></tr>
<tr><td rowspan="6">任务实施</td><td colspan="4">按照预先制订的工作计划，完成本任务，并记录任务实施过程。</td></tr>
<tr><td>序号</td><td>完成的任务</td><td>遇到的问题</td><td>解决办法</td></tr>
<tr><td></td><td></td><td></td><td></td></tr>
<tr><td></td><td></td><td></td><td></td></tr>
<tr><td></td><td></td><td></td><td></td></tr>
<tr><td></td><td></td><td></td><td></td></tr>
</table>

任务准备

知识准备

一、农产品及农资网络营销

（一）农产品及农资网络营销的概念

农产品及农资网络销售是指以互联网作为载体，通过线上交易、通过线下送货的方式进行产品销售。

（二）农产品及农资网络营销的优势

1. 时域性

由于网络能够超越时间约束和空间限制进行信息交换，使得销售脱离时空限制进行交易变成可能，生产者有了更多的时间和更大的空间进行营销，可每周 7 天，每天 24 小时随时随地提供全球性营销服务。

2.经济性

通过网络进行信息交换，代替以前的实物交换，一方面，可以减少流通费用，另一方面，可以减少农产品由于多次交换带来的损耗。

3.丰富性

通过网络延伸的销售载体、销售形式将越来越多，产品从单纯的图片文字展示到视频直播展示，未来将融入AI、VR技术，为农产品及农资的销售带来更多的方式。

4.整合性

将直接销售和间接销售两者的特点相整合，既增加了产品的覆盖范围、市场占有率，又减少了中间环节，降低了流通成本。

二、农产品及农资+电商平台营销渠道

（一）农产品及农资+电商平台营销渠道的概念

农产品及农资+电商平台是指通过互联网平台进行农产品及农资销售和交易的网络平台，也为农民和农业企业提供便捷的购买渠道和市场机会。

2005年生鲜农产品开始在电商平台进行销售；2014年高速发展，涌现出一批主打生鲜农产品销售的电商品牌；2015年农村电商崛起，电子商务进农村项目推行，着力解决农产品滞销问题；2016年至今农产品电商周期已由"成长期"进入"发展期"。随着互联网的快速发展和电子商务的兴起，农产品及农资+电商平台成为农业领域的新兴模式。

我们认为，农产品及农资+电商平台营销模式是以电商平台作为载体，通过图片、文字或视频的方式将产品呈现给消费者，通过电子支付完成交易的一种新型营销模式。

（二）电商平台营销渠道的作用

在现代社会中，电商平台已经成为人们购物的主要渠道之一。尤其对农产品的销售来说，电商平台发挥着重要作用，对农产品销售的作用不可忽视。

1.扩大营销渠道

传统的农产品营销渠道受限于地域和时间，而电商平台打破了地域限制，使得农产品可以通过网络销售到全国甚至全球。这样一来，农产品的营销渠道得到了扩大，农产品种植户可以更广泛地触达消费者，提高销售量和收入。

2.提高销售效率

通过电商平台，农产品可以直接面向消费者进行销售。传统的销售模式中，农产品需要经过多个中间环节才能送达消费者手中，这样不仅增加了运输成本和时间成本，还可能导致产品质量下降。而通过电商平台，农产品种植户可以直接将自己种植的优质农产品上架销售，在不经过中间环节的情况下将产品送达消费者手中。这样一来，既能够提高消费

者购买时的便利性和体验度，又能够保证农产品新鲜度和品质，消费者可以随时随地通过手机或电脑下单购买农产品。这种线上购物的方式节省了时间和精力，提高了销售效率。同时，电商平台还可以通过大数据分析和个性化推荐等手段，帮助消费者更准确地找到他们需要的农产品，提高销售转化率。

3. 保证产品质量和安全

电商平台通常会对入驻商家进行审核和监管，要求商家提供农产品的质量和安全证明。这样一来，消费者可以更加放心地购买农产品，而农产品种植户也需要更加注重产品质量和安全，提高自身竞争力。

4. 促进农产品品牌建设

电商平台为农产品提供了展示和宣传的平台，农产品种植户可以通过电商平台打造自己的品牌形象，提升产品的知名度和美誉度。同时，电商平台还可以通过线上营销和推广活动，帮助农产品种植户更好地与消费者进行互动和沟通，建立品牌忠诚度。

总的来说，电商平台在农产品营销中发挥着重要的作用，通过扩大营销渠道、提高销售效率、保证产品质量和安全以及促进品牌建设的途径，为农产品种植户提供了更多的销售机会和发展空间。同时，电商平台也为消费者提供了更多的选择和便利，推动了农产品市场的发展和升级。

三、农产品及农资网络营销渠道的新发展模式

随着科学技术的不断进步，我国企业也在积极探索和创新市场营销渠道，满足个性化、多样化的需求成为企业增强核心竞争力的重点目标，市场细分程度也越来越高，与“农产品及农资+电商平台”营销模式一样，农产品及农资营销出现了更加符合现代农民及消费者需要的新模式。

（一）农产品及农资+社群渠道

农产品及农资+社群渠道是以社交软件作为载体，销售农产品以满足社群需求的新型营销模式，如我们常用的微信、团购小程序等，以小区住户为主要销售目标，围绕水果、蔬菜等复购率较高的农产品进行销售，通过微信群或团购小程序发布产品，实现农产品送货到家。

1. 社群渠道的构建

农产品销售企业与社区、物业和银行机构等合作，共同建立社群机构，物业和银行机构作为服务型的商业机构，以智慧社区服务平台为依托，整合社区周边资源，共同构建智能社群机构，为消费者提供优质的服务并从其中获得相应的收益。同时，社群渠道的成立也有利于提高社区的政务服务能力和社会治理能力，充分发挥其智慧惠民、高效便民的基层组织管理作用。

二维码 8-10

课程视频

2. 社群渠道的优势

（1）社群中的行业专家或权威，有较高的威望，可为社群成员提供较强的信任感，有利于价值的传递。

（2）把具有相同爱好和兴趣的人群聚集起来，了解社群成员的需求，从中获取更多商机。

（3）精准定位客户群体，便于进行市场细分。

（4）有利于整合社区线上、线下资源，形成规模优势。

3. 社群渠道的运行

（1）主题鲜明，管理规范。社群管理者应有较强的管理能力，角色分配合理，如在食品养生群中，有群主（发放福利）、助理 1（分享小技巧）、助理 2（答疑解惑）、助理 3（订单管理）等，使社群成员在进入之后能够明确这个群有什么用处，能满足其哪些需要，并能及时为进群的人处理各种问题，以便更好地留住社群成员，进而发展成为稳定的客源。

（2）互动交流，增强黏性。管理者要做到定期分享产品、发放优惠券或体验券、专家讲解等活动安排，如在一个成熟的食品养生群中，每周六会有专家线上讲座，每天在群内不定时发放优惠券或体验券，定期开展主题活动等，增强社群的“活性”。如果时机成熟，也可组织线下活动，增强粉丝凝聚力，同时进行产品的品牌宣传。

（二）农产品及农资 + 自媒体直播渠道

农产品及农资 + 自媒体直播营销渠道是以电商平台作为基础进行延伸，保留电商平台的基本功能，以短视频、直播作为载体，通过视频、真人讲解和体验的方式介绍农产品，让消费者更直观地了解产品。

1. 自媒体直播渠道的营销优势

（1）自媒体主播可以通过现场体验刺激消费者感官，增强视觉效果。

（2）自媒体主播可与消费者进行实时互动，并解答消费者的各种疑问，以此来增强消费者的购买信心。

（3）自媒体主播可根据所销售的农产品进行直播内容的设计，增加了对消费者的吸引力。

2. 做好自媒体直播渠道营销应注意的事项

二维码 8-11

拓展学习

二维码 8-12

课程视频

（1）要有较高的知名度和热度，获得足够关注。

（2）线上、线下同时操作，提高销售服务质量。

（3）自媒体主播应真实介绍产品的特性、功效和质量等，切忌虚假宣传，欺骗消费者。

人员准备

人员分组，每组 4 人。职责分工，见表 8-5。

表 8-5　任务角色分工

任务角色	任务内容
组长:	对小组三位成员的资料进行整理汇总，组织组员进行讨论，汇总结果，进行总结
组员 1:	整理主流农产品及农资网络营销渠道
组员 2:	对比农产品及农资网络营销渠道和传统营销渠道
组员 3:	讨论农产品及农资网络营销渠道的新发展模式

任务筹划

任务筹划流程如图 8-3 所示。

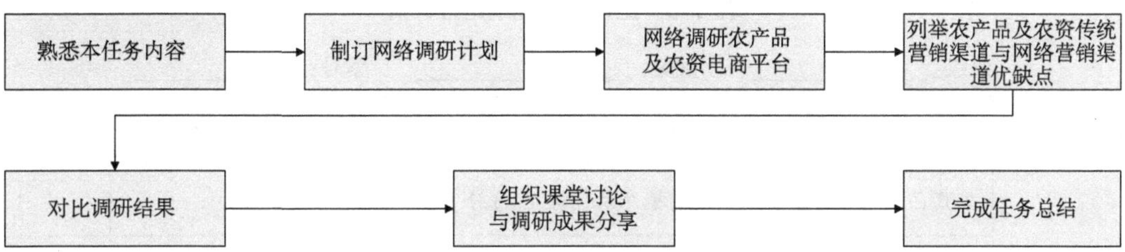

图 8-3　任务筹划流程

任务实施

步骤一：

步骤二：

任务总结：

任务检测

扫码做题

使用微信扫码进入在线测试，可多次答题，直到获得满意的结果。

二维码 8-13

任务检测

任务评价

完成学习任务后，预期能够达到的学习效果，由学生、小组和教师三方共同完成任务评价，见表 8-6。

表 8-6　工作任务完成过程评价

班级：______________　姓名：________________　学号：_____________

项目	评分标准	自我评价	小组评价	教师评价
知识技能	农产品及农资网络营销渠道的概念及优势（15 分）			
	农产品及农资 + 电商平台的概念及作用（15 分）			
	农产品及农资网络营销渠道的新发展模式（20 分）			
任务进度	能否掌握所学知识并合理运用（10 分）			
任务质量	能够合理完成任务并掌握本节所学知识点（20 分）			
素养表现	运用互联网的能力（10 分）			
思政表现	与时俱进（10 分）			
合计				
自我评价与总结				
教师点评				

课程思政专栏

打造“互联网+”农产品营销新模式

【课程思政关键词】科技兴农 探索精神 钻研创新 团结合作

【融入方式】随着互联网技术的不断发展和普及，电商直播作为一种新型的商业模式，正逐渐成为推动农业发展和乡村振兴的新动力。青海省某地为促进地方农业发展，推出特色农产品电商直播的新模式，借助电商平台和网络直播技术，将当地的特色农产品直接呈现给消费者。直播过程中不但展示农产品的特色，同时展示农产品的生长环境、生产加工过程，提高了消费者对产品的认知度和信任度，直播中还与消费者积极互动，销售产品的同时介绍当地的风土人情，特色景点，取得较好的效果。

（资料来源：https：//www.sohu.com/a/736857950_121488971?scm=1102.xchannel：325：100002.0.6.0）

【启示】电商直播助农为农产品销售提供了新的渠道和平台，使得农民能够直接与消费者建立联系，减少中间环节，降低交易成本。同时，通过直播展示农产品的品质和特色，提高了产品的附加值和市场竞争力，有效增加了农民的收入。

项目九

农产品及农资促销策略

项目导读

促销，简单地讲就是通过一定手段去刺激顾客的购买欲望，一个成功的促销不但能增加产品的知名度，还能提高促销者的美誉度。尤其在农资界，不同的促销方式带来的销售效果也不同，整合促销方式更能达到农产品及农资销售绽放新的生命力的效果。本项目主要讲授识别农产品及农资促销方案和设计农产品及农资促销方案两项任务。

知识目标

(1)理解农产品及农资促销概念。
(2)掌握农产品及农资促销方式及其优缺点。
(3)掌握农产品及农资促销方案撰写原则和主要工作步骤。
(4)掌握农产品及农资促销方案的构成与内容。

技能目标

(1)灵活运用人员推销策略，开展农产品及农资促销工作。
(2)灵活运用广告促销策略，开展农产品及农资促销工作。
(3)灵活运用营业推广促销策略，开展农产品及农资促销工作。
(4)灵活运用公共关系促销策略，开展农产品及农资促销工作。
(5)能运用农产品及农资促销策略。
(6)能制作农产品及农资促销方案。

素质目标

(1)热爱祖国、遵纪守法、遵守社会公德。
(2)具有良好的沟通能力。
(3)有良好的团队协作能力。

思政目标

（1）树立正确的世界观、人生观和价值观，践行社会主义核心价值观。

（2）培养团结协作、钻研创新的精神。

（3）树牢诚信为本的意识。

思维导图

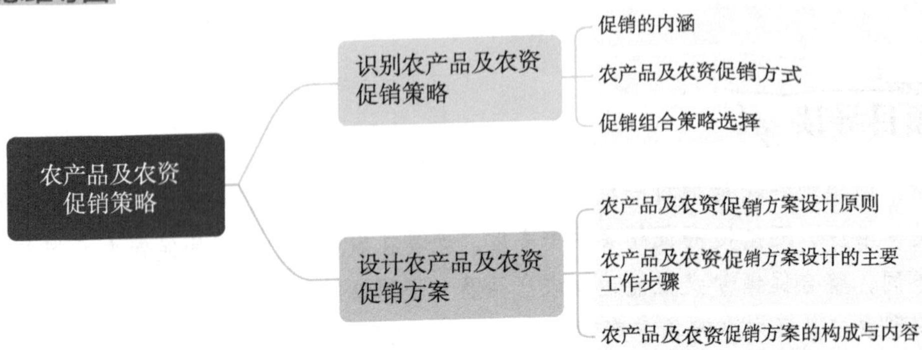

任务一 识别农产品及农资促销策略

任务导入

由于市场竞争的日趋激烈，农产品及农资经营企业不仅需要不断开发出高质量、高技术、能满足顾客需求的产品，而且还必须将其产品或服务的信息及时准确地传递给目标顾客；同时，运用促销手段刺激他们的购买欲望，达到促进销售的目的。

任务：利用问卷调查软件，设计 8 ~ 15 题的问卷，做一个有关促销策略的问卷调查。

任务工单

班级：____________　　姓名：____________　　学号：____________

<table>
<tr><th>任务名称</th><th colspan="4">识别农产品及农资促销策略</th></tr>
<tr><td>任务描述</td><td colspan="4">任务内容：1. 正确理解促销的概念；2. 准确区分农产品及农资不同促销方式及其适用的条件。
任务目的：理解促销的概念，准确区分和掌握农产品及农资不用不同促销方式特点和适用条件。
任务流程：1. 上网查询问卷设计的要求；2. 梳理农产品及农资不同促销策略相关知识点；3. 明确问卷设计的目标；4. 确定问卷题型；5. 围绕农产品及农资促销方式和组织策略编辑问卷。
任务方法：1. 分组讨论；2. 归纳巩固。</td></tr>
<tr><td>获取信息</td><td colspan="4">要完成任务，需要掌握相关的知识。请收集资料，回答以下问题：
1. 何为促销？

2. 农产品及农资促销方式有哪些？

3. 农产品及农资各种促销方式的特点是什么？</td></tr>
<tr><td>制订计划</td><td colspan="4"></td></tr>
<tr><td rowspan="6">任务实施</td><td colspan="4">按照预先制订的工作计划，完成本任务，并记录任务实施过程。</td></tr>
<tr><th>序号</th><th>完成的任务</th><th>遇到的问题</th><th>解决的办法</th></tr>
<tr><td></td><td></td><td></td><td></td></tr>
<tr><td></td><td></td><td></td><td></td></tr>
<tr><td></td><td></td><td></td><td></td></tr>
<tr><td></td><td></td><td></td><td></td></tr>
</table>

任务准备

知识准备

二维码 9-1

案例分析

一、促销的内涵

在信息化时代，无论是生活用品，还是休闲旅游，都必须通过有效的宣传促销手段才能让消费者了解并实现消费，达到增加销售的目的。作为农产品及农资经营企业，选择合适的促销策略、手段和渠道尤为重要。

（一）促销的概念

促销就是营销者向消费者传递有关本企业及产品的各种信息，说服或吸引消费者购买其产品，以达到扩大销售量的目的的一种活动。促销实质上是一种沟通活动，即营销者发出作为刺激消费的各种信息，把信息传递到一个或更多的目标对象，以影响其态度和行为。常用的促销手段有广告促销、人员推销、网络营销、营业推广和公共关系促销。

农产品及农资促销，是指农产品及农资经营主体以满足消费者需要为前提，将经营生产农产品及农资及其他产品（服务）的信息通过各种有效的宣传促销方式传递给消费者，根据生产、生活需求，实现购买的营销活动。

（二）促销的作用

1. 传递信息，缩短入市的进程

我国地域广阔，形成了许多特色鲜明的农产品及农资，生产者有好的产品因信息闭塞而找不到销路，中间商和消费者又苦于不知道哪里有卖而不能实现各自的愿望。通过宣传、促销、沟通信息，便于更多的中间经营者和消费者及时了解生产信息。

2. 诱发需求，开拓市场，扩大销售

在促销活动中，营销者规范地介绍产品及应用技术等知识，能很好地对消费者起到教育普及指导等作用，有利于激发消费者的需求欲望，往往会增加消费，提高销售量。

3. 有助于突出农产品及农资生产经营者的经营特色和产品特色

通过有效的促销可以树立良好的农产品及农资经营企业形象，突出农产品及农资特点，扩大企业或农产品的知名度，从而使消费者对本企业及产品产生青睐，坚定重复购买农产品及农资经营企业产品的决心。

二、农产品及农资促销方式

（一）人员推销

所谓人员推销是指农产品及农资经营企业派出专职或兼职的推销人员通过与顾客（或潜在顾客）人际接触来推动产品销售的促销方式。这是一种传统的推销方式，人员推销与其他促销方式相比有不可替代的优点，至今仍是农产品及农资经营企业广泛采用的一种促销方式。

1. 人员推销的特点

（1）人员推销相对灵活。人员推销与客户当面交谈，可以通过交谈与观察了解顾客，进而根据不同顾客的特点和反应，有针对性地调整自己的推销方式，解除顾客的疑虑和不满意感以适应顾客，引导顾客购买。

（2）信息传递的双向性。双向的信息沟通是区别于其他促销手段的重要标志。在推销过程中，一方面，推销人员与顾客当面交流，了解对方的需求，介绍农资产品特点、使用技术、功效等，正面排除顾客顾虑、解答疑难，达到促进产品销售的目的；另一方面，推销人员从顾客那里了解到的有关农资产品使用情况，反馈经营企业，以便不断完善产品，更好地满足需求，扩大销售，取得良好的营销效果。

（3）过程完整，竞争力强。人员销售是从选择目标市场开始，经过了解顾客需求，当面介绍产品，通过品尝、观赏和体验等方式较深入地了解产品，可提供各种服务，能更好地说服顾客购买，最后促成交易，这样一个完整的过程。人员销售的这一特点是任何促销方式所不具备的。

（4）友谊、协作长期性。推销人员与顾客直接见面，长期接触，可以促使买卖双方建立友谊，在长期保持友谊的基础上开展推销活动，有助于建立长期的买卖协作关系，稳定地销售产品。

2. 人员推销的基本形式

（1）上门推销。上门推销是最常见的人员推销形式。它是由推销人员携带产品的样品、说明书和订单等走访顾客，推销产品。这种推销形式，可以针对顾客的需要提供有效的服务，方便顾客，故为顾客所广泛认可和接受。此种形式是一种积极主动的、名副其实的“正宗”推销形式。如饲料、农药、菜苗等人员推销。

（2）柜台推销。它是指农产品及农资经营企业在适当地点设置固定的销售门店或设立专柜，由营业员接待进入门店的顾客，推销产品。门店的营业员是广义的推销人员。柜台推销与上门推销正好相反，它是等顾客上门的推销方式。门市里的产品种类齐全，能满足顾客多方面的购买要求，为顾客提供较多的购买方便，并且可以保证商品安全无损。

（3）展会推销。它是指利用各种会议向与会人员宣传和介绍产品，开展推销活动。如青洽会、农展会等，这些推销形式接触面广，推销集中，可以同时向多个推销对象推销产品，成交额较大，推销效果较好。

3. 人员推销的基本策略

（1）试探性人员推销策略。通过与顾客的“溶透式”交谈，观察其反应，试探其具体要求，然后根据顾客的反应进行宣传，刺激其产生购买动机，引导产生购买行为的商品促销策略。此策略具有如下特点：一是事先尚不了解顾客的需求；二是通过试探性地交谈以了解顾客的需求；三是根据顾客的需求反应以刺激顾客的购买欲望和形成购买行为。

（2）针对性人员推销策略。又称“启发—配合”策略，指推销人员事先已了解了顾客的某些具体要求，针对这些要求积极主动地与之交谈，引起对方的共鸣，从而促成交易的商品促销策略。此策略具有如下特点：一是已了解顾客的需求；二是针对顾客的需求进行交谈，以引起对方的共鸣；三是要使顾客相信你的话。

二维码 9-2

课程视频

（3）诱导性人员推销策略。又称“需求—满足”策略，指推销人员通过与顾客交谈，引起顾客对所推销的商品或服务的需求欲望，促使顾客把满足其需求的希望寄托在推销员身上，这时推销员再说明自己手头上正好有能够满足其需求的商品或服务，使顾客产生购买兴趣，以实现购买行为的商品促销策略。此策略具有如下特点：一是有目的地与顾客交谈；二是交谈内容要与自己所要推销的商品有关；三是通过交谈引起顾客对所推销商品的兴趣；四是在激起顾客兴趣之后再说明自己手头上有顾客需求的商品或服务。

（二）广告促销

广告作为一种传递信息的活动，它是农产品及农资经营企业在促销中普遍重视且应用最广的促销方式。广告是通过特定的媒体来实现的，广告的目的是促进商品销售，进而获得较好的经济效益。新媒体短视频是这个时代最强的营销力量。

1. 广告促销的特点

（1）信息性。通过广告告知消费者某类产品的信息。消费者在未购买之前对产品先有了一定的了解，这样会缩短打开市场的时间。当下淘宝、快手、抖音等平台直播带货，就是产品信息的广泛传递。

（2）说服性。广告是人员推销的补充，人员推销时先有广告做基础，可加快顾客购买速度，坚定购买的决心。顾客随着时间的推移，可能对农产品及农资经营企业、农产品及农资经营企业产品淡忘，广告还可以刺激记忆，说服其购买。

（3）群体性。广告不是针对某一个人或某一个农产品及农资经营企业而设计，是以面向某一个受众群体为接受对象。同时，由于广告是利用多种媒介发布，所以广告的接受者一定是群体而不是个体。

（4）效果显著性。随着互联网+、信息时代的到来，智能手机和5G网络的普及，人们接触宣传媒体的时间和频率增加数倍，一则好的短视频广告会很快被人们熟悉并迅速传播开来。2024 年 11 月“砂糖橘”哈尔滨游学引起全国网友的关注，引发南北互赠特产，让旅游更有温度。借助创新创意赋予冰雪更多魅力，释放巨大吸引力，掏家底、整新活，提升游客体验感的同时，不断刷新他们对“冬天”的认知。

2. 广告宣传的原则

（1）要合法，符合社会主义精神文明建设的要求等，广告不得含有欺骗和误导消费者的内容。广告的生命在于真实，进行广告宣传必须如实地向消费者介绍产品，不可夸大其词误导或欺骗消费者。

（2）广告媒介费用很高，传统意义上的广告宣传要根据宣传的目标、规模、服务、场地通盘考虑，从实际出发，节约成本力争最少广告费用取得最大的效益，新媒体短视频营销更具性价比，更符合这个时代消费特点。

（3）电视广告、印刷广告等分别全面地通过美的语言、美的画面环境将广告意念烘托出来。要处理好真实性和艺术性的关系，艺术形式不得违背真实性原则，要运用新的科学技术，精心设计、制作广告，要给人以美感，要使广告的受众从中得到启发，受到感染。

3. 广告媒体选择策略

（1）广告媒体选择策略要确定三个问题：选择媒体工具、确定播出频率及确定媒体的利用时间。广告媒体工具很多，但都有其适应性和局限性，要正确选择广告媒体，首先要清楚各种广告媒体的特点。

（2）影响媒体选择的因素。

①产品特点及广告内容：不同产品应选择不同的广告媒体。

②消费者的习惯：不同的消费者对广告媒体的喜好不同，接触程度不同。例如，网上购买水果等适合年轻人的产品，选择网络媒体较好。

③媒体的传播范围和影响力：不同媒体传播范围和影响力不同，在选择时既要考虑其传播信息的广度，又要考虑其影响的深度，要使农产品及农资经营企业的目标市场与广告的传播范围和影响力所达到的程度相一致。一般来说，本地的农产品及农资经营企业，通常会选择本地的媒体，如电视、报纸及广播等，进行信息的传播。

④媒体成本：不同媒体所需广告费用是不同的，除要考虑广告效果外，还要考虑农产品及农资经营企业的促销预算，尤其是用于广告部分的。

在选择广告媒体时，以上因素应综合考虑，权衡利弊，具体情况具体分析，选择最适合农产品及农资经营企业需要的广告媒体。

（3）广告时机选择。确定广告内容，选择广告媒体固然重要，但广告最佳时机的选择则可以使农产品及农资经营企业的广告支出取得最大的效果。产品一般有淡、旺季之分，如何保证旺季有充足的广告投入，而淡季产品又不会淡出消费者的记忆，是广告时机决策的重要内容。例如，在新鲜水果上市之时，可以借助媒体进行推广、宣传。

二维码 9-3 课程视频

二维码 9-4 拓展学习

（三）营业推广

营业推广，是一种适用于短期推销的促销方法，指那些不同于人员推销、广告和公共关系的销售活动，它旨在激发消费者购买和促进经销商的效率，诸如陈列、展出与展览表演和许多非常规的、非经常性的销售尝试。

1. 营业推广的特点

（1）营业推广是一种强烈刺激需求、扩大销售的活动。

（2）营业推广是一种辅助性质的、非常规性的促销方式。

（3）营业推广不能单独使用，需要与其他促销方式配合使用。

（4）营业推广适用于特定时期或特定任务的短期性促销活动。

二维码 9-5 拓展学习

2. 营业推广的方式

营业推广的方式多种多样，每一个农产品及农资经营企业不可能全部使用。这就需要农产品及农资经营企业根据各种方式的特点、促销目标、目标市场类型、环境等因素，选择适合企业的营业推广方式。

（1）向消费者营业推广的常用方式。

①赠送促销。向消费者赠送样品或试用品，赠送样品是介绍新产品最有效的方法，缺点是费用高。样品可以选择在景区商店或小区散发，或在其他农产品中附送的方法。

②折价券。在购买某种商品时或特定时间，持券可以免付一定金额。折价券可以通过消费积分、关注公众号等方式领取。

③包装促销。以较优惠的价格提供简易组合包装和搭配包装的产品。

④抽奖促销。顾客购买一定的产品或消费达到一定额度后可获得抽奖券，凭券进行抽奖获得奖品或奖金。

⑤现场演示。企业充分利用节假日等举办或参与相关文化活动，设立销售点，促销员现场演示本企业的产品，向消费者介绍产品的特点、用途和使用方法等。

⑥联合推广。企业与零售商联合促销，将一些能显示企业优势和特征的产品在商场集中陈列，边展览边销售。

⑦参与促销。企业冠名技能竞赛、知识比赛等活动，消费者通过参与各种促销活动，获取企业产品的奖励。

⑧展会促销。各类展销会、博览会、业务洽谈会期间的各种现场产品介绍、推广和销售活动。

（2）向中间商营销推广的常用方式。

①推广津贴。为促使中间商购进企业产品，帮助企业推销产品，可以支付给中间商一定的推广津贴。

二维码 9-6

课程视频

②销售竞赛。根据各个中间商在一定的期限内销售本企业产品的实际业绩，分别给优胜者以不同的奖励，以起到更好的激励作用。

③扶持零售商。生产商对零售商销售专柜的装潢予以资助，培训销售人员，提供POP广告，以巩固强化零售网络，促使销售额增加，提高中间商推销本企业产品的积极性和能力。

（四）公共关系促销

公共关系促销是通过大众媒体，以新闻报道形式来发布所要推广的农产品及农资的信息，或以参加公益活动的形式间接展示农产品及农资经营企业及其产品的促销方式。

1. 公共关系促销的作用

农产品及农资经营企业的公共关系是指农产品及农资经营企业与其相关的社会公众的相互关系，这些社会公众主要包括：供应商、中间商、消费者、竞争者、金融保险机构、政府部门、科技界、新闻界等。可见，农产品及农资经营企业营销活动中存在着广泛的社会关系，良好的社会关系是企业成功的保证之一。因此，建立和保持农产品及农资经营企业与社会公众的关系，在营销活动中具有重要的作用。

（1）农产品及农资经营企业形象是公共关系的核心。公共关系首要的任务是树立和保持农产品及农资经营企业的良好形象，争取广大消费者和社会公众的信任和支持。一个农产品及农资经营企业除生产优质产品和搞好经营管理之外，还必须重视创建良好的形象和声誉。创建良好农产品及农资经营企业形象为核心的公共关系这项管理职能，它涉及农产品及农资经营企业活动的各个方面，而且是长期、不断地积累，不断地努力的结果。

（2）农产品及农资经营企业公共关系的最终目的是促进产品销售。公共关系的目的在于互相沟通、互相理解，在农产品及农资经营企业行为与公众利益一致的基础上争取消费者对企业的信任和好感，使广告等促销活动产生更大的效果，最终扩大产品的销路。它是通过推销农产品及农资经营企业本身，从而促进产品销售。

（3）公共关系属于一种长效促销方式。公共关系比广告等活动成本少得多，有时甚至不需支付费用，而其效果却大得多，尤其是需要使消费者建立信任感的商品。

2.公共关系促销的方式

（1）利用新闻媒介。由新闻媒介提供的宣传报道对农产品及农资经营企业来说，是一种免费广告，它能给企业带来许多好处。首先，它比广告创造更大的新闻价值，有时甚至是一种轰动效应，而且能鼓舞企业内部的士气和信心，一个农产品及农资经营企业或者产品能作为新闻报道而受到赞扬，无疑是一种有力的激励。其次，宣传报道比广告更具有可信性，使消费者在心理上感到客观和真实。

（2）参与社会活动。农产品及农资经营企业在从事生产经营活动的同时，还应积极参与社会活动。一方面，在社会活动中体现自己的社会责任，赢得社会公众的理解和信任，充分表现企业作为社会的成员应尽的责任和义务。另一方面，结交社会各界朋友，建立起广泛和良好的人际关系。这种方式是通过语言、文字的沟通，为农产品及农资经营企业广结良缘，巩固传播效果。

（3）企业印发各种宣传材料。除了介绍企业的小册子、通信、画册等，还可以举办形式多样的展览会、报告纪念会及有奖竞赛等。通过这些活动使社会公众了解农产品及农资经营企业的历史、业绩、名优产品、优秀人物、发展前景，达到树立农产品及农资经营企业形象的目的。

（4）进行公益性公关。通过赞助文化、教育、体育、卫生等事业，支持社区福利事业，参与国家、社区重大社会活动等形式，塑造农产品及农资经营企业的社会形象，提高企业的社会知名度和美誉度。这种公关方式公益性强，影响力大，但成本较高。

二维码 9-7　拓展学习

二维码 9-8　课程视频

三、促销组合策略选择

促销组合就是结合企业农产品及农资特点，有目的、有计划地把人员、广告、营业推广和公共关系等销售策略结合起来，综合运用，发挥各自优势，达到农产品及农资经营企业促销的目标。

（一）促销组合策略的类型

农产品及农资经营企业在制订促销策略时，应综合考虑不同农产品及农资的特点、营销目标、企业内部条件、外部市场环境、消费者需求等因素，进行选择和组合。常用的促销组合策略有以下三种。

1. 推销式促销策略

推销式促销策略是农产品及农资经营企业（促销主体）将产品或服务通过分销渠道“推”到中间商或消费者手中，多以中间商为促销对象。实行推销式促销策略的农产品及农资经营企业，主要是运用人员推销和营业推广手段把商品推向市场。

实行推销式促销策略要求推销人员针对不同的农产品及农资、不同的推销对象，采取不同的方式方法。推销式促销策略的主要方式是人员销售。推销式促销策略有推销周期短、耗费人力大的特点。

2. 拉动式促销策略

拉动式促销策略是农产品及农资经营企业大量运用广告和其他宣传措施，吸引和激发消费者对产品产生兴趣，产生购买行为，多以最终消费者为促销对象。

拉动式促销策略的主要促销方式是广告和营业推广。实行拉动式促销策略的农产品及农资经营企业，要做好促销预算，因为要选择传播速度快、覆盖面大的媒体广告费用较高，营业推广成本较高。

3. 结合促销策略

在实际促销中，农产品及农资经营企业常把上述两种策略结合起来运用。在向中间商进行促销的同时，采用结合策略，用双向的促销努力把农产品及农资推向市场，推向消费者。

不同的农产品及农资有不同的季节性和用途，在满足不同消费者需求时，采取不同的促销组合策略。

（二）影响促销组合策略选择的因素

促销方式各具特点，农产品及农资经营企业根据市场销售的实际，选择制订出最佳组合策略。影响促销组合策略选择的因素主要有以下几个方面。

1. 产品的性质

不同性质的产品，购买者和购买目的不同，因此要采用不同的促销组合。在消费者市场，因市场范围广而更多采用拉动式促销策略，尤其是以广告和营业推广为主；在生产者市场，因购买者购买批量较大，市场相对集中，则以推销式促销策略为主。

2. 产品市场生命周期

农产品的最大特点是典型的“季节性生产，全年消费”的品种。产品所处的市场生命周期的阶段不同，促销方式亦有所不同，应选择不同的促销组合策略。如一个新的农产品培育期，采用广告宣传，让消费者认识和了解产品，从而更多地关注该产品，以达到后期产品成熟上市后的促销目的。

3. 市场性质

市场规模不同，促销组合与促销策略也有所不同。从市场地理范围大小看，若促销对象是小规模的本地市场，应以人员推销为主；而对广泛的全国甚至世界市场进行促销，则多采用广告（新媒体短视频）形式。从市场类型看，消费者市场因消费者多而分散，多数靠广告等非人员推销形式；而对用户较少、批量购买、成交额较大的生产者市场，则主要采用人员推销形式。

二维码 9-9

课程视频

在直播带货的市场营销方式下，消费者不仅看重产品质量、运输速度，更看重带货主播及其团队的知识涵养和互动方式。

人员准备

人员分组，每组 4 人。职责分工，见表 9-1。

表 9-1　任务角色分工

任务角色	任务内容
组长：	重点讨论促销的概念，便于更好地理解，整理组员讨论材料
组员 1：	重点讨论农产品及农资人员推销和营业推广的促销方式及其特点
组员 2：	重点讨论农产品及农资广告和公共关系的促销方式及其特点
组员 3：	重点讨论农产品及农资促销组合策略的类型

任务筹划

任务筹划流程如图 9-1 所示。

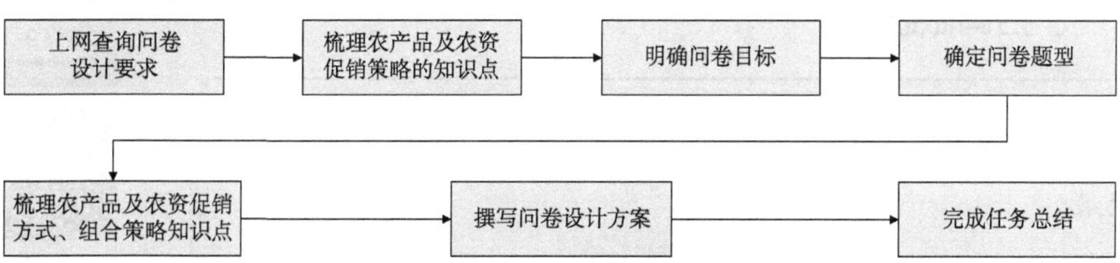

图 9-1　任务筹划流程

任务实施

步骤一：

步骤二：

步骤三：

任务总结：

任务检测

一、扫码做题

二维码 9-10

使用微信扫码进入在线测试，可多次答题，直到获得满意的结果。

任务检测

二、讨论题

（1）中国网生态中国频道：青海省把发展电子商务作为构建数字经济的重要任务，以电子商务进农村综合示范项目为牵引，打通“工业品下乡，农产品进城”双向流通渠道，带动了青稞、牦牛、藏羊、冷水鱼等高原农产品规模化、标准化、绿色化、品牌化发展，不仅提升了青海农特产品的知名度，而且全面带动了贫困户持续增收，为助力青海脱贫攻坚、活跃地方经济发展注入新的动能。

请同学们根据上述资料，讨论电子商务作为构建数字经济的前提和现实意义。

（2）网络连着大市场，曾经“养在深闺人未识”的青海土特产，如今可以在网上“一键下单”。依托“互联网+”，电商企业让青海“名”“优”“土”“特”“新”产品搭乘电商快车，走俏青海省外市场。据统计，2022 年 1 月至 4 月，全省实现农产品网络零售额 2.85 亿元，同比增长 48.4%，占实物商品网络零售额的 55.9%。直播带货让青海省奶制品、枸杞、牛羊肉、蜂产品等更多特色农产品触“网”营销。

请同学们根据上述资料，讨论促销组合策略在网络营销、自媒体时代的应用。

任务评价

完成学习任务后，预期能够达到的学习效果，由学生、小组和教师三方共同完成任务评价，见表 9-2。

表 9-2　工作任务完成过程评价

班级：＿＿＿＿＿＿　姓名：＿＿＿＿＿＿＿　学号：＿＿＿＿＿＿

项目	评分标准	自我评价	小组评价	教师评价
知识技能	促销的概念（10 分）			
	各种促销方式及其特点（30 分）			
	促销组合策略的类型（10 分）			
任务进度	能否 100% 准确地完成任务检测（10 分）			
任务质量	能够理解促销的概念，准确区别促销方式，较好掌握促销组合策略的类型（20 分）			
素养表现	学生之间的团队协作意识强（10 分）			
思政表现	学习踏实、团结友爱、文明上网（10 分）			
合计				
自我评价与总结				
教师点评				

任务二 设计农产品及农资促销方案

任务导入

促销方案是农产品经营企业在进行产品或服务的销售之前，为使销售达到预期目标而进行的各种销售活动的整体性方案。一份有创意、可操作性强及关联性强的促销方案对农产品经营企业来说非常重要，促销时间、促销目标、促销主题、活动整体方案、设计促销宣传、费用预算、促销工作进度，每一项内容都必不可少。

任务：选定“五一”或“十一”等特定时期，设计制订出一份完整的农产品或农资促销方案。

任务工单

班级：______________　姓名：________________　学号：_____________

任务名称	设计农产品及农资促销方案
任务描述	任务内容：1. 了解农产品及农资促销方案设计原则；2. 了解农产品及农资促销方案设计的主要工作；3. 熟悉农产品及农资促销方案的构成与内容。 任务目的：掌握农产品及农资促销方案设计原则，了解农产品及农资促销方案设计的主要工作，熟悉农产品及农资促销方案的构成与内容。 任务流程：1.农产品及农资促销方案设计原则；2.农产品及农资促销方案设计的主要工作；3.活动目的；4.活动对象；5.活动主题；6.活动方式；7.时间地点；8.前期准备；9.费用预算；10.效果预估。 任务方法：1.分组讨论；2.情景模拟；3.撰写方案。
获取信息	要完成任务，需要掌握相关的知识。请收集资料，回答以下问题： 1.农产品及农资促销方案设计原则有哪些？ 2.农产品及农资促销方案设计的主要工作有哪些？ 3.农产品及农资促销方案的构成与内容有哪些？
制订计划	

续表

<table>
<tr><th>任务名称</th><th colspan="4">设计农产品及农资促销方案</th></tr>
<tr><td rowspan="6">任务实施</td><td colspan="4">按照预先制订的工作计划，完成本任务，并记录任务实施过程。</td></tr>
<tr><td>序号</td><td>完成的任务</td><td>遇到的问题</td><td>解决的办法</td></tr>
<tr><td></td><td></td><td></td><td></td></tr>
<tr><td></td><td></td><td></td><td></td></tr>
<tr><td></td><td></td><td></td><td></td></tr>
<tr><td></td><td></td><td></td><td></td></tr>
</table>

任务准备

知识准备

一、农产品及农资促销方案设计原则

在农产品及农资的整个营销环节中，面向消费者的卖场是最后一环。农产品及农资进入卖场，摆上货架，只是从商业上游转移到下游而已，只有把产品销售出去，才完成了整个销售过程。如何让产品脱颖而出，引起顾客的关注，就需要不断有针对性地开展一些农产品及农资促销活动。设计一个切实有效的促销方案应遵循以下四个原则。

（一）创意要新

现在终端的竞争已进入白热化状态，每个农业生产经营者都使出浑身解数，在销售终端投入了大量的人力、财力、物力，而促销活动对于抢占市场份额、拉动销量是最直接、最有效的，因此促销活动非常频繁，真正是“你方唱罢我登场”。创意要新、奇、特，就需要走不一样的思维模式，大胆设想、小心求证，不能闭门造车。

（二）关联性要强

促销的设计要与产品本身相关性要强，不能“挂羊头卖狗肉”，否则就是做无用功。

（三）可操作性要强

创意新，充分利用时间节点，简单易操作性。

（四）促销成本有效控制

成本控制直接关系到农产品及农资促销活动的投入产出比。

二、农产品及农资促销方案设计的主要工作步骤

农产品及农资促销方案设计与撰写没有固定的格式，但一般需要完成以下五项工作内容。

（一）建立促销目标

概括来说，促销目标有两大类：短线速销和长期效果。

1. 短线速销

一般通过三个途径可以达到短线速销的目的。

（1）提高购买的人数。常用方法有POP推广、竞赛、减价优惠、免费试用等。

（2）提高人均购买次数。常用方法有赠品、折价券、积分抵现、酬谢包装等。

（3）增加人均购买量。常用方法有折价券、组合大礼包、赠品、酬谢包装等。

2. 长期效果

常用方法有竞赛和赠品。

（二）选择促销方式

在选择促销方式时，要考虑以下因素。

（1）促销目标。特定的促销目标会对促销方式的选择有着相对明确的条件制约和要求，从而确定了促销方式选择的可能范围。

（2）产品特性。

（3）消费者的消费心理及消费习惯。

（4）促销对象。

（5）竞争对手的情况。

（6）促销预算。

（三）设计促销方案

根据促销目标，设计撰写整体促销方案。

（四）试验、实施和控制方案

通过测试来确定促销方式的选择是否准确、刺激程度是否理想、现有途径是否有效等，可采用网络问卷或测试的方法。经测试后与预期相近，便可组织进入实施阶段。在实施中要注意监测市场反应，并及时调整，保持良好的实施动态，以便较好实现预期效果。

（五）促销策划中的注意事项

（1）促销目标定出促销计划。

（2）选择合适的促销方式。

(3)促销对象必须针对促销商品的目标消费人群。
(4)促销活动文案要简单易懂。
(5)参与促销活动的条件要求不要过多。
(6)注意与其他营销沟通方式整合运用(如广告促销、人员推销、公共关系促销)。
(7)新产品的促销活动必须先试销后实施。
(8)促销计划要在活动实施前两个月制订好。
(9)促销活动前要合理备货。
(10)促销活动实施期限要适宜。

三、农产品及农资促销方案的构成与内容

(一)活动目的

促销活动的目标与企业经营目标是一致的。一般来说，农产品及农资经营企业的促销活动目的主要有以下几个方面。

(1)增加客流量，扩大销售营业额。
(2)及时清理库存，加速资金周转。
(3)宣传推广新产品，扩大知名度。
(4)提升农产品及农资经营企业形象。
(5)稳定老客户，开发新顾客。
(6)击败竞争对手。

(二)活动对象

针对的对象和范围，活动针对的是目标市场的每个人还是某一个群体；活动控制在多大范围内；确定哪个群体是促销活动的主要目标。确定了明确的活动对象后，才能开展有针对性的促销活动。

(三)活动主题

活动主题是促销活动的灵魂。促销活动的内容必须围绕主题展开，促销主题的选择要把握两个原则：一是新颖性，即促销内容、促销方式、促销口号等要有新意，这样才能吸引目标消费者；二是实用性，以及能让顾客实实在在地得到实惠。

(四)活动方式

根据活动对象和活动主题选取有效的活动方式，使整个促销活动更具有吸引力。活动方式可以选择折价优待促销、优惠券促销、样品赠送促销、竞赛与抽奖促销等方式，更可以是几种促销活动方式的组合。

（五）活动时间和地点

活动时间和地点的选择至关重要。活动时间的选择应注意以下三个方面。

1. 促销活动的持续时间

一般将持续时间在 1 个月以上的促销活动称为长期促销活动，增强顾客对卖场的向心力；另一类是短期促销活动，通常延续时间为 2 ～ 7 天，其目的是希望在有限的时间内通过特定的主题活动来提高来客数，以达成预期的营业目标。

2. 促销活动的所处时期

在不同的季节、气候、温度条件下，顾客的消费习惯和需求都会产生很大的差异。

3. 促销活动的时机

可以选择节假日、农产品及农资经营企业的节庆以及季节转换之际开展促销活动。

促销地点的选择可以与促销主题、促销时间相结合，选取合适的促销地点，以达到促销目的。

（六）前期准备

前期准备包括前期广告宣传、组织人员及分工、物资准备等。

（七）费用预算

对促销活动的费用投入和产出应做出预算，包括促销调查预算、促销策划预算、设计制作预算、促销实施预算、广告媒介预算、其他活动所需要的费用以及机动费用。

（八）效果预估

预测本次促销活动会达到的效果，有利于促销活动结束后与实际情况进行比较，总结好经验好做法，为以后的促销活动提供借鉴。

二维码 9-11 拓展学习

二维码 9-12 课程视频

人员准备

人员分组，每组 4 人。职责分工，见表 9-3。

表 9-3　任务角色分工

任务角色	任务内容
组长：	重点讨论设计农产品及农资促销方案的主要工作步骤及其构成与内容，拟定促销情景模拟，提出工作要求和分配撰写任务
组员 1：	结合模拟身份、要求和任务，完成撰写任务
组员 2：	结合模拟身份、要求和任务，完成撰写任务
组员 3：	结合模拟身份、要求和任务，完成撰写任务

任务筹划

任务筹划流程如图 9-2 所示。

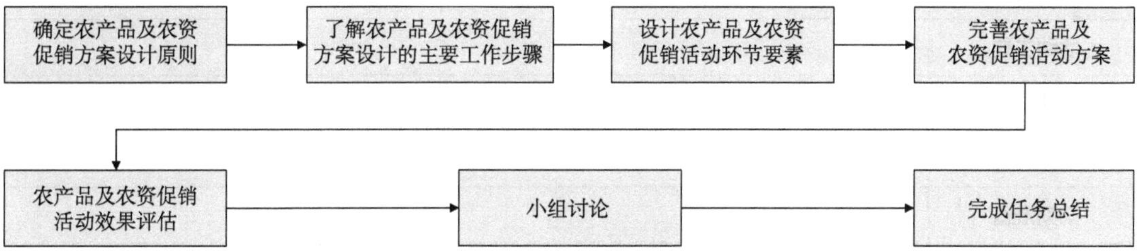

图 9-2　任务筹划流程

任务实施

步骤一：

步骤二：

步骤三：

任务总结：

任务检测

一、扫码做题

使用微信扫码进入在线测试，可多次答题，直到获得满意的结果。

二维码 9-13

任务检测

二、讨论题

各小组成员结合讨论确定美丽乡村旅游宣传、传统节日农俗活动或农产品展销会等主题，设计撰写一份完整农产品及农资促销方案，见表 9-4。

表 9-4 促销方案

活动目的	
活动对象	
活动主题	
活动方式	
活动时间地点	
前期准备	
费用预算	
效果预估	

任务评价

完成学习任务后，预期能够达到的学习效果，由学生、小组和教师三方共同完成任务评价，见表 9-5。

表 9-5 工作任务完成过程评价

班级：________ 姓名：________ 学号：________

项目	评分标准	自我评价	小组评价	教师评价
知识技能	农产品及农资促销方案设计原则（10 分）			
	农产品及农资促销方案设计的主要工作步骤（20 分）			
	农产品及农资促销方案的构成与内容（20 分）			
任务进度	能否 100% 地完成任务检测（10 分）			
任务质量	小组分工协作，设计撰写一份完整的促销方案（20 分）			
素养表现	学生之间的团队协作意识强（10 分）			
思政表现	团结友爱、诚信、文明上网（10 分）			
合计				
自我评价与总结				
教师点评				

课程思政专栏

东方甄选的营销模式有哪些特点？

【课程思政关键词】抖音直播　新赛道　诚信　产品质量　品质优势

【融入方式】2022 年 6 月 16 日，新东方在线旗下东方甄选的董宇辉直播近期可谓爆火，在社交媒体上引发广泛传播和讨论。

一是从选品阶段控制产品质量。通过采访，供应商表示，东方甄选直播间不需要坑位费，不需要寄大量样品，并且态度严谨，严格把关产品质量。这种创新的供货模式无疑是利于其自身长期发展的，可以吸引到更多更稳定的供应商，形成伙伴关系。此外，也利于改善直播带货“天价”坑位费频出的大环境。

二是从价格方面提高品质优势。新东方直播间的定位是“比市面上的产品好，但价格贵点”，打破了直播带货一直以来追求的“低价”定律，也减少了因产品质量引发各种信任问题，让消费者买到放心的产品。创新供货模式，与供应商成为伙伴关系；严把产品质量关，赢得良好的口碑。让消费者与直播间产生黏性，从而不断复购。

（资料来源 https：//www.zhihu.com/question/540304530）

【启示】抖音直播带货是一条足够大的新赛道，助农直播带货。响应国家农业振兴政策，借助时代红利重振新东方的契机。发挥团队优势，创造了独特的商业价值。

王牌主播董宇辉，每一个超级爆品都有一个超级卖点，能够打动消费者购买的最大理由。董宇辉直播带货输出内容精准、优质，观众在购物的同时，还能学习各种文化知识，具有独特的吸引力。

任何产品爆红，都离不开过硬的产品力，只有足够强的产品质量才会有回购。

项目十 农产品及农资物流

项目导读

农产品及农资作为物流领域的一个重要分支，对于保障农产品及农资供应、促进农业发展和农民增收具有举足轻重的地位。如今，农产品及农资物流已成为产业链供应链的“血脉”，大数据、云计算、人工智能等技术在物流业的推广应用，将为现代物流业的发展增添新的动能，也与民众生活密不可分，让民众的生活更为便利。本项目主要包括认识农产品及农资物流、掌握农产品及农资物流功能与管理、了解农产品及农资物流发展趋势三个任务。

知识目标

(1)掌握农产品及农资物流的概念和特征。
(2)掌握农产品及农资物流的分类。
(3)掌握农产品及农资物流各环节功能及其合理化措施。
(4)掌握农产品及农资供应链的概念和特征。

技能目标

(1)理解农产品及农资物流的含义。
(2)掌握农产品及农资物流各环节功能，能够合理地运用各项功能。

素质目标

(1)培养学生团队协作、互利共赢的精神。
(2)提升学生独立思考的能力。

思政目标

(1)培养农业现代化的观念。
(2)培养合理规划，因地制宜的能力。
(3)培养勇于探索，与时俱进的精神。

思维导图

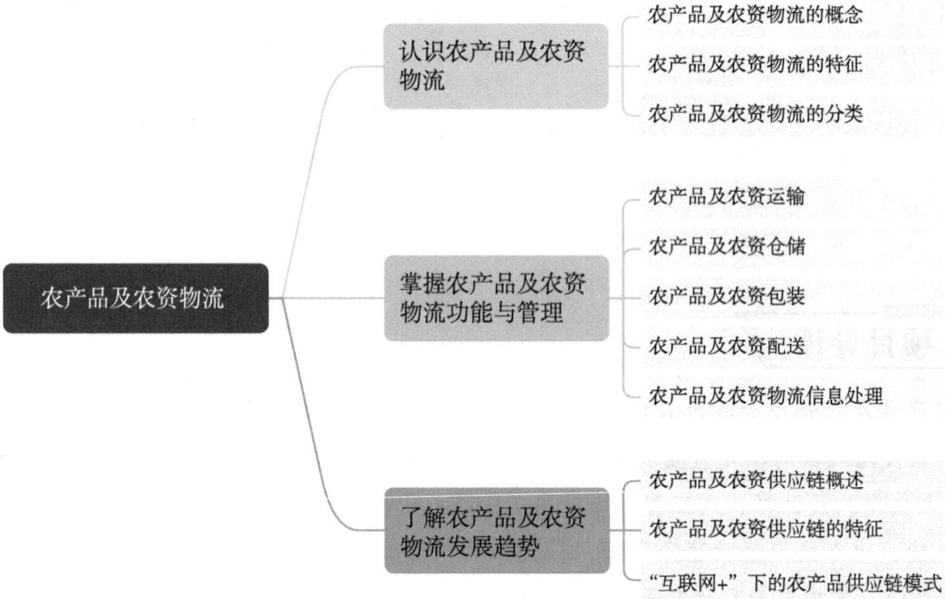

任务一 认识农产品及农资物流

任务导入

为了响应商务部开展的“万村千乡市场工程”，苏州市惠家乐超市近年来持续开展“上山下乡”活动，与农产品生产基地共建了一种新型农产品物流模式——“双流通”物流模式，并逐渐发展成为农产品销售的典型模式。为了开启现代农产品物流，惠家乐超市一方面，成功运作基层合作社改制、构建农产品营销网络、打造网络营销平台等。另一方面，惠家乐超市致力于突破传统经营理念，与农产品生产基地达成了“信息互通、利益共享、风险共担”的战略合作模式，以订单为导向，形成了有效的供应链机制。

任务：根据本任务内容，以网络调研方式，收集农产品及农资物流在乡村振兴战略中的典型案例，并进行课堂分享与讨论。

任务工单

班级：____________　姓名：______________　学号：___________

<table>
<tr><th>任务名称</th><th colspan="4">认识农产品及农资物流</th></tr>
<tr><td>任务描述</td><td colspan="4">任务内容：1. 熟悉农产品及农资物流的概念；2. 掌握农产品及农资物流的特征；3. 掌握农产品及农资物流的分类。
任务目的：掌握农产品及农资物流的特征及分类。
任务流程：1. 熟悉本节知识点；2. 网络查询相关资料；3. 组织讨论农产品及农资物流的特点及分类。
任务方法：1. 教师讲解；2. 查阅资料；3. 分组讨论。</td></tr>
<tr><td>获取信息</td><td colspan="4">要完成任务，需要掌握相关的知识。请收集资料，回答以下问题：
1. 什么是农产品及农资物流？

2. 农产品及农资物流的特点有哪些？

3. 农产品及农资物流的分类有哪些？</td></tr>
<tr><td>制订计划</td><td colspan="4"></td></tr>
<tr><td rowspan="6">任务实施</td><td colspan="4">按照预先制订的工作计划，完成本任务，并记录任务实施过程。</td></tr>
<tr><th>序号</th><th>完成的任务</th><th>遇到的问题</th><th>解决的办法</th></tr>
<tr><td></td><td></td><td></td><td></td></tr>
<tr><td></td><td></td><td></td><td></td></tr>
<tr><td></td><td></td><td></td><td></td></tr>
<tr><td></td><td></td><td></td><td></td></tr>
</table>

任务准备

知识准备

一、农产品及农资物流的概念

“物流”的概念，最早起源于美国，20 世纪 30 年代，物流原意为“实物分配”或“货物配送”，是供应链活动的一部分。二战期间，美国从军事需要出发，在对军火进行战时供应中，首先采用了“物流管理”这一名词，并对军火的运输、补给、屯驻等进行全面管理。二战后，物流管理被美国人用到企业管理中，称作“企业物流”，是指对企业的供销、运输、存储等活动进行综合管理，根据实际需要，将运输、储存、装卸、搬运、包装、流通加工、配送、信息处理等基本功能实施有机结合。《物流术语》(GB/T 18354—2021)中物流定义：“物品从供应地向接收地进行实体流动过程。”

农产品及农资物流是指为满足用户需求，实现农产品及农资价值，而将农产品及农资从生产者到消费者之间进行实体流动的过程。在这个过程中，把农产品及农资采购、运输、仓储、包装、装卸搬运、流通加工、配送及相关信息处理等功能有机结合起来。

二、农产品及农资物流的特征

与一般商品物流相比，农业生产的季节性和地域性、消费者的普遍性决定了农产品及农资物流呈现出了一些特殊的性质。

(一)过程复杂、储运要求高

农产品及农资易腐、量大、生产周期长等特点，决定了它对仓储环境、运输设施设备、包装技术、储存手段等方面要求较高。在农产品运输、储存、配送等过程中，为了保证质量，需采取低温、防潮、防虫等一系列技术手段，这就要求农产品及农资物流服务提供者必须具备相应的配套设施，并且要做到对储运全过程进行严格的质量控制，以确保用户要求。

(二)数量大、范围广

农业生产受自然条件限制大，各地区差异较大，不管是粮食作物、养殖或水产品，还是经济作物，都有较强的季节性和地域性，由于受到时间和空间的限制，尤其是在农产品收获季节，产销之间的转移量大，农产品物流也因此呈现出了数量大、范围广的特点。

(三)过程中增值

农产品的市场价值很大一部分是在流通过程中实现的，主要有农产品的分类包装、适度加工、配送增值、储存增值等。例如，粮食的精细化加工、畜牧产品的真空包装、海洋水产品的冷冻储运等，都能够使农产品的价值得到提升。

(四)风险大、难度高

不同于工业产品，农产品的特殊性对物流设施设备的要求特别高，运输中间环节多，储存量大，装卸搬运复杂，物流过程中不稳定性因素较多。因此，在农产品物流的各个环节都要进行质量把控，以确保产品质量。

（五）物流的方向

二维码 10-1

课程视频

农业生产基地在农村，农产品流向城市。而大多数农资生产者却分布在了离乡村较远的城市，要满足农业生产对农资产品的需求，就需要使农资产品从城市转移到农村。因此，农资生产者需将农资产品准确、高效地送达到农业生产者手中，才能实现其最终价值。

三、农产品及农资物流的分类

（一）按供应链中的角色分类

1. 生产物流

农产品及农资生产物流是指从农作物耕作到收获的过程中产生的物流活动，如播种、育苗、施肥、灌溉、收割、包装、入库等，与其他产业的生产物流相比，农产品生产物流受自然条件影响较大，并且受地理环境条件的限制，活动范围也较小。

2. 销售物流

农产品及农资销售物流是指为实现农产品流通、增值而进行的运输、储存等一系列物流活动。农产品销售物流是从农产品加工企业或销售商到消费者手中所产生的物流，与其他产品的销售物流相比，虽然终端都是消费者，但农产品销售物流具有周期短、范围广、频率高的特点。

3. 废弃物物流

废弃物物流是指在农产品及农资生产、消费过程中产生的废弃物进行处理所产生的物流。对可回收利用废弃物进行分类处理再循环利用，对已丧失使用价值的废弃物进行专门处理，避免污染。

（二）按农产品及农资类型分类

1. 粮食作物物流

粮食作物物流是指以粮食作为运输的主要产品，从收割、加工到销售场所所产生的物流活动。包括水稻、小麦、玉米、高粱、青稞、大豆、藜麦等，粮食作物物流也是农产品物流的重要组成部分。

2. 经济作物物流

经济作物指用于工业尤其是轻纺工业和食品工业的农产品，包括棉、麻、丝、绸、糖、茶等。这类农产品经济价值较高，地域性较强，有些产品对制作工艺和流程的要求较高。

3. 农副产品物流

农副产品包括肉、奶、蛋、蔬菜、水果等。由于这类产品保质期短，有些农副产品季节性较强，对环境要求苛刻，物流过程中易损坏和腐烂变质，对农副产品物流的管理要求及设施要求也是最为严格的。

4. 农资产品物流

农资产品物流是指农业生产资料从城镇市场向农村市场的实体流动，最终到达消费者手中的过程。农业生产资料具有农业生产的不稳定性、季节性、地域性等特点，它包括农资（包括种子、农药、化肥、农膜、饲料、牧草等）和农机（包括农用动力车、农机配件、农用检测仪器、选种育苗机械等）两大部分。农资物流是进行农业生产活动和农产品加工活动的前提条件，也是广大农民和农产品加工者生产生活的物资来源保证。

（三）按温度要求分类

1. 常温物流

常温物流是指在通常的自然条件下对农产品进行的物流活动，大多数非鲜活类农产品可以在常温下完成物流过程，如粮食作物、经济作物等。

2. 冷链物流

冷链物流指农产品在生产、储藏、运输、销售的各个环节中始终处于低温环境下，以保证农产品质量，减少农产品在流通过程中的损耗，降低流通成本，主要包括肉、禽蛋、乳制品、水产品、生鲜果蔬、花卉等，见表 10-1。

表 10-1　常见农产品的温度要求

序号	常见农产品名称	温度 /℃
1	速冻食品（速冻分割畜禽肉、速冻水产品、冷冻蛋、速冻米面食品、速冻蔬菜等）	−18
2	鲜鱼、鲜虾（活体除外）	2
3	熟食、盒饭便餐类；冷鲜肉类、水产类、蛋类	0 ~ 3
4	豆制品、冷藏奶制品	3 ~ 7
5	新鲜果蔬类	1 ~ 15

（四）按农产品物流组织者分类

1. 第三方物流

第三方物流是指独立于农产品及农资供给者与需求者以外的专门从事物流服务，为供给者与需求者提供一系列物流服务的服务商。第三方物流因其规模化和专业化形成的成本优势，使委托者能够更加集中精力去发展自己的核心业务，并享受高效、专业化的物流服务，降低委托者的物流成本和风险。同时，第三方物流也存在信息流通不及时、对物流过程控制难度大等缺点，这就要求委托者和第三方物流之间要强化信息沟通机制，避免物流信息流通不畅。

2. 自营物流

自营物流是指农产品及农资生产者或消费者利用自有的物流资源组织物流活动的一种物流模式。自营物流的信息传递是企业内部活动，物流组织者能够更快、更高效地获得准确的物流信息，从而实现对物流过程进行有效的管理和控制。但是，对于农产品生产企业而言，物流业务并非其主营业务内容，而要建立完善的物流运作流程，前期投入成本较大，增加了企业的资金负担，且农产品具有较强的季节性，旺季时，业务量大，物流设施设备供应不足，而淡季时，物流设施设备大量被闲置，造成了资源浪费。

二维码 10-2　拓展学习

二维码 10-3　案例分析

二维码 10-4　课程视频

人员准备

人员分组，每组 4 人。职责分工，见表 10-2。

表 10-2　任务角色分工

任务角色	任务内容
组长:	对小组三位同学的资料进行整理汇总，组织组员进行讨论，汇总结果，进行总结
组员 1:	阐述农产品及农资物流的概念及特征
组员 2:	讨论农产品及农资物流与普通产品物流的区别
组员 3:	结合实际调研情况，列举农产品及农资物流有哪些分类

任务筹划

任务筹划流程如图 10-1 所示。

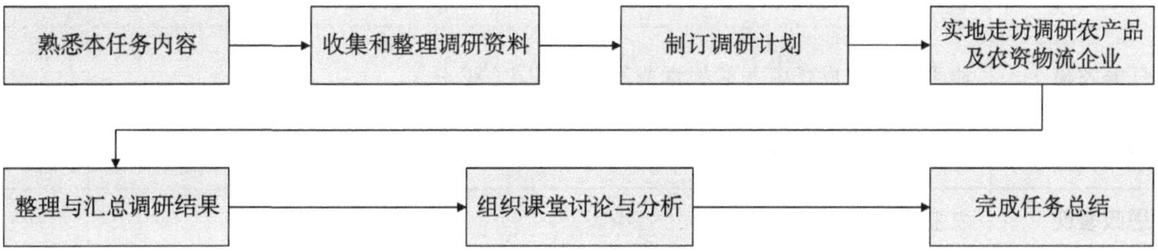

图 10-1　任务筹划流程

任务实施

步骤一：

步骤二：

任务总结：

任务检测

扫码做题

二维码 10-5

使用微信扫码进入在线测试，可多次答题，直到获得满意的结果。

任务检测

任务评价

完成学习任务后，预期能够达到的学习效果，由学生、小组和教师三方共同完成任务评价，见表 10-3。

表 10-3　工作任务完成过程评价

班级：__________　姓名：__________　学号：__________

项目	评分标准	自我评价	小组评价	教师评价
知识技能	农产品及农资物流的概念（10 分）			
	农产品及农资物流的特征（20 分）			
	农产品及农资物流的分类（20 分）			
任务进度	能否掌握所学知识并合理运用（10 分）			
任务质量	能否合理完成任务并掌握本节所学知识点（20 分）			
素养表现	学生之间的团队协作（10 分）			
思政表现	农业振兴（10 分）			
合计				
自我评价与总结				
教师点评				

任务二 掌握农产品及农资物流功能与管理

任务导入

2020 年 12 月某省首个农村电商快递物流服务中心投用，与村邮站、农村综合服务点密切对接，搭建了统一投递、统一揽收的中邮驿站快递共配点，同时与国内几大主流快递公司达成合作，大大降低了物流成本，满足当地农户的快递寄送需求，为当地农产品走出本省、走向全国提供强有力的支持。

任务：根据本任务内容，实地调研当地农产品电商企业与国内几大主流快递公司的合作模式，分析当地农畜产品的物流运作过程。

任务工单

班级：________ 姓名：________ 学号：________

任务名称	掌握农产品及农资物流功能与管理
任务描述	任务内容：1. 了解农产品及农资运输的概念及方式；2. 了解农产品及农资仓储的概念及方式；3. 了解农产品及农资包装的概念及功能；4. 熟悉农产品及农资配送的概念。 任务目的：掌握农产品及农资物流的各环节功能。 任务流程：1. 梳理本节知识点；2. 网络查询相关资料；3. 组织讨论农产品及农资物流的功能。 任务方法：1. 教师讲解；2. 查阅资料；3. 分组讨论
获取信息	要完成任务，需要掌握相关的知识。请收集资料，回答以下问题： 1. 农产品及农资运输有哪些方式？ 2. 什么是农产品及农资的仓储？ 3. 农产品及农资配送和运输的区别体现在哪些方面？
制订计划	

续表

任务名称	掌握农产品及农资物流功能与管理			
任务实施	按照预先制订的工作计划，完成本任务，并记录任务实施过程。			
	序号	完成的任务	遇到的问题	解决的办法

任务准备

知识准备

一、农产品及农资运输

（一）农产品及农资运输的概念

农产品及农资运输是指通过运输工具来实现农产品及农资空间上的流通。借助农产品运输可以调节市场供需关系。随着农产品及农资交易规模的扩大、交易范围的全球化，对农产品及农资运输的需求也在加剧。

（二）农产品及农资运输的方式及特点

1. 公路运输

公路运输速度快，灵活性强，可实现偏远山区崎岖路段运输，门对门运输，但运输容量小，运输成本高，不适合大宗商品、长距离运输。

2. 铁路运输

铁路运输安全，长距离运输价格低廉，单次运输容量大，速度快，但不宜短距离运输，途中作业时间长，不能进行门对门运输，灵活性差。

3. 水路运输

水路运输单次运输量最大，运输成本低，运输距离远，适合国际农产品进出口运输，但运输速度慢，安全性略低。

4. 航空运输

航空运输速度最快，安全性高、时效性高，但运输成本高，受天气影响较大。航空运输适合体量小、价值较高、对运输时间要求短的农产品。

（三）农产品及农资运输合理化措施

农产品及农资在运输途中受到的物理损伤较多，超载、装载不当、失水、通风差等都是造成其物理损伤的主要原因。因此，根据农产品的特性，尽量保持农产品在运输途中的适宜条件，严格管控运输条件，才能尽可能减少运输损失。

1. 快速装运

农产品及农资在采摘之后的一段时间内，仍然保持着新陈代谢，运输时间过长，其分解自身营养物质来维持生命活动的时间就越长，其消耗的营养物质越多，品质下降也就越快。因此，在运输过程中，应尽量快装快运，使农产品在最短时间内到达目的地，以保证质量。

2. 文明装卸

绝大多数农产品及农资含水量在80%以上，属于易腐性产品，野蛮装卸会造成农产品及农资大量机械性损伤，这是运输中存在的普遍现象。因此，要加强装卸搬运人员培训，提高员工职业素养，轻装轻卸，防止农产品及农资机械性损伤。

3. 适当的温湿度控制

任何农产品及农资对温湿度都有严格的要求，温湿度过高或过低，都会造成农产品及农资质量不可逆转的损害，利用现代运输设施设备，如冷藏车、冷冻车、机械保温车、冷藏集装箱等配备了调温装置的运输设备，保证农产品及农资在运输途中对温湿度条件的要求。

二、农产品及农资仓储

（一）农产品及农资仓储的概念

仓储是利用仓库等存储场所对商品与物品进行存放与保管。“仓”即仓库，为存放、保管、储存物品的建筑物和场地的总称，可以是房屋建筑、洞穴、大型容器或特定的场地等，具有存放和保护物品的功能。“储”即储存、储备，表示收存以备使用，具有收存、保管、交付使用的意思。

农产品及农资的仓储是指利用仓库对农产品及农资进行保存，并对其数量、质量进行管理控制的过程。农产品仓储打破了农产品地域性和季节性所带来的时间壁垒，使农产品及农资在仓储过程中得到了增值。

（二）农产品及农资仓储的方式及特点

1. 常规储存

常规储存也称为简易储存，就是利用现有设施，针对农产品的特点采取因地制宜的储存方式。这种储存的特点是简便易行、投资较少，适合廉价、耐储存、对环境要求不高的农产品及农资。

2. 窖窑储存

窖窑储存是一种常用的储存方式，特点是储存环境氧气稀薄，二氧化碳浓度较高，能抑制微生物活动和各种害虫的繁殖，而且不易受外界温度、湿度和气压变化的影响。

3. 通风库储存

通风库储存是利用库内外温度及昼夜温度差异，通过通风换气，调节库内温度，保持稳定适宜的环境。

4. 冷藏库储存

冷藏库储存是指利用制冷设备，根据农产品及农资的储存要求，自主控制库内的温度和湿度。储存效果较好，但造价与运作费用高。

5. 气调保鲜储存

气调保鲜储存是在冷藏库储存的基础上进行升级，增加气体成分调节，通过对储存环境中温度、湿度，二氧化碳、氧气和乙烯浓度等条件的控制，抑制果蔬呼吸作用，延缓其新陈代谢过程，更好地保持果蔬新鲜度，延长果蔬储存期。

（三）农产品及农资仓储的合理化措施

1. 合理的仓库布局

根据农产品及农资储存的特点，合理规划仓库布局，提高仓储场所利用率。

2. 高效的管理机制

加强仓储人员与设施管理，做到岗位设置合理，激励机制健全，岗位职责明确。

3. 加强仓储人员专业化培训

通过专业化、系统化的培训和考核，使员工能够熟练掌握岗位技能。

4. 加强仓储环境病虫害管理

以“预防为主，防治结合”为原则，保持仓库卫生干净整洁和库内温湿度控制，同时进行科学防虫和灭杀。

除此之外，优化资源配置、提升服务水平、节约运作成本、引进智慧仓储等方法，都是促进农产品及农资仓储合理化的有效措施。农产品及农资仓储管理也不是一成不变的，需要随着科学技术和仓储业的不断发展，在实践中不断补充和完善，实行动态化的仓储管理，方能收到显著效果。

二维码 10-6

课程视频

三、农产品及农资包装

（一）农产品及农资包装的概念

国家标准《物流术语》（GB/T 18354—2021）中包装的定义：“为在流通过程中保护产品、方便储运、促进销售，按一定技术方法而采用的容器、材料及辅助物等的总体名称。”农产品及农资包装即为了农产品及农资在储运过程中，防止其受损，便于开展运输、仓储、装卸搬运等物流作业活动而使用的容器、材料及辅助物等的总称。特别是，农产品特殊的性质，决定了它所需要的包装材料也应具有适合农产品储运的特殊功能。

（二）农产品及农资包装的功能

1. 保护农产品及农资安全

这是农产品及农资包装最基本的作用，使农产品及农资免受日晒、雨淋、污染等自然因素的侵袭，保证其储运过程安全，防止因产生腐烂、变质、污染、碰撞、挤压、散失以及盗窃等情况而导致经济损失。

2. 方便农产品及农资储运

农产品及农资种类多样，形状大小不一，极易受到损伤，统一标准的包装，特别是符合国际/国家统一设计和编码的包装，可使其在储运过程中进行装卸搬运等作业时更加方便，提高储运空间的利用率。纸箱、木箱、托盘、集装箱、塑料周转箱等包装的普及，大大促进了农产品及农资在储运途中的便利性。

3. 促进农产品及农资销售

包装材料的创新、包装结构的轻便，往往对农产品及农资的销售起到了很大的促进作用，例如，真空式塑料包装、精美礼品纸盒、易开式易拉罐、方便食用的饭盒等能够吸引消费者眼球的包装设计，使农产品及农资在满足人们最基本的需要的同时，享受了更便捷、更高品质的服务。经过商业包装的农产品及农资，往往比销售其原始状态有更高的价值，同时也满足了消费者多样化、个性化的需求。

（三）农产品及农资包装材料和包装容器

1. 农产品及农资包装材料

农产品及农资包装材料一般包括：纸、木质、塑料、金属、玻璃、陶瓷及其他材料等。在我国，随着资源节约和节能环保政策的普及，加上所需原料和制作工艺的特殊性，木质包装和陶瓷包装的使用逐渐减少，更多的则是采用纸、塑料、纳米复合型、金属、玻璃和可食用型包装材料。此外，将茅草、稻壳、干草、纸条、蒲包、塑料薄膜等作为辅助包装材料使用，以便在储运过程中起到对农产品及农资的保鲜、防震、防挤压碰撞、防寒和清洁等作用。

2. 农产品及农资包装容器

农产品及农资包装容器应质地坚固，可承受重压，且无损害坏人体健康的不良成分，其规格大小应符合装卸搬运和堆码要求，同时具有经济、美观、实用、轻便、可回收利用等特点。目前，我国常用的农产品及农资包装容器有筐类、纸箱、塑料箱和网袋等，根据农产品及农资的特性，可选择相应的包装容器。

（四）农产品及农资包装材料和包装容器的选择

1. 包装与农产品特点相匹配

根据包装对象的不同，包括农产品及农资特性、价值、形态和重量体积等的不同，选择合适的包装。例如，果蔬包装要考虑如何保持其新鲜度，肉类包装要考虑如何防腐变质等。

2. 包装与农产品价值相对等

农产品及农资按其品质和价格，一般分为高档、中档和一般三档，在选择包装材料和容器时，应按照农产品及农资是否为高价值、经济性或实惠性进行选择，防止过度包装或包装不足，力求实现农产品价值增值，降低包装成本。

四、农产品及农资配送

（一）农产品及农资配送的概念

农产品及农资配送是指根据客户的要求，对农产品进行加工、配货、打包、末端运输等作业，并按时交给客户的过程。配送处于现代物流的末端，在物流系统中占有重要的地位。

（二）农产品及农资配送与运输的关系

农产品及农资配送和运输都是空间上的流通，配送的特点是一个区域内，例如，市区内，小批量，运送周期短；运输的特点是跨区域，例如城市与城市之间、国家与国家之间的中长距离、大批量运输，运送周期长。配送与运输实际上是一种互补的关系。

（三）农产品及农资配送中心

1. 农产品及农资配送中心的概念

农产品及农资配送中心是指从事农产品收货、储存、加工、分拣、配货、打包及末端运输为一体的现代流通设施。

2. 农产品及农资配送中心作业流程

供应商货物送达配送中心，由专人验收货物，合格后储存入库，并定期进行盘点，对临期或破损产品进行处理；当接收到客户订单后，系统处理订单，生成分拣单，进行拣货、打包作业，完成后由配送人员将打包好的货物装车，配送至对应的客户手中。

（四）农产品及农资配送合理化措施

1. 构建现代化配送体系

目前我国主要的物流配送有两种主要模式：一种是农户—批发商—供应商—消费者，另一种是农户—基地—公司。前者较为传统，物流环节多，农产品物流中转、运输过程中的损耗较大，物流成本比较高。后者较为先进，但未完全成熟。因此，应加大鼓励农业加工企业、仓储业、运输公司、零售企业等不同的独立组织进行联合，发展农产品供应链系统，以降低固定资产投资、降低生产经营风险、实现信息资源共享、提高资金的周转速率，以此来解决一直困扰农业发展的问题。

2. 加强农产品的配送设施与设备的开发和生产

把冷藏技术和保温技术应用到配送设施中，如扩大冷藏货运车辆的生产和营运，淘汰不符合公路和卫生标准的车辆，保证冷藏运输货物的质量；加强保险库和冷藏库的建设，增加温控设备和防潮设备等现代化仓库设备。

五、农产品及农资物流信息处理

农产品及农资物流信息是指反映各种农产品物流活动（如运输、仓储、包装、装卸搬运、流通加工、配送等）的知识、资料、图像、数据文件等的总称。农产品及农资物流信息量大、来源广，在农产品物流中十分重要，条码技术、射频识别技术（RFID）、电子数据交换（EDI）、全球卫星定位系统（GPS）、地理信息系统（GIS）、物流管理信息系统（LMIS）等物流信息技术的应用，大大提高了农产品物流信息处理效率，很大程度上解决了目前农产品及农资物流信息网络设施不健全，信息流通不畅，市场需求信息很难准确有效地传递，进而导致市场调节作用的盲目性较大，农产品及农资物流服务水平比较低，很难满足消费者的需求的难题。

二维码 10-7　　二维码 10-8　　二维码 10-9

拓展学习　　案例分析　　课程视频

人员准备

人员分组，每组 4 人。职责分工，见表 10-4。

表 10-4　任务角色分工

任务角色	任务内容
组长：	对小组三位同学的资料进行整理汇总，组织组员进行讨论，汇总结果，进行总结
组员 1：	讨论整理农产品及农资运输、仓储的方式及特点
组员 2：	讨论整理农产品及农资包装功能及包装材料和包装容器的选择。
组员 3：	讨论整理农产品及农资配送中心的作业流程。

任务筹划

任务筹划流程如图 10-2 所示。

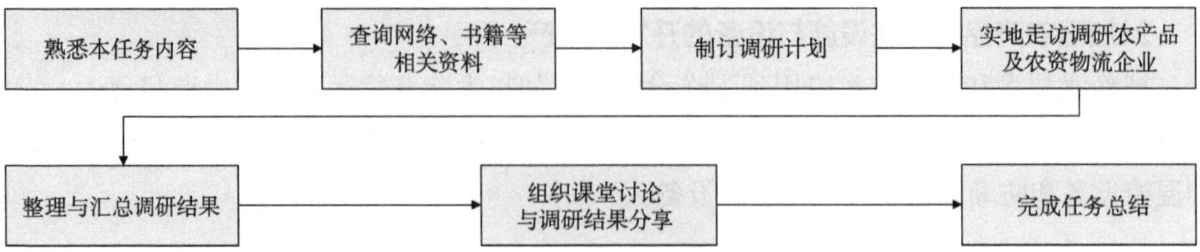

图 10-2　任务筹划流程

任务实施

步骤一：

步骤二：

任务总结：

任务检测

扫描做题

使用微信扫码进入在线测试，可多次答题，直到获得满意的结果。

二维码 10-10

任务检测

任务评价

完成学习任务后，预期能够达到的学习效果，由学生、小组和教师三方共同完成任务评价，见表 10–5。

表 10–5　工作任务完成过程评价

班级：＿＿＿＿＿＿　　姓名：＿＿＿＿＿＿　　学号：＿＿＿＿＿＿

项目	评分标准	自我评价	小组评价	教师评价
知识技能	农产品及农资运输的概念、方式及特点（10 分）			
	农产品及农资仓储的概念、方式及特点（15 分）			
	农产品及农资包装的概念及功能（10 分）			
	农产品及农资配送的概念及配送中心的作业流程（15 分）			
任务进度	能否掌握所学知识并合理运用（10 分）			
任务质量	能够合理完成任务并掌握本节所学知识点（20 分）			
素养表现	灵活运用所学知识及技能（10 分）			
思政表现	勇于创新，科技兴农（10 分）			
合计				
自我评价与总结				
教师点评				

任务三　了解农产品及农资物流发展趋势

任务导入

寿光市是山东省的一个著名蔬菜生产基地，以其丰富的农产品资源而闻名。然而在过去，由于供应链的不完善，寿光蔬菜的销售面临一些挑战，如运输成本高、产品保鲜难等。

为解决这一难题，寿光市政府前往全国，考察优秀企业，汲取先进经验，对寿光蔬菜供应链进行改革优化，采取以下举措。

（1）建立农产品合作社。为了提高蔬菜供应链的效率，寿光农民成立了农产品合作社。合作社将农民组织起来，实现了规模化生产和统一销售。通过合作社的组织，农民能够共享资源、技术和市场信息，提高农产品的质量和产量。

（2）优化物流运输。为了解决运输成本高的问题，合作社与物流公司合作，建立了专门的冷链物流系统。采用冷藏车辆和冷藏仓库，确保蔬菜在运输过程中保持新鲜和品质。同时，还优化了物流路线和运输计划，减少了运输时间和成本。

（3）加强质量控制。合作社加强了对蔬菜质量的控制，建立了严格的质量检测体系，确保蔬菜的安全和卫生。同时，还通过培训农民和工作人员，提高生产和管理水平，进一步提高了产品的质量和竞争力。

通过以上的供应链优化措施，寿光蔬菜的销售面临的问题得到了有效解决。合作社的建立和物流运输的优化，降低了运输成本，保证了蔬菜的新鲜和品质。加强质量控制，提高了产品的质量和竞争力。这些措施的综合效果，使寿光蔬菜供应链更加高效和可持续，为农民带来了更好的经济效益。

任务：根据本任务内容，实地调研青海省农产品及农资物流发展趋势，并针对本省农产品及农资物流发展现状中存在的问题提出建议。

任务工单

班级：______________　　姓名：________________　　学号：_____________

任务名称	了解农产品及农资物流发展趋势
任务描述	任务内容：1. 了解农产品及农资供应链的概述；2. 了解农产品及农资供应链的特征；3. 了解互联网技术与农产品及农资供应链的结合。 任务目的：掌握农产品及农资供应链的概念及特点。 任务流程：1. 梳理本节知识点；2. 网络查询相关资料；3. 组织讨论农产品及农资物流未来的发展趋势。 任务方法：1. 教师讲解；2. 查阅资料；3. 分组讨论。
获取信息	要完成任务，需要掌握相关的知识。请收集资料，回答以下问题： 1. 什么是供应链？ 2. 农产品及农资供应链的特征有哪些？ 3. 什么是农产品及农资溯源系统？

续表

<table>
<tr><th>任务名称</th><th colspan="4">了解农产品及农资物流发展趋势</th></tr>
<tr><td>制订计划</td><td colspan="4"></td></tr>
<tr><td rowspan="6">任务实施</td><td colspan="4">按照预先制订的工作计划，完成本任务，并记录任务实施过程。</td></tr>
<tr><td>序号</td><td>完成的任务</td><td>遇到的问题</td><td>解决的办法</td></tr>
<tr><td></td><td></td><td></td><td></td></tr>
<tr><td></td><td></td><td></td><td></td></tr>
<tr><td></td><td></td><td></td><td></td></tr>
<tr><td></td><td></td><td></td><td></td></tr>
</table>

任务准备

知识准备

在经济全球化趋势下，加强农资企业之间的竞争向供应链与供应链之间的竞争发展，以增强企业抵御风险、强化核心竞争力就显得尤为重要。目前，我国大部分农业生产者为了适应市场的需求，努力关注农产品及农资的生产方面，然而在销售方面却不能主动选择而只能被动适应市场。一是农户或种植合作社只留意生产，缺乏与营销渠道的合作伙伴建立战略关系。二是广告宣传力度远远不够，主要是由于广告意识淡薄、广告费用较高、不留意树立良好的品牌形象等。国内外研究表明，在“从田间到餐桌”的过程中，农产品供应链呈现出了“农户与用户双驱动模式”的特征明显，农产品供应链的构建将成为农产品物流发展的新趋势。

一、农产品及农资供应链概述

华盛顿州立大学肯尼斯·卡斯文特教授等认为涉农链是一个“生产调整+消费驱动”的复杂系统，在中国，成功的农产品供应链就是农产品生产者、农资公司、种子公司、农产品批发商、农产品零售商、第三方物流企业等多方合作，实现农产品从生产、供应到销售的一站式模式，其中某个企业作为核心企业，起到对合作企业的管理作用，完成信息、资金、物流的集成与交互，共同组成供应链。

因此，我们认为，农产品供应链是指根据用户需要，围绕核心企业，从农产品生产开始，经过加工制成中间产品和最终产品，将农资供应商、农产品生产者（或农户）、养殖者、加工者、物流服务提供者、农产品批发商、农产品零售商以及最终用户连成一个有机整体的功能网链结构。

对于农产品及农资供应链概念的理解，包括以下三个方面。

（1）农产品及农资供应链是一个有机整体，它围绕核心企业开展供应链业务，强调的是供应链整体效益，而不是某一单个企业的利益。

（2）农产品及农资供应链是从消费者角度出发，强调通过供应链成员之间的协作，为消费者提供高效服务，进而达到供应链整体利益最大化。

（3）高效的农产品及农资供应链各成员之间互相信任，共担风险，共享利益，最终形成各环节无缝衔接的一体化过程。

二、农产品及农资供应链的特征

农产品及农资因其自身的特殊性，决定了农产品及农资供应链区别于其他供应链，具有以下三个特征。

（一）复杂性

农产品及农资供应链参与成员较多，而且各个环节上的参与者不止一个，包括分散的农户、农产品集散中心、农产品零售超市、最终用户等，加上农产品种类繁多，数量庞大，特性差别明显，从而使得农产品在各个环节上的衔接更为复杂多变。

（二）对物流过程要求较高

一方面，农产品及农资具有地域性和季节性，而为了满足消费者的多样化需求，需要农产品在不同的地域进行流通。另一方面，农产品具有易腐性和鲜活性，为保证其品质，要求物流过程应尽可能地快捷、高效，进而导致较高的物流成本。因此，必须建立高效、快捷的供应链信息共享平台，才能有效实现“四流一体”，即商流、物流、信息流和资金流在供应链各成员之间的有效流动。

（三）市场风险较大

通常情况下，农产品及农资生产者和消费者较为分散，供应链对于市场信息和竞争者的信息难以全面掌握，加上农产品自身易腐性、季节性、地域性等特征，导致其价格波动较大，增加了农产品供应链的市场风险。

三、“互联网+”下的农产品及农资供应链模式

在“互联网+”下的农产品及农资供应链模式中，互联网技术被广泛应用于农产品及农资的生产、流通和销售环节，以提高效率、降低成本、拓展市场和增加农产品的附加值。以下是该模式的一些典型特点和优势。

（一）直销平台

通过建立农产品及农资直销平台，农民和农产品合作社可以直接与消费者进行交流和销售。消费者可以通过平台直接购买农产品，减少中间环节和成本，同时也提供了更多的选择和便利。直销平台还可以收集消费者的反馈和需求，以便更好地调整产品和服务。

（二）溯源系统

利用互联网技术，可以对农产品及农资进行溯源管理，追踪产品的生产、加工和流通过程。消费者可以通过扫描产品上的二维码或输入产品编号，了解产品的来源、生产过程和质量信息，增加对产品的信任和购买欲望。

（三）大数据分析与智能决策

通过收集和分析大量的数据，可以对农产品及农资供应链进行精细化管理和预测。例如，根据市场需求和季节性变化，可以合理安排生产和采购，避免库存积压和供需失衡的问题。同时，通过对消费者行为和偏好的分析，可以调整产品的种植和加工方式，提高产品的质量和竞争力。

（四）配送与物流优化

利用互联网技术，可以实现农产品及农资的在线订购和配送。消费者可以通过平台下单，农产品合作社或物流公司将产品送达消费者手中。同时，可以利用物流信息系统，实时跟踪产品的运输和配送过程，提高物流的效率和可视性。

（五）金融服务

通过互联网平台，可以为农产品及农资供应链提供金融服务，如农产品贷款、保险和支付等。这些金融服务可以帮助农民和农产品合作社解决资金问题，促进农产品及农资的生产和销售。

总之，“互联网+”下的农产品及农资供应链模式的优势在于提高供应链的效率和可持续性，拓展销售渠道和增加市场机会，提升农民收入和改善农村经济。通过互联网技术的应用，可以实现农产品及农资供应链的数字化、智能化和可视化管理，提高农产品及农资的质量和竞争力，满足消费者对安全、健康和高品质农产品及农资的需求。

二维码 10-11 案例分析

二维码 10-12 课程视频

人员准备

人员分组，每组 4 人。职责分工，见表 10-6。

表 10-6　任务角色分工

任务角色	任务内容
组长:	对小组三位同学的资料进行整理汇总，分配任务，组织组员进行讨论，总结结论
组员 1:	查阅整理农产品及农资供应链相关的知识点
组员 2:	查阅整理农产品及农资供应链与互联网技术的结合案例
组员 3:	讨论总结农产品及农资物流未来的发展趋势

任务筹划

任务筹划流程如图 10-3 所示。

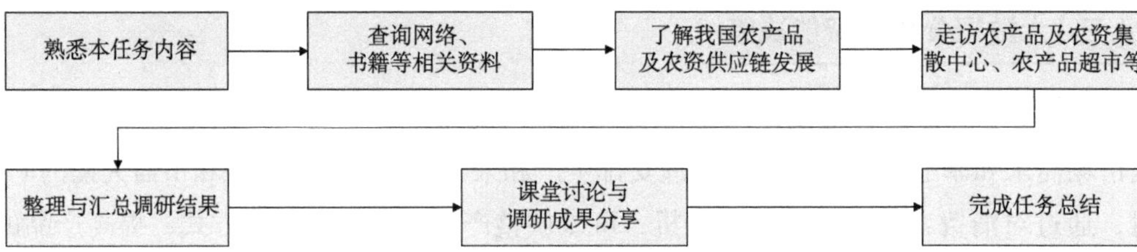

图 10-3　任务筹划流程

任务实施

步骤一：

步骤二：

任务总结：

任务检测

扫码做题

二维码 10-13

任务检测

使用微信扫码进入在线测试，可反复多次答题，直到获得满意的结果。

任务评价

完成学习任务后，预期能够达到的学习效果，由学生、小组和教师三方共同完成任务评价，见表 10-7。

表 10-7　工作任务完成过程评价

班级：________　姓名：________　学号：________

项目	评分标准	自我评价	小组评价	教师评价
知识技能	农产品及农资供应链概述（10 分）			
	农产品及农资供应链的特征（20 分）			
	“互联网技术 +”下的农产品及农资供应链模式（20 分）			
任务进度	能否掌握所学知识并合理运用（10 分）			
任务质量	能够合理完成任务并掌握本节所学知识点（20 分）			
素养表现	学生的团队意识、协作能力（10 分）			
思政表现	与时俱进，勇于探索（10 分）			
合计				
自我评价与总结				
教师点评				

课程思政专栏

苹果的物流之旅

【课程思政关键词】农业现代化　合理规划　与时俱进　勇于探索

【融入方式】山东烟台某地苹果成熟，进入销售季节，果农会进行采摘，采摘后的苹果需要在第一时间进行筛选和处理，通过现代化设备清洗、分类和包装，方便接下来的运输环节。这一步是保证苹果品质的重要步骤，同时也为接下来的物流过程做准备。为了保证苹果的新鲜度和延长其保质期，采摘后的苹果需要被迅速运往目的地。在这个过程中，新型冷链运输技术起到了关键作用。通过冷链运输，苹果可以长时间保持新鲜状态，确保在到达目的地后仍然能够满足消费者的需求。到达目的地的苹果需要进行仓储和配送。在这个环节中，需要对苹果进行再次筛选和处理，以确保送到消费者手中的苹果质量上乘。同时，还需要根据市场需求进行合理的仓储和配送安排，以保证苹果能够及时、准确地送达销售点。最后，苹果将被送到销售点，如超市、水果店等，供消费者购买。农产品的品质和新鲜度是吸引消费者的关键因素。在整个环节中，现代农产品物流技术的应用起到至关重要的作用。

（资料来源：http：//www.360doc.com/content/19/1008/09/535749_865455826.shtml）

【启示】随着社会经济的发展和消费者需求的多样化，新型的农产品物流技术逐渐成为农业现代化的重要组成部分。农产品物流的好坏不仅关乎农民的收入，也影响着我们每一个人的生活品质。

项目十一 青藏高原农产品营销策略

项目导读

青藏高原拥有独特的地理环境和气候条件，豆类、油菜籽等农产品，蛋白质含量高、无污染，在国际市场上享有盛誉。青藏高原还拥有一些珍稀的特色农产品。例如，高原上的黑枸杞被誉为“软黄金”，是具有独特药理作用的药食两用材料，在保健品、药品、饮品等领域具有广泛的应用前景。此外，还有灵芝、天麻等珍稀中草药，也具有很高的药用价值和市场价值。

目前，青藏高原地区的农产品主要以初级产品为主，缺乏精深加工和品牌建设。这使得产品附加值较低，市场竞争力不强，难以实现高附加值的农产品销售。而且青藏高原地区的农产品销售主要依靠传统的销售渠道，如集市、农贸市场等。这些渠道虽然能够满足当地居民的基本需求，但销售规模有限，难以拓展更广阔的市场。这些都成了制约青藏高原农产品“走出去”的因素，如何让好东西“面世”就成了亟须解决的问题。

知识目标

（1）了解青藏高原农产品市场环境的要素。

（2）了解影响青藏高原农产品营销的因素。

技能目标

（1）能够根据市场环境因素，对青藏高原的市场环境进行分析。

（2）能够遵循青藏高原市场的特点，结合市场营销策略，制订青藏高原特色农产品的营销模式。

素质目标

（1）具备敏锐的市场洞察能力和良好的团队协作能力。

（2）具备针对性地为特色产品进行营销策划的能力。

思政目标

结合青海省实际，联系“牦牛之都”“藏羊之府”、民族风俗习惯等内容，增强学生的民族自豪感和爱国爱农情怀。

思维导图

- 青藏高原农产品营销策略
  - 分析青藏高原农产品市场环境
    - 青藏高原农产品宏观市场营销环境
    - 青藏高原农产品微观市场营销环境
  - 制订青藏高原农产品营销策略
    - 青藏高原农产品销售影响因素
    - 青藏高原农产品营销渠道
    - 青藏高原农产品营销模式

任务一 分析青藏高原农产品市场环境

任务导入

地域广阔的青海省，牧区面积占总面积的90%以上，作为中国五大牧区之一，青海省拥有一样得天独厚的自然恩赐——牦牛。青海牦牛存栏近500万头，居全国之首，占世界牦牛总量近40%。天然、广阔的牧草高原，洁净的生态环境，逐水草而居的半野生放牧方式、原始自然的生长过程，造就了高品质的青海牦牛。目前，青海省从事牦牛肉、奶、毛绒的加工企业有500多家，其中，国家级龙头企业11家，带动农牧户50.6万户，产品种类200多种。然而，好东西藏在深闺人未识，青海牦牛肉近90%是省内自销。长期以来，如何让牦牛产品走出青海省走向全国甚至走向世界，一直是青海省发展牦牛产业的难题之一，也是重点工作之一。2019年，青海省确立了“青海牦牛、高原野味”品牌战略，高起点、全方位打造牦牛为“青字号”第一品牌，希望能够让优质的青海牦牛产品走出青海省、走向国内外。

2019年12月7日，“青海牦牛”公用品牌新闻发布会在北京人民大会堂举行，青海省向全国宣传推介“青海牦牛”品牌。打造“青海牦牛”品牌，“可可西里”“西北骄”等一批驰名商标、名牌产品和龙头企业，已成为全产业融合发展的中坚力量。2019年底，“青海牦牛”品牌形象广告正式登录央视、北京卫视、东方卫视等一线城市媒体平台，进一步扩大影响力，提升关注度。

“野生野长、营养美味，青海牦牛——天地精华、高原野味。”这是央视播放的“青海牦牛”品牌形象广告中的一句广告词，配上唯美的画面，鲜美的牦牛肉让人垂涎。

可正像人们常说的，酒香也怕巷子深，更怕卖酒的不吆喝。青海省现在所做的工作，就是让青海牦牛走出深巷，为青海牦牛举旗呐喊。

（资料来源：宏观看世界）

任务：根据以上描述，请大家为“青海牦牛”撰写一份市场营销策划方案，帮助其提升知名度。

任务工单

班级：__________　　姓名：__________　　学号：__________

<table>
<tr><th>任务名称</th><th colspan="4">分析青藏高原农产品市场环境</th></tr>
<tr><td>任务描述</td><td colspan="4">任务内容：1. 熟悉青藏高原农产品市场环境要素；2. 对青藏高原的市场环境进行分析。
任务目的：对青藏高原特色农产品生产经营过程中的各种内外部因素进行分析，为产品精准定位，找准目标市场，提升产品竞争优势。
任务流程：1. 掌握青藏高原农产品市场环境要素；2. 依据市场要素，对青藏高原市场环境进行分析；3. 评估市场环境，制订营销策划方案。
任务方法：1. 信息查询；2. 小组讨论；3. 归纳分析。</td></tr>
<tr><td>获取信息</td><td colspan="4">要完成任务，需要掌握相关的知识。请收集资料，回答以下问题：
1. 什么是青藏高原农产品市场环境？

2. 青藏高原农产品宏观市场营销环境包含哪些方面？

3. 青藏高原农产品微观市场营销环境包含哪些方面？</td></tr>
<tr><td>制订计划</td><td colspan="4"></td></tr>
<tr><td rowspan="6">任务实施</td><td colspan="4">按照预先制订的工作计划，完成本任务，并记录任务实施过程。</td></tr>
<tr><td>序号</td><td>完成的任务</td><td>遇到的问题</td><td>解决的办法</td></tr>
<tr><td></td><td></td><td></td><td></td></tr>
<tr><td></td><td></td><td></td><td></td></tr>
<tr><td></td><td></td><td></td><td></td></tr>
<tr><td></td><td></td><td></td><td></td></tr>
</table>

任务准备

知识准备

农产品及农资市场营销环境是指影响农产品经营企业在生产经营活动的各种内外因素的总和，它主要包括内部环境和外部环境，内部环境也被称之为（直接环境）或微观环境，外部环境称为（间接环境）或宏观环境。所谓农产品及农资市场营销环境，就是指影响农产品企业在生产经营活动过程当中的各种内外因素的总和。

青藏高原是中国最大、世界海拔最高的高原，被称为“世界屋脊”“第三极”。这里独特的自然因素，使其形成了独特的风貌和极具特色的农产品。

青藏高原农产品市场环境，就是指青藏高原特色农产品生产经营过程中的各种内外部因素的总和，也可分为宏观市场营销环境和微观市场营销环境。

一、青藏高原农产品宏观市场营销环境

（一）自然环境

青藏高原光照和地热资源充足。高原上冻土广布，植被多为天然草原。青藏高原气候总体特点：辐射强烈，日照多，气温低，积温少，气温随高度和纬度的升高而降低，气温日差较大；干湿分明，多夜雨；冬季干冷漫长，大风多；夏季温凉多雨，冰雹多。在这些因素的共同作用下，使其呈现出高海拔、气候寒冷、土地贫瘠，植被脆弱的特点，但青藏高原也是中国自然资源最丰富的地区之一。

（二）人口环境

我国的青藏高原是世界上平均海拔最高的大高原，属于典型的高原山地气候，终年寒冷。所以，青藏地区的人口分布具有沿江沿河分布、集中分布在盆地谷地的特点。这里的自然条件优越，包括了湟水谷地和雅鲁藏布江平原以及山南平原，还有就是拉萨河谷地，这里的地势较为平坦，并且海拔低，热量充足。受自然地理条件、生产力发展及其布局的变化、社会历史和社会行为因素等长期综合作用的结果，青藏高原人口呈现出分布不平衡、人口密度小，地区之间差异显著、城乡人口分布结构变化显著的特点。

（三）政治环境

为了促进青藏高原特色农业的发展，政府已经专门制定了一系列有利于开发者的法律和政策，大力支持农业发展，具体体现在：政府鼓励投资者兴办特色农产品研发中心和加工基地，政府支持投资者实施科技创新，加大力度投入农业科技的发展；政府出台了配套政策，

大力支持青藏高原特色农产品的推广和宣传，以提高商品的知名度和出口量；还有政府给予的金融支持政策，也通过金融支持来推动特色农业的发展进程。以青海省为例，青海省通过绿色兴农、品牌强农、产业助农，实现过去五年全省农村居民生活水平显著提升，立足牦牛、藏羊、青稞、冷水鱼、枸杞等优势主导特色产业，掀起了“青字号”品牌打造新高潮，走出了一条具有高原特色的现代农牧业绿色崛起之路。

（四）市场环境

随着人们对于食品安全和生活品质的要求不断提高，高原特色农产品在市场中的份额在不断地增加，因其极具鲜明特色的产品特点，所受到的关注度也不断地提升。另外，市场上的高原特色农产品之间竞争激烈，消费者在挑选时也比较关注品牌。为此，很多企业为提高竞争力，重点投资品牌建设，建立专属品牌和工业产业园，糅合了农产品生产、加工、销售和服务体系。青海省“青字号”品牌效应不断增强，特别是青海牦牛品牌建设被提升至新的战略高度。青海省政府以打造“青海牦牛”农牧业第一品牌为引领，立足牦牛、藏羊、青稞、冷水鱼、枸杞等优势主导特色产业。在各方面努力下，青海省品牌企业不断涌现，特色优势产业竞争力持续增强，有力推动、引领了供给结构和需求结构的优化升级。

二、青藏高原农产品微观市场营销环境

基于对青藏高原宏观市场营销环境的分析，青藏高原农产品应凸显其特色，发展特色高效农业，生产特色优质农产品，提升竞争优势。下面以青海省为例，简要阐述其农产品微观市场营销环境。

（一）农业产业园

青海省立足资源禀赋，依托牦牛、藏羊、青稞、油菜、枸杞、马铃薯等优势特色产业，择优建设了一批产业基础好、特色优势明显、联农带农强的省级现代农业产业园，形成了国家、省、市（州）、县（市、区）逐级创建、梯次推进的现代农业产业园建设体系，通过产业园平台推动科技引领、绿色发展、主体培育、特色优势品牌打造。

（二）农业龙头企业

青海省根据各地不同的自然因素特点，调整产业结构，积极发展特色农业，形成了牦牛、藏羊养殖和畜产品加工产业，马铃薯、油菜、蚕豆和蔬菜的特色农作物种植，以青稞、红景天、麝香为原料的生产加工，并出现了一批具有代表性的龙头企业。

二维码 11-1　拓展学习

二维码 11-2　课程视频

人员准备

人员分组，每组 4 人。职责分工，见表 11-1。

表 11-1　任务角色分工

任务角色	任务内容
组长:	对小组三位同学的资料进行甄别汇总，形成解决方案，并在组间进行评议
组员 1:	对任务导入中农产品特色进行归纳
组员 2:	分析任务导入中农产品的宏观市场营销环境
组员 3:	分析任务导入中农产品的微观市场营销环境

任务筹划

任务筹划流程如图 11-1 所示。

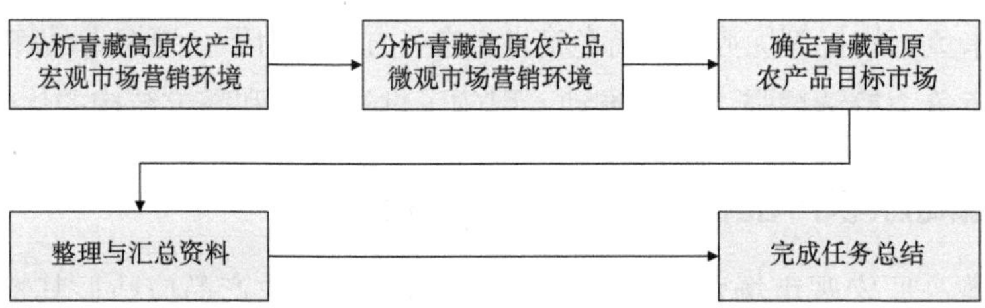

图 11-1　任务筹划流程

任务实施

步骤一：

步骤二：

步骤三：

步骤四：

任务总结：

任务检测

一、扫码做题

使用微信扫码进入在线测试，可多次答题，直到获得满意的结果。

二维码 11-3

任务检测

二、讨论题

通过实地调研或网络信息查询，了解青藏高原特色农产品，并选取一种作为分析对象，对其产品所处的市场环境进行分析。

任务评价

完成学习任务后，预期能够达到的学习效果，由学生、小组和教师三方共同完成任务评价，见表 11-2。

表 11-2　工作任务完成过程评价

班级：______________　　姓名：________________　　学号：_____________

项目	评分标准	自我评价	小组评价	教师评价
知识技能	青藏高原农产品市场环境概念（10 分）			
	青藏高原农产品宏观市场营销环境（15 分）			
	青藏高原农产品微观市场营销环境（15 分）			
	青藏高原农产品目标市场环境分析（10 分）			
任务进度	能否提出完善的解决方案（15 分）			
任务质量	任务方案是否合理完整（15 分）			
素养表现	学生之间的协作能力（10 分）			
思政表现	民族自豪感（10 分）			
合计				
自我评价与总结				
教师点评				

任务二 制订青藏高原农产品营销策略

任务导入

青海省果洛藏族自治州班玛县位于川西林带和青藏高原的交汇处，最高海拔 5 047 m，年平均气温 3.2 ℃，境内有全国海拔最高、青海省面积最大的原始森林。

然而，班玛县曾是全国“三区三州”深度贫困县。这里虽有丰富的自然资源和矿产资源，但为了保护环境无法大规模开发，因此早在 2014 年，班玛县立足高原净土的自然环境，大力发展藏雪茶产业。经过多年不懈的努力，如今藏雪茶产业不仅增加了当地群众收入，还提升了班玛生态的颜值。

“班玛藏雪茶”是由生长在海拔 3 200 ～ 3 600 m的原始森林河谷地带的野生花叶海棠和变叶海棠嫩叶加工制成。花叶海棠和变叶海棠的叶子和果实是藏区制作藏茶和多种传统饮品的原料，具有悠久的食用历史，是班玛县灯塔乡班前村（长寿村）老百姓的主要生活饮品，也是果洛藏族同胞的“民生之茶”。

经科学研究机构检测，发现“班玛藏雪茶”提取物含有丰富的二氢查尔酮类成分（根皮素、根皮苷）、黄酮类成分（金丝桃苷）、茶多酚、多糖、蛋白质、维生素C、维生素B_2、β-胡萝卜素、硒和 18 种氨基酸等对人体有益的营养成分。

近年来，为确保班玛县脱贫攻坚成果同乡村振兴有效衔接，提高班玛县广大牧民群众经济收入，班玛县着力发展打造了以“班玛藏雪茶”为主的林下经济产业，形成了“公司+牧户+基地”“公司+合作社+牧户”的乡村振兴产业链模式，建成了集种植、加工、包装和销售为一体的青海省首个藏雪茶扶贫茶企。据统计，2016 年至 2021 年，累计上交扶贫受益资金 456.70 万元，带动建档立卡兜底户 503 户，户均收益 9 079.52 元。

因茶致富，因茶兴业。班玛县的百姓因为“班玛藏雪茶”这一“民生之茶”“致富之茶”而拥有更加美好的生活。

（资料来源：上观新闻）

任务：根据以上描述，请大家为“班玛藏雪茶”撰写一份市场营销策划方案，帮助其提升知名度。

任务工单

班级：______________　姓名：________________　学号：_____________

<table>
<tr><th>任务名称</th><th>分析青藏高原农产品市场环境</th></tr>
<tr><td>任务描述</td><td>任务内容：1. 了解青藏高原农产品销售影响因素；2. 了解青藏高原农产品营销渠道；3. 了解青藏高原农产品营销模式。
任务目的：对青藏高原特色农产品销售影响因素进行分析，找准目标市场，选择适合企业需求和目标的渠道模式，为产品精准定位，提升产品竞争优势。
任务流程：1. 分析青藏高原农产品销售影响因素；2. 选择合适的营销模式和合适的营销渠道；3. 制订营销策划方案。
任务方法：1. 小组讨论；2. 归纳分析；3. 方案撰写。</td></tr>
<tr><td>获取信息</td><td>要完成任务，需要掌握相关的知识。请收集资料，回答以下问题：
1. 影响青藏高原农产品销售的因素有哪些?

2. 青藏高原农产品营销渠道有哪些?

3. 青藏高原农产品营销模式有哪些?</td></tr>
<tr><td>制订计划</td><td></td></tr>
<tr><td>任务实施</td><td>按照预先制订的工作计划，完成本任务，并记录任务实施过程。
<table>
<tr><th>序号</th><th>完成的任务</th><th>遇到的问题</th><th>解决的办法</th></tr>
<tr><td></td><td></td><td></td><td></td></tr>
<tr><td></td><td></td><td></td><td></td></tr>
<tr><td></td><td></td><td></td><td></td></tr>
<tr><td></td><td></td><td></td><td></td></tr>
</table></td></tr>
</table>

任务准备

知识准备

一、青藏高原农产品销售影响因素

青藏高原农产品作为特色农产品，有其特殊性，其影响因素主要有以下四个方面。

（一）收入因素

随着人们生活水平的提高，对产品的品质也有了较高的要求，但在品质提高的同时，其价格随之发生了变化，品质越好其价位也越高，因此，消费者的收入水平就决定了该类产品的销售量。我们有时会发现，有些农产品其品质很高，但在市场上却很难买到，难以得到推广。

（二）包装因素

根据产品的包装策略我们可以知道，一个商品就是从其包装开始吸引消费者的。农产品的经营者往往都是其产品的生产者，不具备产品外观设计的专业知识，没有一个好的产品包装，好的产品也不能被消费者所熟知和认可，进而影响其销售。

（三）品牌因素

产品能够被消费者认可，除品质外，还应该扩大其知名度。作为产品的生产者和销售者应该树立品牌意识，通过建立自己的品牌来进一步增强影响力。如积极发展“一村一品”的特色产业，发展农村特色经济。

（四）农产品自身因素

因农产品受自然因素的影响很大，其品质也会受到影响，不确定的因素越多，产品品质受到的影响就会越大。

二、青藏高原农产品营销渠道

（一）超市

超市因其商品种类齐全，价格实惠，从而带来了巨大的客流量，各种形态的农产品都可以在超市销售，因此超市是最主要的销售渠道。

（二）专卖店

农产品为了增加其品牌效应，或增加产品的影响力，往往会以专卖店的形式进行产品的销售。这种渠道的优势在于可以增加产品的特色和体现产品的价值，劣势是会产生相应的成本，使得产品的价格提升，增加产品的销售难度。

（三）互联网营销

产品生产者借助互联网平台，向消费者传递商品的信息，从而使消费者产生购买欲望，发生购买决策。互联网营销是当下较为流行的一种销售渠道，因其不受地域空间的限制，受众率较高，被生产者广泛采用。但农产品会受到时效性的影响，因此保证产品的口感和新鲜程度，就成为产品远距离运输所需要重视的一个问题。

三、青藏高原农产品营销模式

（一）优化品种，调整产业结构

因地制宜，突出地方特色，减少生产不具有优势的农产品，调整产业结构，对优势产品进一步进行优化，提升其品质。

（二）树立品牌意识，突出地方特色

明确核心产品和品牌内涵，利用差异化优势突出产品特色。与地方农产品生产龙头企业深度合作，完善和深化产业链条，增加产品的附加值功效，进行规模化和标准化的生产，形成品牌效应。

（三）政企共建，拓宽渠道

二维码 11-4

课程视频

以企业为主导，发挥政府职能，为其销售保驾护航。发挥政府在其中的引领作用，拓宽产品的销售渠道，当地政府为其产品代言，树立起良好的社会形象。

人员准备

人员分组，每组 4 人。职责分工，见表 11-3。

表 11-3　任务角色分工

任务角色	任务内容
组长:	对小组三位同学的资料进行甄别汇总，形成解决方案，并在组间进行评议
组员 1:	分析任务导入中农产品销售的影响因素
组员 2:	分析任务导入中农产品的营销渠道
组员 3:	分析任务导入中农产品的营销模式

任务筹划

任务筹划流程如图 11-2 所示。

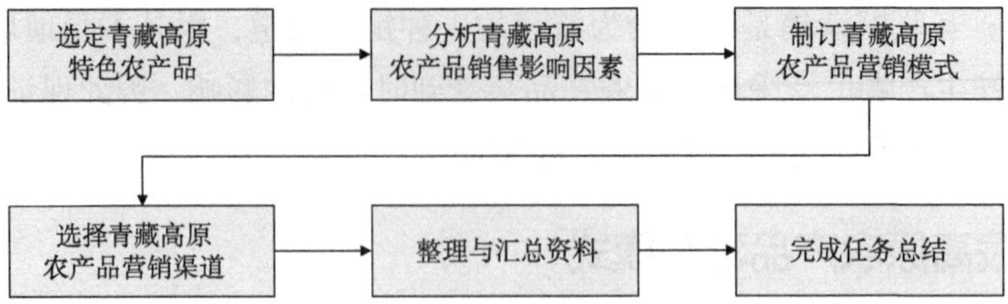

图 11-2　任务筹划流程

任务实施

步骤一：

步骤二：

步骤三：

步骤四：

任务总结：

任务检测

一、扫码做题

二维码 11-5

使用微信扫码进入在线测试，可多次答题，直到获得满意的结果。

任务检测

二、讨论题

通过实地调研或网络信息查询，了解青藏高原特色农产品，并选取一种农产品，有针对性地制订营销策略，并确定营销模式。

任务评价

完成学习任务后，预期能够达到的学习效果，由学生、小组和教师三方共同完成任务评价，见表 11-4。

表 11-4　工作任务完成过程评价

班级：______________　　姓名：________________　　学号：_____________

项目	评分标准	自我评价	小组评价	教师评价
知识技能	青藏高原农产品销售影响因素（10 分）			
	青藏高原农产品营销渠道（15 分）			
	青藏高原农产品营销模式（15 分）			
任务进度	能否提出完善的解决方案（20 分）			
任务质量	任务方案是否合理完整（15 分）			
素养表现	学生之间的协作能力（15 分）			
思政表现	民族自豪感（10 分）			
合计				
自我评价与总结				
教师点评				

课程思政专栏

“一体化”通关助力青海省特色农产品“走出去”

【课程思政关键词】爱国爱农　解放思想　勇于创新

【融入方式】地处青藏高原腹地的青海省总面积约为 72 万平方公里，海拔约 3 000 米以上的牧区占该省总面积的 96%，天然草地面积 5.47 亿亩，培育出牦牛、藏羊、青稞、冷水鱼等独具特色的优势农畜产品。

西宁海关介绍，近年来，西宁海关全力支持青海省打造“中国有机枸杞之乡”“中国冷水鱼养殖繁育之库”等高原特色生态有机品牌。特别是 2018 年机构改革以来，西宁海关狠抓关检业务深度融合，积极发挥新海关职能优势，着力提升青海省高原特色农产品品质，努力扩大特色农产品出口。2018 年，青海省农产品出口 1.29 亿元，藜麦、鲜切花、白喉乌头等8种农产品实现了首次出口，枸杞成为青海省发展对外贸易的“优势产品”和“亮丽名片”。2024年1月至10月，青海省农产品出口1.25亿元，同比增长18.23%。青海省特色农产品出口国家和地区接近40个，出口的精深加工特色农产品种类也多达36种。

（资料来源：中国新闻网）

【启示】青海省特色农产品走出去是促进青海省农业发展和农民增收的重要途径。青海省特色农产品以其独特的自然条件和地理优势，具有很高的品质和营养价值，但在国内外市场上的知名度和销售量并不高，需要通过品牌建设和宣传、市场营销和渠道建设、加强科技创新和人才培养等途径提高青海省特色农产品的知名度和竞争力，让更多的人了解和喜爱青海省的特色农产品，促进农业发展和农民增收。

项目十二

新媒体营销

项目导读

随着数字化时代的到来，传统媒体的影响力逐渐减弱，新媒体平台如社交媒体、短视频、直播等成为信息传播的主要渠道。新媒体营销可以通过互动、个性化服务等方式；实时精准推送，提高营销效果和用户满意度。与传统媒体相比，新媒体营销能够更好地把握用户需求和反馈，制订合适的营销策略，从而提高销售和促进品牌发展。新媒体营销是企业适应数字化时代、提高营销效果、降低成本和扩大覆盖面的必要手段之一。企业需要适应数字化时代的趋势，利用新媒体平台进行营销，提高品牌知名度和用户参与度。本项目内容主要包括认识新媒体营销和选择新媒体营销方式两个任务。

知识目标

（1）了解新媒体营销概念和特点。

（2）了解新媒体营销的方式和营销策略。

技能目标

（1）能够根据新媒体营销的特点，对不同营销媒体进行简要评价。

（2）能够选择合适的新媒体营销方式，为农产品进行新媒体营销方案设计。

素质目标

（1）具备良好的团队协作能力和敏锐的市场洞察力。

（2）具备为产品设计营销方案的能力。

思政目标

（1）培养学生的创新意识。

（2）强化学生的道德观念。

（3）提高学生的人文素养。

思维导图

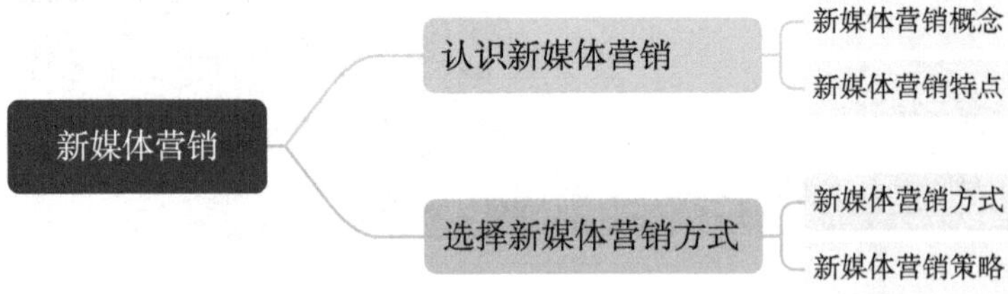

任务一 认识新媒体营销

任务导入

牧某是一位在抖音上拥有广泛影响力的内容创作者。他不仅通过短视频分享生活，还积极参与助农活动。他深知农村的贫困和农民的艰辛，因此决定利用自己的影响力为农民们带来实际的帮助。在牧某的助农活动中，他亲自前往农村，与农民交流，了解他们的需求和困境。他发现很多农民由于缺乏有效的销售渠道和市场信息，导致农产品滞销，生活困难。于是，他决定通过抖音平台为农民们打开销路，推广他们的农产品，向粉丝们介绍农民的困境和农产品的特点。他还与一些电商平台合作，为农民们提供线上销售渠道。在他的帮助下，许多农民的农产品销量大增，生活得到了改善。通过抖音平台和牧某的努力，越来越多的农民得到了实际的帮助，他们的生活得到了改善。这也充分证明了社交媒体在公益事业中的重要作用。

任务：根据以上描述，选取一个当地有特色的农产品，选择一种新媒体营销方式，撰写一份新媒体营销策划方案。

任务工单

班级：______ 姓名：______ 学号：______

任务名称	认识新媒体营销
任务描述	任务内容：1. 新媒体营销概念；2. 新媒体营销特点。 任务目的：准确定义新媒体营销内涵，分析其优势特征。 任务流程：1. 将新媒体营销与传统营销方式做对比；2. 找出新媒体营销方式的特点；3. 制订营销策略；4. 撰写营销策划方案。 任务方法：1. 案例分析；2. 小组讨论。

续表

<table>
<tr><th>任务名称</th><th colspan="4">认识新媒体营销</th></tr>
<tr><td>获取信息</td><td colspan="4">要完成任务，需要掌握相关的知识。请收集资料，回答以下问题：
1. 什么是新媒体营销？

2. 新媒体营销有什么特点？

3. 新媒体营销与传统营销有何不同？</td></tr>
<tr><td>制订计划</td><td colspan="4"></td></tr>
<tr><td rowspan="6">任务实施</td><td colspan="4">按照预先制订的工作计划，完成本任务，并记录任务实施过程。</td></tr>
<tr><td>序号</td><td>完成的任务</td><td>遇到的问题</td><td>解决的办法</td></tr>
<tr><td></td><td></td><td></td><td></td></tr>
<tr><td></td><td></td><td></td><td></td></tr>
<tr><td></td><td></td><td></td><td></td></tr>
<tr><td></td><td></td><td></td><td></td></tr>
</table>

任务准备

知识准备

一、新媒体营销概念

新媒体营销是通过互联网，利用各种新媒体平台进行的一种营销方式。在互联网技术的这趟高速列车下，越来越多的新媒体平台出现在人们的视野中，最常见到微信、微博、抖音、快手、小红书等社交平台，还有其他各种自媒体平台都是产品推广的渠道。这些媒体通过搭建一个虚拟的平台，让顾客在其中进行沟通交流，共享资源，这就为企业产品宣传销售提供了空间。

二、新媒体营销特点

新媒体营销作为互联网信息沟通的一种渠道具有以下六个特点。

（一）经济性

新媒体营销由于不需要投入很多的设备资源，经营者更多的是将多媒体技术手段与文字、声音、视频、图片等形式相结合，展现产品信息，故其固定成本和流动成本都较为低廉，对经营者的资金压力较小。

（二）互动性

新媒体可以让所有的媒体用户都主动参与其中，共同分享信息，并进行分析评论，发表个人的看法，在参与的过程中用户可以了解品牌，并激发其进一步体验产品的欲望，这种互动性可以让用户近距离接触产品，消除经营者和用户之间的隔阂，提升对品牌的好感度，使其由潜在客户变为现实客户。

（三）传播性

新媒体信息在互联网的传播力度是非常大的，它可以快速地实现信息的传播，有新媒体平台在的地方就有流量，有流量的地方就有用户，有用户的地方，品牌就需要做新媒体营销。例如，微信、微博一类的社交媒体平台的信息传播速度就非常快，在很短的时间内就可以实现信息资源的共享。

（四）个性化

与传统的媒体宣传相比，新媒体营销更加注重用户的体验和个性化需求。通过互联网大数据分析，可以精准地向客户推送符合其需求的产品和服务，从而获得用户对产品的青睐。

（五）多样化

二维码 12-1

课程视频

新媒体可以通过不同的形式进行展现：社交类，如微信、微博等；自媒体类，如网易、搜狐等；音频类，如云听、喜马拉雅等；短视频类，如抖音、快手等。这些多维度的传播方式能够满足不同产品宣传和不同客户的需求，从而更好地实现销售的增长。

（六）引导性

新媒体营销旨在通过一次营销方式，让消费者参与整个营销过程，引导消费者产生购买欲望，进而推出后续更多的产品和服务，为形成品牌忠诚者奠定基础。特别是对 90 后、00 后的年轻消费群体。

人员准备

人员分组，每组 4 人。职责分工，见表 12-1。

表 12-1　任务角色分工

任务角色	任务内容
组长：	对小组三位同学的资料进行甄别汇总，形成解决方案，并在组间进行评议
组员 1：	分析任务导入中牧某采用的新媒体营销方式
组员 2：	分析任务导入中牧某获得成功的原因
组员 3：	分析任务导入中牧某的营销模式带来的启示

任务筹划

任务筹划流程如图 12-1 所示。

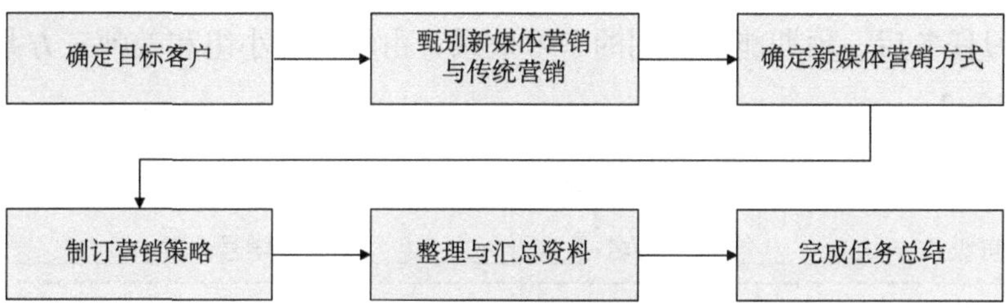

图 12-1　任务筹划流程

任务实施

步骤一：

步骤二：

任务总结：

任务检测

扫码做题

使用微信扫码进入在线测试，可多次答题，直到获得满意的结果。

二维码 12-2

任务检测

任务评价

完成学习任务后，预期能够达到的学习效果，由学生、小组和教师三方共同完成任务评价，见表 12-2。

表 12-2　工作任务完成过程评价

班级：________　姓名：________　学号：________

项目	评分标准	自我评价	小组评价	教师评价
知识技能	新媒体营销的概念（20 分）			
	新媒体营销的特点（20 分）			
任务进度	能否提出完善的解决方案（20 分）			
任务质量	任务方案是否合理完整（15 分）			
素养表现	学生之间的协作能力（15 分）			
思政表现	创新意识（10 分）			
合计				
自我评价与总结				
教师点评				

任务二　选择新媒体营销方式

任务导入

某地的苹果种植户发现，尽管他们付出了巨大的努力，但苹果的销量一直不尽如人意。这主要是因为当地的苹果产量过剩，市场已经饱和，导致价格下跌。同时，由于缺乏有效的营销策略和销售渠道，这些苹果很难被销售出去。

任务：根据以上描述，除常见的营销方式外，请大家为“难卖的苹果”量身定制一款新媒体营销策划方案。

任务工单

班级：＿＿＿＿＿＿＿＿　姓名：＿＿＿＿＿＿＿＿＿＿　学号：＿＿＿＿＿＿＿＿

<table>
<tr><th>任务名称</th><th colspan="4">选择新媒体营销方式</th></tr>
<tr><td>任务描述</td><td colspan="4">任务内容：1. 新媒体营销方式；2. 新媒体营销策略。
任务目的：合理选择新媒体营销方式，并准确制订新媒体营销策划方案。
任务流程：根据产品特点，分析市场环境，选择营销方式，谋划营销策略。
任务方法：1. 市场调研；2. 小组讨论；3. 归纳分析。</td></tr>
<tr><td>获取信息</td><td colspan="4">要完成任务，需要掌握相关的知识。请收集资料，回答以下问题：
1. 新媒体营销方式有哪些？

2. 新媒体营销策略有哪些？</td></tr>
<tr><td>制订计划</td><td colspan="4"></td></tr>
<tr><td rowspan="6">任务实施</td><td colspan="4">按照预先制订的工作计划，完成本任务，并记录任务实施过程。</td></tr>
<tr><td>序号</td><td>完成的任务</td><td>遇到的问题</td><td>解决的办法</td></tr>
<tr><td></td><td></td><td></td><td></td></tr>
<tr><td></td><td></td><td></td><td></td></tr>
<tr><td></td><td></td><td></td><td></td></tr>
<tr><td></td><td></td><td></td><td></td></tr>
</table>

任务准备

知识准备

一、新媒体营销方式

新媒体营销根据其面对不同的客户群体和不同的展现形态，大致可分为以下五种营销方式。

（一）社交媒体营销

社交媒体营销主要是通过各种社交平台，发布各种产品信息资源，吸引用户关注，形成企业和顾客进行沟通的场所，最终达到产品宣传，实现品牌营销的效果。

（二）搜索引擎优化

搜索引擎优化营销主要是通过网站优化，提高网站在搜索引擎中的排名位置，从而获得更多的流量和曝光率，实现提高产品品牌知名度的目的。

（三）移动营销

移动营销是通过开发应用程序，利用移动设备，向消费者发送营销信息等内容，使企业通过移动营销方式与顾客进行互动。

（四）电子邮件营销

电子邮件营销是通过发送电子邮件，向潜在用户或现有用户进行品牌介绍、产品推广、促销活动等信息，从而获取用户的关注和转化。

（五）直播营销

直播营销是利用各种直播平台，通过直播形式进行品牌和产品宣传，与粉丝互动交流，提高品牌知名度和用户忠诚度。

二、新媒体营销策略

（一）口碑营销策略

口碑营销策略是一种利用口碑传播的营销方式，通过朋友、亲戚等人的相互交流将产品信息和品牌传播开来。在信息爆炸的时代，口碑传播具有成功率高、可信度强的特点。企业通过制造新颖的口碑传播引起消费者关注和议论，可信度会很高。口碑营销的核心是产品和服务，产品好了，服务到位了，自然有口皆碑。

（二）名人效应营销策略

名人效应营销策略是通过策划、组织和利用具有名人效应、新闻价值以及社会影响的人物或事件，引起媒体、社会团体和消费者的兴趣与关注，以求提高企业或产品的知名度、美誉度，树立良好品牌形象，并最终促成产品或服务的销售手段和方式。事件营销具有受众面广、突发性强、在短时间内能使信息达到最大、最优传播的效果，为企业节约大量的宣传成本等特点，成为国内外流行的一种公关传播与市场推广手段。

（三）扩散营销策略

扩散营销策略是一种利用公众的积极性和人际网络，让营销信息像病毒一样传播和扩散的营销策略。通过提供有价值的产品或服务，让人们通过别人为你宣传，实现营销杠杆的作用。扩散营销已经成为网络营销最为独特的手段，被越来越多的商家和网站成功利用。成功基础包括独创性、利益点、传播关键点、跟踪管理。与口碑营销相比，扩散营销的传播费用远远低于口碑营销，传播速度也更快。

（四）饥饿营销策略

饥饿营销策略是一种利用产品供不应求的方式来进行营销的策略。通过大量广告宣传和饥饿营销，商品提供者试图勾起顾客的购买欲，制造供不应求的假象，以维护产品形象并维持商品较高售价和利润率。这种策略在市场竞争不充分、消费者心态不成熟、产品综合竞争力和不可替代性较强的情况下才能发挥作用。然而，饥饿营销也需要谨慎使用，否则可能会适得其反。

（五）视觉营销策略

视觉营销策略是通过图片、视频、文字等方式传达产品信息，从而获得对产品的关注。其营销方式可以搭载各种媒体平台进行展现，对目标客户产生吸引力。它可以通过广告软文，针对消费者情感需求，引起心灵上的共鸣，从而实现其产品推广和宣传的目的。

（六）借势营销策略

借势营销策略是借助消费者喜闻乐见的环境，将包含营销目的的活动隐藏在其中，使消费者在这个环境中了解产品并接受产品的营销手段。具体表现为借助大众关注的社会热点、娱乐新闻、媒体事件等，潜移默化地把营销信息植入其中，以达到影响消费者的目的。借势营销是一种比较常见的新媒体营销模式。成功的基础包括合适的热点、

二维码 12-3

拓展学习

二维码 12-4

课程视频

反应速度、创意策划。

人员准备

人员分组，每组 4 人。职责分工，见表 12-3。

表 12-3 任务角色分工

任务角色	任务内容
组长：	对小组三位同学的资料进行甄别汇总，形成解决方案，并在组间进行评议
组员 1：	分析任务导入中苹果滞销的原因
组员 2：	列举任务导入中苹果滞销的解决方案
组员 3：	分析任务导入中苹果滞销的解决方案的效果

任务筹划

任务筹划流程如图 12-2 所示。

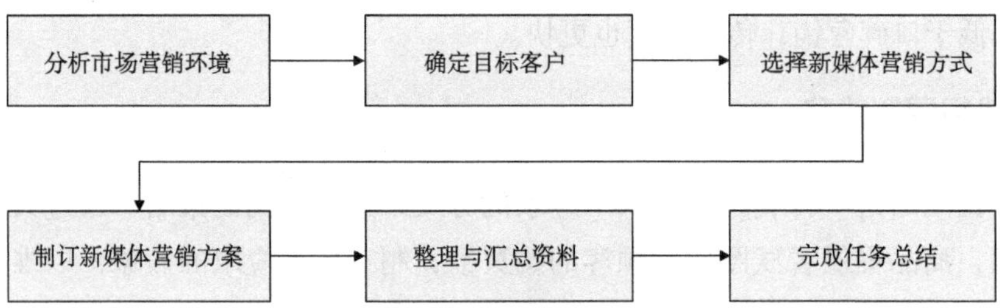

图 12-2 任务筹划流程

任务实施

步骤一：

步骤二：

步骤三：

步骤四：

步骤五：

任务总结：

任务检测

一、扫码做题

二维码 12-5

使用微信扫码进入在线测试，可多次答题，直到获得满意的结果。

任务检测

二、讨论题

以小组为单位选择某一当地特色农产品，在新媒体营销方式中，有针对性地确定其中一种，利用新媒体营销策略，通过小组讨论，集思广益，为产品制订营销方案。

任务评价

完成学习任务后，预期能够达到的学习效果，由学生、小组和教师三方共同完成任务评价，见表 12-4。

表 12-4　工作任务完成过程评价

班级：＿＿＿＿＿＿　姓名：＿＿＿＿＿＿　学号：＿＿＿＿＿＿

项目	评分标准	自我评价	小组评价	教师评价
知识技能	新媒体营销的方式（20 分）			
	新媒体营销的策略（20 分）			
任务进度	能否提出完善的解决方案（20 分）			
任务质量	任务方案是否合理完整（15 分）			
素养表现	学生之间的协作能力（15 分）			
思政表现	道德观念，人文素养（10 分）			
合计				
自我评价与总结				
教师点评				

课程思政专栏

东方甄选的助农之路

【课程思政关键词】爱国爱农　乡村振兴　勇于创新

【融入方式】乡村振兴，产业兴旺是关键。产业要兴旺，既要产得好，还要卖得好。近年来，以抖音、快手、淘宝等为代表的直播电商迅速发展，并在农村加速普及应用，直播电商带货开辟出了农产品上行销售的一条新路子，正成为助力农产品出村进城的一道亮丽风景线。拼多多助农，淘宝助农，京东助农，辛选也助农。助农，已经成了一种趋势，一面大多数电商公司都急于扛起的旗帜。2021 年 11 月 7 日，俞敏洪在抖音平台开启首次直播时提到：新东方计划未来成立一个大型的农业平台，自己将会和几百位老师通过直播带货，帮助农产品销售，支持乡村振兴事业。12 月 28 日，俞敏洪正式带领百名老师入驻抖音平台，开始进行常态化直播，取名“东方甄选”。那一场直播中，俞敏洪边吃边科普地理文化知识。“将美食和精神食粮融合在一起”，也成了东方甄选直播的特点。“在我打算做农产品直播带货前，很多朋友都力劝我，做农产品容易出问题，源头品控问题、运输损耗问题，等等，但我还是希望为农业和农民出把力，未来希望也能帮助农民转型为新农人……尽管农产品直播带货几乎是所有品类中利润最低的，但我们会坚持做下去，但行善事，莫问前程。”俞敏洪在第一次直播中就表示，自己知道带货农产品是一件很难的事情。东方甄选首先摒弃了“一味追求低价”的直播带货传统模式，更强调农产品的高质量、合理价格。东方甄选开辟了另一条健康、高品质、可追溯的选品原则，哪怕一根玉米也可以卖到 6 元，最重要的是，有消费者愿意买单。到 2022 年 6 月中旬，以董宇辉为代表的双语直播带货突然走红并成为一种现象级潮流，东方甄选直播间粉丝量开始呈现爆发式增长，紧随其后系列地方专场直播合作推广和产品甄选水平的提升跟进，东方甄选迅速成为国内农产品直播带货最有影响力的头部直播间。

（资料来源：商业生活，朱晓培，《东方甄选火了，直播助农是一门好生意吗？》，中国经济时报，姚璐，《直播电商赋能农产品上行》）

【启示】东方甄选的助农活动不仅给农民带来了实实在在的收益，也为我们提供了一个观察现代农业销售的新视角。通过直播带货的形式，现代农业与传统电商得以结合，形成一种新型的农产品流通方式。而这种方式具有巨大的潜力和市场前景，不仅可以帮助农民拓宽销售渠道、增加收入，也可以为消费者提供更为新鲜、优质的农产品。它证明了在新的时代背景下，通过创新的方式，我们能够为农业的发展、农民的增收开辟出新的道路。未来，我们期待更多的企业和机构能够加入助农的行列中来，共同推动农业的发展、繁荣农村的经济。

参考文献

毕建杰，2023. 种子市场营销学[M]. 北京：中国农业出版社.

陈国胜，2020. 农产品营销[M]. 3 版. 北京：清华大学出版社.

侯云先，吕建军，2018. 农产品物流[M]. 北京：中国经济出版社.

冷志杰，高艳，2019. 农产品物流与供应链管理[M]. 北京：高等教育出版社.

黎金玲，2019. 农产品及农资营销[M]. 北京：中国农业大学出版社.

陆立才，2019. 现代农产品营销实务[M]. 苏州：苏州大学出版社.

孟韬，2021. 市场营销：课程思政与互联网创新[M]. 2 版. 北京：中国人民大学出版社.

夏凤，2014. 农产品营销实务[M]. 北京：清华大学出版社.